Meditieren – wie und wo

Meditieren – wie und wo

Ein Führer mit 500 Adressen
von Lehrern, Häusern und Zentren

Herausgegeben von Peter Raab

Herder
Freiburg · Basel · Wien

Gedruckt auf umweltfreundlichem
chlorfrei gebleichtem Papier

Umschlaggestaltung: Neil McBeath, Stuttgart
Umschlagmotiv: TCL/Bavaria

Satz: Fotosetzerei G. Scheydecker, Freiburg im Breisgau
Druck und Einband: Freiburger Graphische Betriebe 1995
ISBN 3-451-23241-3

Inhalt

Teil 2:
Wo meditieren?

Meditieren: ein spiritueller Erfahrungsweg – Einleitung

Peter Raab

Ein junger Adler, so erzählt eine indianische Geschichte, wurde in einen Hühnerstall gesperrt, wo er alsbald den Hühnern und Hähnen gleich im Mist zu scharren und nach Körnern und Würmern zu suchen begann. In kürzester Zeit hatte er all seine Erinnerung an die weiten Himmelshöhen und den strahlenden Glanz der Sonne, an die wilden Gebirgsschluchten und das Brausen des Sturmes in den Baumwipfeln, all seine Sehnsucht nach der Freiheit in den unermeßlichen Weiten des Äthers vergessen.

Wer Fliegen in ein Glas sperrt und dieses mit einem Deckel verschließt, kann beobachten, daß sie nach einiger Zeit „vergessen" haben, daß sie fliegen können: Sie fliegen auch dann nicht mehr aus ihrem Gefängnis weg, wenn der Deckel längst wieder beseitigt ist.

Wenn ein Mensch viele Jahre in Gefangenschaft verbracht hat, kann es sein, daß er mit Ängsten bis hin zu regelrechten Panikattacken reagiert, wenn sich die Tore der Freiheit wieder vor ihm öffnen.

Solche und ähnliche Erfahrungen werden von Meditationslehrern erzählt, wenn sie ihren Schülern eine erste Vorstellung von der Wirkung des Meditierens vermitteln möchten: Der Mensch gleicht in seiner nicht nur religiösen Praxis nicht selten domestizierten Lebewesen. Sein spirituelles Leben samt seinem Alltagsbewußtsein ist normalerweise so eingeschränkt – nicht allein durch völlig verkümmerte und einschränkende Verhaltensmuster und Lebensgewohnheiten, sondern auch durch theologische Denksysteme –, daß er noch nicht einmal ahnt, zu welchen Erweiterungen sein Bewußtsein fähig, zu welcher spirituellen Tiefe der Geist in ihm angelegt ist.

Wie selbstverständlich akzeptieren die meisten Menschen eine gewohnheitsmäßige Bewußtseinsschrumpfung und verzichten auf all die Potentiale, deren Erschließung und Nutzung die spirituellen Erfahrungswege der mystischen Traditionen aller Religionen und Zeiten lehren, als handelte es sich hierbei um die verbotenen Früchte vom Baume der Erkenntnis.

Hindernisse auf dem meditativen Weg

Man sollte meinen, der Mensch würde begeistert aufhorchen, wenn ihm in der heutigen Meditationsbewegung eine solch unermeßliche spirituelle und existentielle Horizonterweiterung verheißen wird. Doch ähnlich wie eingesperrte Tiere, denen sich überraschend die Weite ihres ursprünglichen Freiraumes auftut, beschleichen ihn widersprüchliche, beklemmende Gefühle: Natürlich ist da ein verborgenes Bedürfnis, die lähmende Öde eines reduzierten Bewußtseins zu beleben, die seelische und/ oder religiöse Stagnation, Ermüdung und Erstarrung zu überwinden, die Kälte und Distanziertheit in den Beziehungen zur Welt, zum anderen Menschen und zu Gott zu erwärmen und zu verlebendigen.

Eine heimliche Sehnsucht nach tieferer religiöser Erfahrung, die aber auch und gerade in der heutigen Zeit aufbricht, artikuliert sich selbst noch in den vielfältigen Gesten der Abwehr und Ablehnung von Religion. Zugleich aber brechen verständlicherweise diffuse Ängste vor dem Neuen und Unbekannten und vielleicht für verboten Gehaltenen auf. Unsicherheit und Verwirrung ist das Ergebnis.

Dieser Zwiespalt wird verschärft durch die eher zurückhaltende, reservierte bis argwöhnische Haltung kirchlicher Autoritäten gegenüber der Fülle heutiger Meditationsangebote. In einem Schreiben der Vatikanischen Glaubenskongregation vom Dezember 1988 an die katholischen Bischöfe heißt es: „Bei der heutigen Verbreitung östlicher Meditationsformen im Raum des Christentums und in kirchlichen Gemeinschaften erleben wir erneut den ernsthaften Versuch, *die christliche Meditation mit der nichtchristlichen zu verschmelzen,* was nicht ohne Risiken und Irrtümer abgeht…“ (zit. nach HERDERKORRESPONDENZ, 2/1990).

Diese pastorale Angst vor einem „verderblichen Synkretismus“ (aaO.) hat gegenüber der konziliaren Offenheit für die großen Weltreligionen heute wieder die Oberhand gewonnen und wird über Kanzeln und Kirchenblätter zu den suchenden, verunsicherten Gläubigen transportiert. So finden wir dort, wo Unterstützung, Ermutigung und kompetente Begleitung not täte, häufig Warnung vor Gefahren, Irrtümern und Abwegen. Dies hat zur Folge, daß Meditation und Kontemplation so recht heimisch in den Kirchen bisher nicht werden konnte. So verwundert es nicht, daß viele Menschen außerhalb der Kirchen suchen, wohin es sie mit einem Teil ihrer Seele drängt: zur tieferen Erfahrung des Göttlichen in dieser Welt und dieser Zeit.

Der Christ der Zukunft

Trotz des Mißtrauens, mit dem vor diesem „Paradigmenwechsel“ innerhalb der Kirchen gewarnt worden ist, konnte der meditative, spirituelle, mystische Frühling nicht aufgehalten werden. Es waren nicht etwa getarnte New-Age-Agenten, die ihn gewissermaßen durch die Hintertür eingeschmuggelt hätten. Es war die viel zitierte, aber lange Zeit nicht ernstgenommene Prophezeihung des Theologen Karl Rahner, die Wirkung zeigte: Der Christ der Zukunft, so sagte Rahner, werde ein Mystiker sein, also einer, der etwas erfahren hat, oder er werde überhaupt nicht mehr sein.

Dadurch, daß einer der größten Theologen unseres Jahrhunderts nicht in der Konservierung theologischer Systeme und Inhalte, sondern in der individuellen mystischen Erfahrung des Einzelnen die Zukunft des Christentums sieht, relativierte sich der vielerorts gehegte Verdacht esoterisch-neognostischer Unterwanderung. So wichtig die Theologie und deren Vermittlung an die Gläubigen ist: Das Christentum hat, wenn wir Rahners Prophezeihung recht verstehen, nicht dort Zukunft, wo man sich auf die Verbreitung neuer Katechismen beschränkt, sondern allein dort, wo die Sehnsucht des Menschen nach der Erfahrung des lebendigen Gottes gesehen und verstanden, begrüßt und ernstgenommen wird.

Der Geist der nachkonziliaren, spirituellen Erneuerung

Glücklicherweise wirkte diese Vision für viele Verantwortliche inspirierend. So konnte sich im Aufwind der konziliaren und nachkonziliaren Erneuerungsbestrebungen des religiösen Lebens ganz still und unspektakulär eine Meditations- und Kontemplationskultur entfalten, die keinerlei Berührungsängste zu den spirituellen, mystischen Traditionen der eigenen, christlichen Religion, aber auch nicht zu denen der großen Weltreligionen hat. Von einem Großteil der Christen zunächst kaum beachtet, hat sich trotz aller Widerstände ein spiritueller Aufbruch vollzogen, in dem sich östliche Spiritualität und westliche Mystik begegnen und befruchten sowie neuerdings mit zunehmender Tendenz Forschungsbemühungen und Ergebnisse aus den Humanwissenschaften wie Psychologie und Psychotherapie, aber auch Neurologie, Hirnphysiologie, Mikrobiologie und Physik einbezogen werden.

Wenige Jahre nach Beendigung des Zweiten Vatikanischen Konzils hat der damalige Ruhrbischof, Kardinal Hengsbach, einen Pallottinerpater nach Japan geschickt mit dem Auftrag, mit den dort gewonnenen Erfahrungen innerhalb der Diözese Essen eine Kultur der Stille, Einkehr und Meditation zu schaffen, da er sehr deutlich neue spirituelle Bedürfnisse bei den Menschen wahrnahm. Ähnliche Initiativen gab es vielerorts. Vor allem waren es zahlreiche Ordensgemeinschaften, die die Zeichen der Zeit verstanden.

So brach beispielsweise Anfang der 70er Jahre eine Gruppe von Benediktinermönchen aus Münsterschwarzach nach Todtmoos Rütte auf, nicht um Buddhisten zu werden oder ihre Mönchsspiritualität in Psychologie aufzulösen, sondern um mit Hilfe von Psychotherapie und Zen, wie sie Karlfried Graf Dürckheim damals bereits seit 20 Jahren zur Initiatischen Therapie verbunden hatte, die eigene christliche Spiritualität in neuer Tiefe zu entdecken und zu erfahren.

Im Laufe der darauffolgenden Jahre wurde im Auftrag der Abtei Münsterschwarzach im Benediktinerkloster St. Benedikt in Würzburg ein breites Kontemplationsangebot aufgebaut, wo Menschen eine gegenstandsfreie, wort- und bildlose Übung des

Loslassen und des Einlassens in den eigenen Wesensgrund lernen, um so Gott in einer tieferen Weise zu erfahren. Ähnliche Initiativen gab es auch in Beuron, wo das „Sonnenhaus“ gegründet wurde, in Neresheim, in Limburg an der Lahn und nach und nach an vielen anderen Orten, die in diesem Meditationsführer gesammelt sind.

Die methodische Vielfalt profitierte nicht allein von den östlichen Meditationspraktiken, sondern mehr und mehr auch von den neueren Psychotherapieformen wie Katathymes Bilderleben, Eutonie, Gestalttherapie, Transaktionsanalyse, Tanztherapie, Bioenergetik und viele Formen der Körpertherapie, konzentrative Entspannungstechniken und auch Traumarbeit. Im Lauf der Jahre hat sich ein flächendeckendes Angebot unterschiedlicher Meditationspraktiken in über 470 Meditationszentren etabliert.

Das ist für alle an Meditation Interessierten von unschätzbarem Wert, denn jeder Meditierende braucht Anleitung und Unterweisung. Er braucht einen Meister des Weges, einen, der sich auf dem Weg schon etwas besser auskennt. Meditieren läßt sich nicht allein durch die Lektüre von Büchern erlernen. Diese mögen immer wieder eine wesentliche Unterstützung und Erweiterung des Spektrums sein, doch von Zeit zu Zeit braucht es das Gespräch mit dem Meister und dessen Anleitung sowie die Erfahrung der Gemeinschaft mit anderen Übenden.

Was ist Meditation?

Wer wissen will, wie Reis schmeckt, muß einem chinesischen Sprichwort zufolge Reis essen. Einem, der noch nie Reis gegessen hat, kann man schlecht erklären, wie Reis schmeckt. Einem, der noch nie meditiert hat, läßt sich nur in eingeschränktem Maße vermitteln, was Meditieren ist. Meditieren ist etwas durch und durch Praktisches, dessen Wesen sich erst erschließt, wenn man es praktisch tut. Alles Diskutieren und Meinen darüber stößt schnell an Grenzen. Wer diese Grenzen nicht beachtet, dem kann es leicht gehen wie jener Philosophieprofessorin aus München, die meinte, ihre Erkenntnisse über diesen Weg nach innen, Karl Valentin zitierend, so zusammenfassen zu können: „Do herin is a nix los!"

Jeder kann sich vom Gegenteil überzeugen –, doch nicht durch abstraktes Theoretisieren, sondern allein durch praktisches Tun. Was dann im Innern „los ist", darüber haben Mystiker aller Welt stammelnd und um Worte ringend Bände gefüllt, im vollen Bewußtsein der Schwierigkeit, daß sie nie im Stande sind, ihren innersten Erfahrungen adäquaten Ausdruck zu verleihen.

Nun hat aber wohl selbst in unserer überintellektualisierten Zeit fast jeder Mensch so etwas wie meditative Vorerfahrungen, auf deren Hintergrund ihm das eine oder andere dessen, was beim Meditieren geschieht, verstehbar werden kann. Nur auf solchem persönlichen Erfahrungshintergrund läßt sich überhaupt etwas über das Meditieren vermitteln.

Für viele Menschen ist ohne weiteres nachvollziehbar, daß sich beim Meditieren zum Beispiel eine tiefe Entspannung ausbreitet, daß Aufmerksamkeit und Konzentration wachsen, daß sich dadurch der Geist beruhigt und das gesamte Zentralnervensystem entspannt, oder daß Meditieren Streß beseitigt, Ängste und Depressionen verringert und das Selbstwertgefühl stabilisieren hilft. Daß das diskursive, unruhige Denken zur Ruhe kommt, ohne daß der Meditierende schläft oder döst, können sich viele schon nicht mehr so recht vorstellen, wenn sich all dies auch klinisch messen und nachweisen läßt.

Das Wesentliche ist mit all dem noch nicht gesagt: Daß Meditation eine *spirituelle* Praxis ist. Was dies bedeutet, läßt sich weder mit klinischen, psychiatrischen Kategorien fassen, noch mit theologischen Begriffen adäquat ausdrücken. Meditation – sie mag christlich, buddhistisch, hinduistisch, taoistisch oder muslimisch sein – bedeutet nicht, im Rahmen eines religiösen Systems mit Hilfe von theologischen Begriffen abstrakte Denkoperationen zu vollziehen; viele Mißverständnisse und Vermittlungsprobleme entstehen aufgrund der Unvereinbarkeit dieser verschiedenen Ebenen. Meditation ist immer ein Übungsweg des Menschen nach innen, wo seine Seele letztendlich ihr Einssein mit dem letzten Urgrund, dem göttlichen Geheimnis findet –, was sich einer exakten theologischen Terminologie schon immer entzogen hat. Der Meditierende versteht sich – um es im Bild zu sagen – als „Tempel des Heiligen Geistes“, weshalb im Christlichen bevorzugt von Kon-templation gesprochen wird, vom Vereintsein mit dem Göttlichen im geheiligten Raum. Meditation ist von ihren verschiedenen Ursprüngen in den großen Weltreligionen her stets der Weg zu diesem Inneraum in uns gewesen, von dem auch Jesus nur in Bildern gesprochen hat. Was immer man sonst bei der Meditation an klinischen, psychiatrischen oder psychotherapeutischen Nebeneffekten beobachten mag: Sie ist zuerst und vor allem der Weg zu diesem „Gott-in-uns“.

Ganzheitliches Meditieren

Meditieren ist also ein sehr komplexes Geschehen, das sich auf verschiedenen Ebenen zugleich vollzieht. Es ist ein ganzheitliches Üben, zu dem der gesamte Mensch in seiner leib-seelisch-geistigen Einheit gehört. Wir müssen dies eigens hervorheben, weil dies auf dem Hintergrund unserer abendländisch-westlich geprägten Frömmigkeitspraxis mit ihrem intellektuellen Übergewicht und ihrer Leibvergessenheit nicht selbstverständlich ist.

Es gibt andere menschliche Aktivitäten, bei denen dieser Ganzheits- und Einheitsaspekt folgenloser unterschlagen werden kann. Mathematik zum Beispiel oder selbst Theologie betreiben läßt sich bis zu einem hohen Maße ohne Berücksichtigung der leiblichen oder psychischen Verfaßtheit. Die mathematische Formel $a^2 + 2ab + b^2$ wird einer, der sich in einer momentanen Ehekrise befindet oder Monate seiner Kindheit in Luftschutzkellern und auf der Flucht verbracht hat, nicht anders auflösen als einer, der von Kindheit an weitgehend unbeschädigt, privat rundherum glücklich und beruflich erfolgreich ist.

Auf dem Meditationsweg kann es hingegen sehr wohl eine Rolle spielen, wie verpanzert meine Nackenmuskulatur, wie verspannt meine Bauchdecke ist, wie verkrampft mein Atem geht oder von welch seelischen Konflikten ich gefangen bin und gebeutelt werde. Wenn jemand, der sich beispielsweise noch in symbiotischer Verstrickung mit seiner Mutter befindet, mit dieser immer wieder innere Streitgespräche führt, sobald er die Augen schließt, und so mit seinen psychischen Konflikten stark identifiziert ist, kann dies die Meditation erheblich beeinträchtigen, weil er nicht frei und offen für subtilere Wahrnehmungen und spirituelle Erfahrungen ist. Darum arbeiten heute Meditation und Psychotherapie – und das ist neu im Vergleich zu früheren Zeiten – gelegentlich intensiv zusammen bei der psychospirituellen Entwicklung und Reifung des Menschen, ohne daß sich natürlich die verschiedenen Arbeits- und Übungsebenen vermischen dürfen.

Viele Wege und ein Ziel

Die Vielfalt der Meditationsmethoden mag bei manchem den Eindruck eines bunten Allerlei, eines beliebigen Synkretismus erwecken, wo sich jeder nach Lust und Laune bedient. Aber bei genauerem Hinsehen läuft alle echte Meditation letztlich immer auf das eine hinaus: auf die Erfahrung der liebenden Vereinigung mit dem Unnennbaren. Dies ist ihre letzte Erfüllung. Doch in ihrem tatsächlichen und tagtäglichen Vollzug ist sie ein Weg mit Wegstationen unterschiedlichster Art: mit Höhen- und Gipfelpunkten, mit Kreuzungen, mit Sackgassen und Ausweglosigkeiten, mit unendlichen Abgründen, mit den vielfältigsten Erkenntnissen, mit hellen und dunklen Stunden, aber auch mit Freiheit und Weite. Somit ist die/der Meditierende stets ein Mensch auf dem Wege, auf seinem ureigensten Weg, und von daher erklären sich auch die unterschiedlichen Weg-Methoden. Das bild- und begrifflose liebende Gewahrsein des inneren Gottes ist der allen Wegen gemeinsame, eine Brennpunkt, auf den hin sich alles orientiert, auf den sich alle Meditierenden wie auf einen fernen Horizont hinbewegen.

Da aber jeder von seinem individuellen Standort aus auf diesen Horizont zustrebt, sind die Hilfsmittel verschieden. Am steilen Berghang taugen keine Schwimmflossen, in der Wüste braucht man keinen Pelz. Im Unterwegssein erschließt sich dem Meditierenden das jeweils Notwendige, im Üben erfährt er – möglichst mit Hilfe eines kundigen Lehrers –, was aus der gesamten Palette wertvoller Hinweise und Hilfen das ihm jetzt Nützliche ist. Hilfreich und notwendig kann einmal eine Schriftbetrachtung oder eine Bildmeditation sein, oder eine Sequenz von Yoga-, Atem-, Entspannungs- oder eutonischen Übungen, ein anderes Mal eine Chakrameditation oder ein katathymes Bilderlebnis, eine vertiefte Traumarbeit, eine gelenkte Phantasiereise, zu anderer Zeit eine Christusimagination, eine Symbolbetrachtung oder eine Musikmeditation. Letztlich dienen all diese Übungswege der Vorbereitung der einen großen Erfahrung. Irgendwann mündet jeder Weg in diese Zielgerade ein.

Nicht so jedoch, als könnte diese herbeimanipuliert oder erzwungen werden. Jeder, der wahrhaft meditiert, weiß, daß er selbst nur eines tun kann – und dies ist sehr viel und oft gar nicht leicht -: sich öffnen für das, was wie ein Geschenk zu empfangen ist. Es kann aber nur den erreichen, der empfangsbereit ist. Um beim Bild des Geschenks zu bleiben: Es erreicht auch den nicht, der meditiert, „um zu…", der haben will und sich gleichsam empfangsbereit macht. Die meditierende Einübung der Absichtslosigkeit ist oft die schwierigste Wegstrecke. Dieses absichts- und selbstlose Üben wurde als das große Tun im Nichttun beschrieben, und es klingt paradox: Es ist letztlich nie vergeblich.

Die Weite und Größe jenes Horizonts sowie die oft sehr unterschiedlichen Motivationen und Ausgangsorte der Meditierenden bringt es mit sich, daß jeder seine eigene Perspektive hat – jede Religion und jeder Einzelne innerhalb einer Religion. Das könnte durchaus zu gegenseitiger Bereicherung führen, doch nicht selten waren bisher auch Uneinigkeit, Verunsicherung und Angst die Folge. Nicht selten entzündet sich selbst unter Meditierenden ein Streit um Worte und Begriffe, um Schulen und Methoden. Ein wenig von dieser Spannung ist auch in den verschiedenen Beiträgen dieses Meditationsführers zu spüren. Mögen sie der Horizonterweiterung und dialogischen Gesprächen dienen, bei denen das Zuhören großen Raum hat. Nur in einer wachsenden Atmosphäre fragender Offenheit wird die Fülle der Möglichkeiten und Angebote sichtbar, erfahrbar und fruchtbar.

Wohin mit der Angst?

Wie überall, wo etwas in Bewegung gerät, entsteht auch Gegenbewegung. Das oben zitierte Lehrschreiben ist ein Zeichen hierfür. Die neue spirituelle Vielfalt ruft Ängste hervor, auch pastorale Ängste: Wird dies nicht in einem alles nivellierenden Synkretismus, in liturgischem Wildwuchs, in theologischer Unverbindlichkeit enden? Muß man nicht den Anfängen wehren?

So finden wir heute auf der einen Seite verstärkte Angst vor dem Verlust von Altbewährtem, vor dem Verrat an der Tradition, vor dem Chaos und der Inflation fremder Einflüsse und einer allgemeinen religiösen Indifferenz. Demgegenüber steht die ebenso reale Angst vor restaurativen, vorkonziliaren und fundamentalistischen Tendenzen, die neue spirituelle Initiativen am liebsten mit Stumpf und Stiel ausrotten möchten.

Das gegenwärtige kirchlich christliche Gesamtklima ist geprägt, teilweise geradezu vergiftet durch diese gegenläufigen Ängste. Doch das eigentliche Problem sind nicht diese unterschiedlichen religiösen Entwicklungen und Bedürfnisse sowie die Sorgen und Ängste, die sich dieserhalb im kirchlichen Raum und über dessen Grenzen hinaus ausgebreitet haben. Das Kernproblem ist vielmehr die Art und Weise, wie wir damit umgehen. Dies gilt auch für die pastorale und dogmatische Angst. Angst läßt sich niemals durch aggressiven Verdacht und Angriff auflösen, sondern verlangt immer zuallererst ein Wahrnehmen, Annehmen und Ernstnehmen dessen, der sich geängstigt fühlt. Das vorrangige Augenmerk muß darum dem Respekt vor der Angst des andern gelten. Es gilt, im Zusammenhang mit all den neuen spirituellen Entwicklungen dafür zu sorgen, daß ein respektvoller Raum, eine Atmosphäre entsteht, wo alle Ängste ein Recht haben, dazusein und ernstgenommen zu werden – gleichgültig welcher Herkunft sie sind. Es kommt darauf an, ein gutes Maß an Gelassenheit anders Empfindenden und anders Denkenden sowie fremd anmutenden Religiositäts- und Spiritualitätsformen gegenüber einzuüben, damit der Reichtum des Möglichen zum Segen des Ganzen zur Entfaltung kommen kann.

Das heißt auch: Keiner soll sich verpflichtet oder gedrängt fühlen, in bisher ungewohnter Weise zu meditieren, wenn und solange er für sich entschieden hat, daß dies für ihn nicht die angemessene Spiritualitätsform ist. Keiner soll sich aber auch verpflichtet fühlen, traditionelle und ihm persönlich unzugängliche Meditiationspraktiken zu vollziehen, wenn er spürt und im Innern weiß, daß sie nicht sein Weg sind. Jeder – welche Wege auch immer er beschreiten mag – hat ein Anrecht darauf, seiner inneren Stimme und seinem Gewissen zu folgen, ohne abgewertet oder diffamiert zu werden. Niemand außer er selbst kann für ihn und sein Tun Verantwortung übernehmen.

Mehr Toleranz, mehr Achtung vor der Individualität der anderen Person und ihren geistigen Wegen würde fruchtbaren Austausch in einer Atmosphäre gegenseitigen Vertrauens ermöglichen. Jeder, der sich über neue spirituelle Entwicklungen beunruhigt, wie auch jeder, der sich über so manche restaurativen Tendenzen ärgert, sollte sich primär um seine eigenen Sorgen und seine eigene, vielleicht in ihren Gründen unbewußte innere Unsicherheit – gegebenenfalls auch therapeutisch – kümmern, statt um die „Rechts- und Linksgläubigkeit“ anderer. Der Meditierende weiß, daß sowohl Angst als auch Rechthaberei immer mit dem „kleinen Ich“ zu tun hat, dessen radikale Wandlung bei der Meditation angestrebt wird.

Was heißt christlich meditieren?

„Laufen wir bei all der Akzeptanz fremder Einflüsse nicht Gefahr, daß das eigentlich Christliche auf der Strecke bleibt?“ Auch dies ist eine vielfach geäußerte Angst von Christen, die zunächst einmal ernstgenommen sein will. Zu bewältigen ist sie nur durch das wachsende Vertrauen in die eigene Erfahrung mit Meditation. Demjenigen, der sich als christlich Meditierender versteht, ist letztlich alles echte Meditieren christliches Meditieren, insofern es um ein Gewahrsein des einen und unteilbaren göttlichen inneren Lichtes geht. Wie die Speichen eines Rades alle in ein und derselben Nabe verankert sind, führen die Meditationswege aller Religionen in die Erfahrung ein und desselben göttlichen Geheimnisses.

Karl Rahner hat mit seinem Begriff des „anonymen Christen“

zwischen den Wahrheitsansprüchen aller Religionen zu vermitteln versucht. Er wurde daraufhin von dem japanischen Philosophen K. Nishitani gefragt, was er dazu sagen würde, wenn er ihn einen anonymen Zen-Buddhisten nennen würde. „Selbstverständlich“, so lautete Rahners Antwort, „dürfen und müssen Sie das von ihrem Standpunkt aus tun; ich fühle mich durch solche Interpretation nur geehrt, selbst wenn ich … voraussetze, daß recht interpretiertes, echtes Zen-Buddhist-Sein mit dem richtig verstandenen Christ-Sein auf der Ebene identisch ist, die von solchen Aussagen eigentlich und unmittelbar angezielt ist.“

Letztlich kann dieses Paradox nur in der Erfahrung des einen Göttlichen eingeholt und aufgelöst werden. Es gibt nicht ein Göttliches, einen Gott für Muslime, einen anderen für Hindus, wieder einen anderen für Christen und die anderen Religionen. Angst, Intoleranz und Absolutheitsansprüche haben da oft genug eine andere Sprache gesprochen und sogar Waffen sprechen lassen. Doch dem Meditierenden ist jede Vereinnahmung oder Ausgrenzung einer bestimmten Religion widersinnig, weil sich das Meditieren auf einer ganz anderen Ebene vollzieht als ein apologetisches Bemühen des Theologisieren und Konfessionalisieren. In der Meditation geht es um die Ebene der Erfahrungen, in der Theologie um die worthafte, begriffliche Auslegung und Deutung von Erfahrungen, und mit der Auslegung beginnt – zeitgeschichtlich, kulturgeschichtlich und konfessionell geprägt – die Unterscheidung, die Dogmatisierung, die nicht anders kann, als zu sagen: so und so nicht.

Kurz: Die tiefste, allen Meditationswegen gemeinsame Erfahrung übersteigt Theologie und Konfession. Alles Meditieren, das wir kennen, ist zwar in bestimmten Religionen entstanden, vollzieht sich aber – hier sind auch die christlichen Mystiker beredte Zeugen – jenseits bestimmter dogmatischer, theologischer Systeme. Es ist vielmehr Bestandteil einer universalen spirituellen Kultur der Menschheit und darum geeignet, weltweit und religionsübergreifend zur Überwindung konfessioneller Grenzen, Strukturen und Begriffe zu führen.

Dies meint auch Dietrich Bonnhoeffers Postulat einer „religionslosen Religion“. Aus dem Buddhismus kennen wir die drastische Forderung: „Triffst du Buddha unterwegs, schlag ihn tot!“ Ähnlich weist Meister Eckhart – wie viele andere Mystiker – auf die Notwendigkeit hin, alle theologischen Vorstellungen, Theorien und Dogmen hinter sich zu lassen, auch alle Mythen, Bilder und Symbole, also Gott als Begriff oder Bild radikal zu lassen, um Gottes Willen. „Kein Bild erschließt uns die Gottheit oder Gottes Wesen. Denn bliebe irgendein Bild in dir oder ein Gleichnis; du würdest niemals eins mit Gott. Darum, daß du mit Gott eins seist, so darf nichts in dir sein, weder Eingebildetes noch Ausgebildetes; das heißt, daß nichts in dir versteckt sei, das nicht aufgedeckt und hinausgeworfen werde.“ Die Erfahrung der Meditation im letzten Grund ist die liebende Vereinigung mit dem letztlich namenlosen, bildlosen Gott.

Wir können aber, wenn wir über solche Erfahrungen reden, nicht anders, als Worte und Begriffe zu verwenden, die aus religiösen Systemen stammen, und Sätze zu bilden, um uns innerhalb religiöser Gemeinschaften verständlich zu machen. Doch in Streit darüber geraten kann nur, wer Worte und Begriffe – gegenüber den ihnen zugrunde liegenden Erfahrungen – überbewertet und für die Sache selbst hält, über die eigentlich nur geschwiegen, die eigentlich nur gelebt werden kann. „Der Finger, der auf den Mond weist, ist nicht der Mond“, heißt es im Zen. Es ist daher ein guter Brauch interreligiöser Verständigung, daß Vertreter verschiedener Religionen und Meditationsmethoden inzwischen immer mehr miteinander schweigend meditieren, als theologisch zu diskutieren, „auseinanderzuschneiden“.

Zum ersten Teil dieses Meditationsführers wurden einige der bedeutendsten Meditationslehrer(innen) eingeladen, von innen her darzustellen, was Meditation ist, und wozu man meditiert. Im zweiten Teil finden Interessierte eine Zusammenstellung der wichtigsten Adressen, an die sie sich wenden können, wenn sie sich auf einen Meditationsweg begeben möchten.

Wenn dieser Meditationsführer mithelfen kann, ein spirituelles Klima zu schaffen, in dem sich Menschen begegnen, miteinander sprechen, schweigen, meditieren, wenn auf diesem Wege erreicht wird, daß Vorurteile schwinden und die Vielfalt religiöser Wege sich gegenseitig befruchtet, hat er seinen Zweck erfüllt.

Teil 1
Warum und wie meditieren?

Kontemplation – Der mystische Gebetsweg der Christen

Willigis Jäger

Vor einiger Zeit kam eine Frau zu mir und erzählte folgendes Erlebnis:

„Ich war auf dem Weg in die Mission nach Asien. Auf der langen Reise zu Schiff brach über Nacht mein ganzes Glaubensgebäude zusammen. Sicher und überzeugt hatte ich den Missionsauftrag entgegengenommen. Er war die Berufung meines Lebens. Plötzlich wußte ich nicht mehr, was ich lehren sollte. Ich konnte nicht einmal mehr beten. Worte waren so sinnlos geworden, Gottesbilder zerbrachen wie eine zu Boden gefallene Vase.

Stundenlang saß ich verzweifelt auf Deck und rang nach Gebetsworten. Es kamen mir keine mehr über die Lippen. Sie klangen wie hohle Fässer, an die Kinder im letzten Hafen geschlagen hatten. Ich hörte auf, nach Worten zu suchen, war einfach nur da, da vor dieser unendlichen Wirklichkeit, für die ich keinen Namen mehr hatte, die nicht zu existieren schien. Ganz langsam und leise wuchs in der Gedankenstille eine Präsenz, die ich zwar nicht benennen konnte, die aber immer wirklicher wurde. Das war der Beginn meines kontemplativen Gebetes. Da es keine Zufälle gibt, fand ich bald darauf eine kleines englisches Büchlein: ‚Die Wolke des Nichtwissens‘. Noch konnte ich den Verfasser, einen Mystiker des 14. Jahrhunderts in England, nicht ganz verstehen. War ich doch Mitglied einer fundamentalistischen evangelischen Gemeinschaft und so jeder Kenntnis der Mystik bar. Aber ich ahnte, daß es um genau das ging, was mich auf dem Schiff eingeholt hatte: eine dunkel Nacht, ein Zerbrechen aller Gottesvorstellungen und eine ganz neue Ebene der Erfahrung.

Ich konnte mit niemand über meinen seelischen Zustand sprechen. Wenn ich es versuchte, stieß ich auf Unverständnis. Viele Jahre später traf ich geistliche Führer, die mich verstanden. Sie führten mich auf den Weg der Kontemplation. Aber selbst dann noch wagte ich den Freunden aus meiner Gemeinschaft nichts von meinem kontemplativen Weg zu erzählen. Sie hätten es einfach nicht verstanden."

Die Mystik ist aus den theistischen Religionen ausgewandert

Um das Phänomen der Mystik nimmt sich heute die Psychologie und Psychotherapie an. In vielen Kursangeboten finden sich Elemente der östlichen und westlichen Mystik. Im März 1993 wurde von Psychologen und Psychotherapeuten das Netzwerk „SEN-Deutschland" gegründet („Spiritual Emergence Network"). Es will Menschen helfen, die in eine spirituelle Krise geraten sind, weil sie transpersonale Erfahrungen machen und diese nicht zu deuten wissen. Religiöse Krisen werden heute also in der Psychotherapie (nicht selten sogar in der Psychiatrie) behandelt, nicht beim Pfarrer, der doch eigentlich die erste Anlaufstelle sein sollte.

In der Zeitschrift „Psychologie heute" (2/1993) bringt ein Gespräch mit dem Psychotherapeuten Herbert Benson genau die Anweisungen, die man in der christlichen Mystik, wie etwa in der „Wolke des Nichtwissens", für das kontemplative Gebet findet:

„Sitze still;
schließe die Augen;
wiederhole ein Wort …

und wenn andere Gedanken auftauchen, gehe nicht darauf ein, sondern kehre zur Wiederholung des Meditationswortes zurück.

Mit dieser Grundformel als Such-Raster habe ich die religiöse und säkulare Literatur der Weltkulturen untersucht – und fand, daß in jeder Tradition, in jeder Schriftkultur diese Schritte in der einen oder anderen Form zu finden waren" (aaO., 22).

Vor allem ist es die Transpersonale Psychologie, die sich eingehend mit der Mystik beschäftigt. Nach Abraham H. Maslow, einem der Väter der Transpersonalen Psychologie, zählt zu den Bedürfnissen des Menschen nicht nur das nach Sicherheit, Besitz, Gruppenzugehörigkeit, Zuwendung und Achtung, sondern auch das nach Einheit mit sich selbst und nach Selbsttranszendenz, was die Mystik Einheit mit Gott nennt. Maslow nennt dieses Bedürfnis Metabedürfnis. Ohne diese Transzendenzerfahrung ist seiner Ansicht nach die menschliche Natur nicht vollständig. Der transpersonale Erfahrungsraum gehört zu unserer menschlichen Vollständigkeit.

Auch Roberto Assagioli, der als Begründer der Psychosynthese gilt, ist überzeugt, daß „eine unvermittelte Wahrnehmung dessen, was es heißt, Mensch zu sein, die Enthüllung der vollständigen Bedeutung der eigenen Existenz" beinhaltet. Die eigene Existenz, das ist dieser göttliche Funke (*scintilla animae*), den Jesus in seinen Gleichnissen die Perle nennt oder den Schatz im Acker. „Wenn wir in uns gehen, entdecken wir unser Zentrum, unser wahres Wesen, den intimsten Teil von uns; dies ist eine Offenbarung und gleichzeitig eine Bereicherung. Es ist das, was Christus als die ‚Wertvolle Perle' bezeichnet hat; wer sie findet und ihren Wert erkennt, will sie um jeden Preis erwerben" (Assagioli, 28 ff; zur Bibliographie s. Literaturverzeichnis am Schluß des Beitrags). Er nennt eine solche Erfahrung Bewußtseinserweiterung oder Erwachen. Der transpersonale Raum gehört nach Assagioli und anderen Vertretern der transpersonalen Psychologie zu unserem Menschsein. „Solange wir diese uralte Wahrheit nicht neu entdecken, und zwar jeder für sich und auf seine Weise, sind wir dazu verdammt, umherzuirren und Trost dort zu suchen, wo es keinen gibt – in der Außenwelt" (Assagioli, 217).

Was ist Kontemplation?

Was die Transpersonale Psychologie neu entdeckt hat, ist uraltes Wissen der Religionen. Jede Religion hat neben Lehre, Ritual und Liturgie – also den exoterischen, äußerlich wahrnehmbaren Elementen – auch einen Weg in die Erfahrung dessen, was Lehre und Liturgie verkünden. Kontemplation ist das Wort, das im ganzen Mittelalter für diesen Gebetsweg, der in die Erfahrung des Göttlichen führen soll, verwendet wurde. Die christliche Gebetslehre unterscheidet drei Stufen:

1. Mündliches Gebet – *oratio*
2. Betrachtendes Gebet – *meditatio*
3. Kontemplatives Gebet – *contemplatio*

Die kontemplativen Formen des Betens wurden bis ins hohe Mittelalter gelehrt. Dieser Beitrag soll das an den großen Mystikern des Abendlandes erhellen, auch wenn sie nicht alle zu Wort kommen können: Johannes Cassian, Evagrius Ponticus, Dionysius Areopagita, die Philokalia, Bonaventura, Meister Eckhart, Margareta Porete, Hugo v. St. Viktor, der Schreiber der „Wolke des Nichtwissens“ und „Weg des Schweigens“ und Johannes vom Kreuz, Teresa von Avila u. a. Einige dieser Mystiker werden im folgenden mit ihren Texten zu Wort kommen. Dabei wird es für manche Leser eine nicht geringe Überraschung sein, in ihren Anweisungen zum kontemplativen Gebet sehr viel Ähnlichkeit zu den östlichen Formen der Esoterik zu finden, z. B. zu Vipassana, Zen und Yoga.

Die Begriffe Meditation und Kontemplation werden heute leider nicht mehr in der ursprünglichen Form gebraucht. *Meditation* spricht in der klassischen Einteilung die intellektuelle und sensitive Begabung des Menschen an, d. h. Sinne, Gefühl und Verstand. Sie befaßt sich mit Bewußtseinsinhalten wie Bildern, Worten, Metaphern, wodurch die Kräfte der Seele angeregt werden. Wer sich auf den Weg der K*ontemplation* macht, soll die Meditation während dieser Übung lassen. So schreibt Johannes vom Kreuz: „Beginnt die Seele in jenen einfachen und gelassenen Zustand der Kontemplation einzutreten und versiegt ihr damit die Meditation, dann soll sie sich niemals Meditationen vorstellen wollen und niemals an geistlichen Wohligkeiten festhalten“ (LF III, 36; nähere Angaben s. Literaturverzeichnis).

Kontemplation ist nur möglich, wenn Verstand, Gedächtnis und Wille zur Ruhe gekommen sind. Alle seelischen Kräfte verhalten sich in der Kontemplation passiv. Es geschieht etwas mit dem Betenden. Keinerlei Inhalte werden angenommen, selbst religiöse Bilder, Visionen, innere Ansprachen und fromme Gedanken werden zurückgelassen. Kontemplation ist reines Schauen. Dem Beter widerfährt etwas. Es ist ein Erwachen zum wahren göttlichen Wesen. Kontemplation im ursprünglichen Wortgebrauch ist die ebenbürtige Parallele zu den östlichen Formen wie Zen, Vipassana und auch zu manchen Yogapraktiken und sollte im christlichen Bereich unbedingt wieder mit diesem klassischen Begriffsinhalt gebraucht werden.

Kataphatische und apophatische Spiritualität

Die christliche Gebetslehre kennt – neben Meditation und Kontemplation – eine weitere Einteilung. Sie hat dafür die Worte *apophatisch* und *kataphatisch* geprägt. (*apo* = weg; *kata* = gemäß, entsprechend; *phatis* = Rede, Wort).

Die *kataphatische* Spiritualität arbeitet mit Bewußtseinsinhalten, d. h. mit Bildern, Symbolen, Vorstellungen und Begriffen. Sie ist inhaltsorientiert und geht von der Überzeugung aus, daß der Mensch Bilder und Begriffe braucht, um zu Gott zu kommen.

Die *apophatische* Spiritualität entspricht der Kontemplation. Sie ist auf das reine, leere Bewußtsein hin orientiert, damit das Göttliche aufscheinen kann. Inhalte werden als Hindernis angesehen. Solange das Bewußtsein an Bildern oder Konzepten festhält, ist es noch nicht dort, wo die eigentliche Erfahrung Gottes geschieht. Bilder und Inhalte verdunkeln das Göttliche mehr, als daß sie es erhellen.

Die meisten Christen – wohl auch die meisten Menschen anderer Religionen – gehen einen kataphatischen Weg, also den Weg der Bilder, der Vorstellungen und Worte von und über Gott. Die kataphatische Spiritualität spielt in allen Religionen die größere Rolle. Je stärker eine Religion aber ins Mystische hineinreicht, um so mehr wird sie apophatisch, d. h. sie verläßt die Bilder, die Vorstellungen und Konzepte, weil diese von einem bestimmten Punkt an Gott eher verdunkeln. So braucht Religion einerseits Bilder und Worte, weil Glaube ohne sie nicht mitgeteilt werden kann. Andererseits ist die Gefahr, Bilder und Worte zu wichtig zu nehmen, sehr groß. Bilder und Symbole können zwar echte Wege in die Erfahrung der letzten Wirklichkeit sein, aber sie können auch zum Hindernis werden.

Die katholische Kirche als Institution beispielsweise verlor nie einen gewissen Argwohn gegen die apophatische Spiritualität bzw. die Mystik. Manchmal war und ist er berechtigt, vor allem dann, wenn sich der mystische Weg stark antitheologisch oder gar antiintellektuell gebärdete und ins Unkritische, manchmal sogar ins Parapsychische absank bzw. absinkt. Mystik und Theologie sind die beiden Säulen einer Religion. Erst wenn beide stark und ausgewogen existieren dürfen, blüht das religiöse Leben. Daher war in der mystischen Tradition der Weg der Kontemplation das eigentliche Ziel der Gebetslehre.

Wer ist zur Kontemplation berufen?

Man hat in den letzten Jahrhunderten mystische Erlebnisse nur ‚besonders begnadeten Personen' zugetraut. Daher durften bis in die jüngste Zeit hinein selbst in Klöstern Werke eines Johannes vom Kreuz und Meister Eckharts – wie mir Ordensfrauen bestätigt haben –, nur mit besonderer Erlaubnis gelesen werden, obwohl die Mystiker selbst diese Gebetsform allen empfehlen, vor allem aber den Ordensleuten. So schreibt Madam Guyon: „Alle sind geeignet für das Innere Gebet. Es ist ein großes Unglück, daß fast jedermann sich in den Kopf setzt, nicht zum Inneren Gebet berufen zu sein. Wir alle sind zum Inneren Gebet berufen, so wie wir alle zum Heil berufen sind" (in: Jungclaussen, Das Jesusgebet, 51).

Johannes vom Kreuz führt sein Buch ‚Aufstieg zum Berge Karmel' mit den Worten ein: „Das Buch handelt davon, wie die

Seele sich bereiten kann, um in Kürze mit Gott vereinigt zu werden. Es gibt Weisung und Lehre, sowohl für Anfänger wie auch für Fortgeschrittene ..." (ABK, Einleitung). Er gibt dafür einen einfachen Grund an: „... denn dieses Licht (der Kontemplation) mangelt der Seele niemals. Doch wegen der geschöpflichen Bilder und Hüllen, mit denen die Seele verhüllt und beschwert ist, strömt es nicht ein" (ABK II, 15,4).

Für Ludwig Blosius, einen Mystiker aus dem 14. Jahrhundert in Frankreich, ist der Status der Kontemplation mindestens für jeden Mönch die größte Selbstverständlichkeit. Er schreibt: „Wenn du sagst, diese Vollkommenheit ist für mich zu hoch ..., so antworte ich dir: Dann bist du kein Mönch."

Man fragt sich, warum die Kontemplation und die Hinführung zur Kontemplation bei christlichen Seelsorgern, Spiritualen und Beichtvätern nicht besser bekannt ist.

Grundstrukturen der Kontemplation

Die großen abendländischen Mystiker sind unsere wichtigste Quelle bei der Hinführung zur Kontemplation. An ihnen gilt es sich immer wieder zu orientieren.

Die Mystik kennt bestimmte Grundstrukturen, die allen Religionen gemeinsam sind. Das Christentum macht dabei keine Ausnahme. Entweder sie empfehlen eine Sammlung des Bewußtseins an einem Bild, Ton, Wort, dem Atem, dem Licht, also einem Inhalt, an dem das Bewußtsein vereinheitlicht wird, oder sie halten das Bewußtsein frei von jedem Inhalt und von jeder Struktur, sei sie materiell, psychisch oder intellektuell. Im folgenden werden diese beiden Formen bei den christlichen Mystikern aufgezeigt.

(1) Die Übung mit dem Atem

Die christliche Mönchstradition kennt schon immer das Eintreten in die Versenkung mit Hilfe des Atems. Aus der ‚Philokalia', einem Buch, das vom Gebetsleben der Mönche der Ostkirche berichtet, seien einige Beispiele genannt.

„Ein Mensch, der das lernen möchte, sollte wissen, daß, wenn man den Geist daran gewöhnt hat, durch das Einatmen in die innere Mitte zu kommen, man auch praktisch gelernt hat, ihn in dem Augenblick, in dem er sich anschickt, in die innere Mitte zu gelangen, von jeglichem Gedanken zu befreien, so daß er einfach wird und bloß, frei von allen Erinnerungen, außer jenem Ruf zum Herrn Jesus Christus" (Philokalia, 193; weitere Beispiele finden sich ebd., 192).

(2) Langes, ruhiges Sitzen

Das lange, ruhige Sitzen wird von jeher als wichtig angesehen. Man kann sich in einer Kirchenbank niederlassen oder zu Hause auf einem Stuhl, auf einem niedrigen Bänkchen oder auf den Fersen. Schon die christlichen Mönche der Thebais und Skytis kannten das lange Sitzen. „Der Mönch hockte in seiner Zelle auf einer Matte oder einem niedrigen Papyrusbündel – es mögen zehn Stunden oder mehr des Tages gewesen sein" (v. Nagel, 140).

Die Philokalia schreibt: „Nach Sonnenuntergang setze dich auf einen niedrigen Stuhl in deiner ruhigen Zelle bei gedämpftem Licht und sammle deinen Geist von seinem gewöhnlichen Herumschweifen und Draußenherumwandern, und geleite ihn ruhig in dein Herz auf dem Weg des Atems" (Philokalia, 195).

(3) Die Übung mit dem Wort

Johannes Cassian, ein Mönch, der uns vom Gebetsleben der Eremiten und Zönobiten in der Wüste berichtet hat, beschreibt die Einübung des kontemplativen Betens mit einem Wort bzw. mit einem kurzen Satz. Nachdem er die Formel „O Gott, komm mir zu Hilfe. Herr, eile mir zu helfen" empfohlen hat, fährt er fort:

„Das Gebet dieses Verses soll also mit unablässiger Stete gepflegt werden. ... Die Anwendung dieses Verses, sage ich, soll ununterbrochen in deinem Herzen erwogen werden. Laß nicht ab, ihn bei jeglichem Werk oder Dienst und auch auf dem Wege zu beten. Pflege ihn beim Schlafen und Essen und in der äußersten Notdurft des Leibes. Dieses Erwägen im Herzen wird dir wie eine heilsmächtige Formel sein und dich auch zu der unsagbaren und nur von wenigen erfahrenen Glut des Gebetes hinreißen. Wenn du diesen Vers im Innern pflegst, mag dich der Schlaf überkommen, wenn du nur am Ende, durch seine unaussprechliche Übung geformt, ihn auch im Schlafe zu beten gewöhnt bist. … (Diesen Vers) sollst du auf Schwelle und Tür deines Mundes schreiben. Ihn schreibe an die Wände deines Hauses und in das Innere deines Herzens“ (Collationes, X).

Der Verfasser der „Wolke des Nichtwissens“ gibt in den Kapiteln 7, 8, 36, 37 und 39 Anleitungen zum Gebrauch des Gebetswortes: „… nimm ein kurzes einsilbiges Wort, eines mit einer Silbe ist besser als eines mit zwei Silben, und je kürzer es ist, um so mehr hilft es dir auf deinem geistlichen Weg. Ein solches Wort ist z. B. ‚Gott‘ oder ‚Liebe‘. Wähle davon, welches du willst, oder ein anderes. Achte aber darauf, daß es nur eine Silbe hat. Verankere dieses Wort fest in deinem Herzen, damit es bei dir ist, was immer auch kommen mag. … Wehre ab mit ihm jede Art von Gedanken und stoße ihn unter die Wolke des Vergessens. Und sollte ein Gedanke dich verfolgen und fragen, was du tust, dann antworte ihm nur mit diesem Wort. Solltest du aber versucht sein, dieses Wort zu zerlegen, dann erinnere dich, daß du es ganz und nicht entfaltet haben möchtest. … Es geht nicht darum, das Wort mit der Neugier des Verstandes zu zergliedern oder es im Hinblick auf seine Eigenschaften zu erörtern, als ob du durch eine derartige Betrachtung deine Kontemplation steigern könntest. Ich glaube, daß man nie so verfahren sollte, wenn man sich auf diesen Weg begeben hat. Bewahre vielmehr alle diese Wörter bei dir in ihrer Ganzheit.

Gott läßt sich nicht durch Nachdenken erfassen. Man kann ihn lieben, ihn aber nicht denken. Liebe kann ihn begreifen und umfassen, nicht aber der Gedanke. Obwohl es gut ist, bisweilen auch über die Güte und Freundlichkeit Gottes nachzudenken, obwohl dich das weiterbringen kann, und auch nicht ganz unwichtig ist im kontemplativen Leben, rate ich dir trotzdem, solche Gedanken zu unterlassen, wenn du dich bei der kontemplativen Übung befindest, und sie mit der Wolke des Vergessens zu bedecken“ (Wolke, aaO.).

Wenn man mit dem Gebet so weit gekommen ist, richtet man die Aufmerksamkeit nicht mehr auf den Atem, sondern auf den

Laut. Der Vokal wird gleichsam innerlich gesungen, er führt den Atem. Das Ziel ist, eins zu werden mit dem Wort, besser: mit dem Vorgang des innerlichen Aussprechens oder Singens. Es gilt, dieser Laut selbst zu werden. Dadurch beruhigt sich das Innere. Das Bewußtsein sammelt sich in diesem Wort bzw. Vokal. Damit treten die vielen anderen Dinge, die über die Psyche laufen, zurück.

(4) Hingabe und Liebe

Christliche Kontemplation ist begleitet von Hingabe und Liebe. Der Schreiber der „Wolke des Nichtwissens" rät, das Wort aufzuladen mit Hingabe, mit Liebe und mit Vertrauen. Dies widerspricht nur scheinbar der Anweisung, daß man nicht an Gefühlen hängen soll. Liebe, Hingabe, Sehnsucht sind Grundbewegungen unserer Seele, die das Wort durchaus begleiten können. Sie richten aus und dienen zur Sammlung. Jemand, der Durst hat, braucht nicht an Wasser zu denken. Die Sehnsucht nach Wasser steckt ihm im Leib. So ist es auch mit der Liebe. Wer wirklich liebt, wer Sehnsucht hat, wer sich hingibt, der ist nicht zerstreut. Die Übung der Kontemplation wird einem solchen Menschen eher gelingen. Einige Worte dazu aus der „Wolke":

„Vernachlässige diese schweigende Hingabe der Liebe nicht. Beachte ihren unsagbaren Einfluß auf deine eigene Seele. Ist ihre Liebe echt, zeigt sie sich in einer spontanen Regung, die Gott plötzlich wie ein Funke entgegenspringt. Es ist erstaunlich, wie viele solcher Funken aus der Seele eines Menschen zu Gott aufglühen, wenn er in dieser Übung fortgeschritten ist" (Wolke, 55). – „Was ist das Wesen höchster menschlicher Vollendung, und was erwächst daraus? Ich will für dich antworten. Die höchste menschliche Vollendung ist die Vereinigung mit Gott kraft einer Liebe, die sich völlig hingibt. Diese hohe und edle Berufung ist dem Denken so fern, daß das, was sie wirklich ist, weder vorgestellt noch gedacht werden kann" (Wolke, 72).

Man darf jedoch nicht verwundert sein, wenn solche Gefühle oft fehlen. Der Weg führt über lange Strecken der Trockenheit, er führt durch Wüste und Nacht, wie die Mystiker sagen. Es ist dann von größter Bedeutung, daß man weiterübt, auch, ja gerade dann, wenn frustrierende Trockenheit einkehrt. Trockenheit liegt auf der affektiv-personalen Ebene. Frustriert ist das Ich, das sowieso zurückgelassen werden muß. Trockenheit ist daher für die Mystik Instrument und Hilfe Gottes im Prozeß der Loslösung.

(5) Wahrnehmung des eigenen Seins

Der Schreiber der „Wolke des Nichtwissens" und des Büchleins „Weg des Schweigens" kennt neben der Bewußtseinssammlung an einem Wort auch den Weg der Bewußtseinsentleerung. Er spricht oft von der Wahrnehmung des eigenen Seins. Im Laufe der Übung wird ein Hintergrund wahrnehmbar, auf dem Gedanken, Gefühle und Intentionen erscheinen. Gedanken und Gefühle kommen von dort her, aber sie sind nicht der tiefste Grund. Die „Wolke des Nichtwissens" nennt diesen Grund das Sein. Diese Texte scheinen mir mit die wichtigsten aller Anweisungen der beiden Büchlein zu sein.

Das Schauen ins Sein ist eine Übung, die von vielen esoterischen Wegen praktiziert wird, auch wenn dieser Übung andere Namen gegeben werden. Das Ziel ist die Bewußtseinsleere, aber nicht um der Leerheit willen, sondern weil nur in der Leerheit die Fülle Gottes unverfälscht aufscheinen kann; denn das Auge muß farblos sein, damit es Farbe unverfälscht schauen kann. Gedanken, Gefühle, Willensimpulse werden nicht festgehalten. Der Mensch gleicht einem Spiegel, der alles reflektiert, sich aber mit nichts identifiziert. Hier einige Texte dazu aus dem „Weg":

„Nichts ist jetzt wichtiger, außer dem einen, daß du jetzt Gott in freudiger Liebe die dunkle Wahrnehmung deines reinen Seins hinhältst, damit er dich mit seiner Gnade an sich ziehen und dich im Innersten mit sich einen kann, dein Sein mit seinem Sein" (Weg, 40). – „Du siehst also, dein nacktes Sein ist der wesentliche Grund all deiner anderen Entfaltungen. Alle hängen davon ab. Nun bist du an einen Punkt gekommen, wo es dir nicht länger nützt, dich mit einzelnen deiner Fähigkeiten zu beschäftigen und deine Aufmerksamkeit auf sie zu richten" (Weg, 46). – „Du bist nun soweit, daß dein Wachstum verlangt, den Verstand nicht länger mit Nachdenken über die vielfältigen und vielfachen Ausfaltungen deines Wesens zu beschäftigen. Früher verhalfen dir diese Übungen zur Erkenntnis Gottes. Sie erfüllten dein Herz mit wohltuender, froher Zuneigung zu ihm und geistigen Dingen und schenkten dir große geistliche Einsicht. Jetzt aber ist es an der Zeit, dich zu bemühen, ständig in der innersten Mitte deiner Seele zu bleiben, um Gott die dunkle Wahrnehmung deines Seins als Erstlingsfrucht anzubieten" (Weg, 49).

In diesem Zustand gibt es immer noch zwei: ein Ich, das erfährt, und das, was erfahren wird. Von hier aus weiterzukommen ist sehr schwer. Das Ziel ist, auch noch dieses Ich hinter sich zu lassen und nur das Sein Gottes zu erfahren. Das kann aber nicht mit einem Willensakt erreicht werden. Es bleibt nichts übrig, als in Treue weiterzuüben. Die Anweisungen lauten nach wie vor: Fahre mit der Gebetsübung fort! Fließe ganz in sie hinein! Dann kann dir die Erfahrung geschenkt werden. Eine wirklich mystische Erfahrung ist ein Widerfahren, sie läßt sich nicht machen. So gehen die Anweisungen weiter.

„Wo immer du bist, was du auch tust und wie du es versuchen wirst, die elementare Wahrnehmung deines nackten Seins steht zwischen dir und deinem Gott. Natürlich mag Gott gelegentlich eingreifen und dich mit einer flüchtigen Erfahrung seines Seins beglücken. Von diesen Augenblicken jedoch abgesehen, wird die dunkle Wahrnehmung deines eigenen nackten Seins dein Bewußtsein erfüllen und wie eine Mauer stehen zwischen dir und Gott. Ähnlich war es zu Beginn dieser Übung, als die Aufmerksamkeit auf Einzelheiten deines Seins wie eine Mauer stand vor der direkten Wahrnehmung deines Seins. Bald wirst du spüren, welch schwere und schmerzhafte Last dein eigenes Selbst ist. Möge dir Jesus in jener Stunde helfen, du wirst ihn dringend brauchen. ... Du siehst also, es ist notwendig, das schmerzhafte Kreuz des eigenen Selbst zu tragen. Dies allein wird dich vorbereiten auf die alles übersteigende Erfahrung Gottes, wie er ist, und auf die Vereinigung mit ihm in verzehrender Liebe" (Weg, 81).

In diesen Erfahrungen und Anweisungen trifft sich der „Weg" mit den Erfahrungen und Anweisungen eines Johannes vom Kreuz. Dieser spricht nicht vom Schauen ins nackte Sein, sondern vom „liebenden Aufmerken", was der oben genannten Übung sehr nahe kommt. In beiden Fällen handelt es sich um eine Aufmerksamkeit, die sich auf das Bewußtsein selbst richtet und nicht auf ein Objekt wie Atem, Wort, psychische oder körperliche Vorgänge. Der undifferenzierte Hintergrund selbst dient als Punkt der Sammlung. Diese Übung verlangt einen höheren Grad der Konzentration, weil sich das Bewußtsein nirgendwo festmachen kann.

(6) Die Wüstenväter – Reinheit des Herzens (Puritas cordis)

Der Wüstenvater Johannes Cassianus faßt die Hinführung ins kontemplative Gebet mit den Worten „Reinheit des Herzens" zusammen. *Cor*, Herz, ist bei Cassian die Hauptfähigkeit des Erkennens, besser: des Erfahrens. Es ist jener Seelenfunke, mit dem wir unser wahres göttliches Leben nicht nur erfahren, sondern der dieses göttliche Leben ist.

Erfahren wird jedoch nicht durch Nachdenken erreicht oder durch Worte, die im Gedächtnis haften: „… denn die Weise dieser Dinge kann durchaus nicht durch müßiges Nachdenken oder durch bloßes Wort eingesehen oder gelehrt oder im Gedächtnis behalten werden, denn fast alles beruht hier auf Erfahrung allein. Und wie diese Dinge nur von dem Erfahrenen gelehrt werden können, so können sie auch nur von dem erfaßt und verstanden werden, der sie mit gleichem Eifer und Fleiß zu lernen sich abmüht" (Cassian, Collationes, Prolog).

Der Weg in die Erfahrung führt über das Wissen vom Weg, über die *praktiké*. Sie wird in drei Abschnitte gegliedert:

– die Arbeit am inneren Menschen,
– den Dienst an den Brüdern,
– die Gleichgestaltung mit Christus.

Reinheit des Herzens ist das erste Ziel, das erreicht werden soll. Die Schau ist das eigentliche und letzte Ziel des Mönchtums. Aber sie ist Geschenk und unterliegt nicht dem Wollen. Daher ist das Nahziel die Reinheit des Herzens (puritas cordis): „So ist das Endziel unseres Berufes das Reich Gottes, aber unser nächstes Ziel die Reinheit des Herzens" (Cassian, Collationes I, 4).

Wir würden die „Reinheit des Herzens“ jedoch falsch verstehen, wenn wir sie als Sündenlosigkeit im moralischen Sinn deuten wollten. Es ist vielmehr eine seelische Verfassung, die rein, d.h. frei ist von Besetztsein, von Verwirrung und Aufregung. Sie ist Ruhe, die alles losgelassen hat, um frei und offen zu sein für Gott: „Was immer die Reinheit und Ruhe unseres Herzens stören könnte, ist als schädlich zu vermeiden“ (Cassian, Collationes I, 7).

Es ist unter den Wüstenvätern vor allem der Mönch Evagrius Ponticus, der die christliche Mystik beeinflußt hat. Er berichtet uns von zwei großen Mönchsvätern, die beide Makarios hießen. Einige Worte aus Evagrius' Schrift „Über das Gebet“ seien hier zitiert: „Gib dich also entschlossen ganz dem Gebete hin. Achte dabei weder auf Sorgen noch auf andere Gedanken, die in dir aufsteigen, während du betest. Alles, was sie bei dir erreichen können, ist, dich zu stören und dich zu beunruhigen, um schließlich deine entschlossene Zielgerichtetheit ins Wanken zu bringen“ (Evagrius, Kap. 9).

Die Bedeutung des Evagrius liegt in seiner Klarheit. Er sagt: Kontemplation ist reines Gewahrsein. Wer wirklich kontemplativ ist, sieht den Ort Gottes. Das ist auch die Bedeutung des Wortes ‚Theologe‘. Evagrius setzt dieses Wort mit ‚Mystiker‘ gleich: „Bist du ein Theologe, dann weißt du auch richtig zu beten. Wenn du wirklich zu beten verstehst, so bist du ein Theologe“ (Evagrius, Kap. 60).

Auch Evagrius empfiehlt das ungestörte, lange Verweilen im Gebet: „Wenn du betest, dann kümmere dich nicht um die Bedürfnisse deines Leibes, sonst könntest du wegen eines Flohbisses oder wegen einer Laus, einer Fliege oder einem Moskito jener unübertroffenen Gabe Schaden zufügen, die dir im Gebet geschenkt wird“ (Evagrius, Kap. 105).

Kern der Kontemplation ist die Freiheit von Bildern und Vorstellungen über Gott: „Wenn du betest, dann stelle dir die Gottheit nicht als Bild vor. Halte deinen Geist überhaupt frei von jeglicher Form und nähere dich ohne jede Materie dem immateriellen Wesen, denn so nur wirst du es erkennen“ (Evagrius, Kap. 66). Der Weg der Praxis ist also ein Wandeln und Reifen zu einem rein rezeptiven, offenen und aufnehmenden Bewußtseinszustand hin.

Jesus ist für die Mönche der vollendete mystische Beter. Sein Beten auf dem Berg und in der Einsamkeit war die ‚apatheía', die Schau Gottes. So wie Jesus auf dem Berg betend in der tiefen Erfahrung dessen stand, den Vater nannte, so soll auch der Mönch in diesem Gebet verharren: „Diesen Zustand stellte auch unser Herr in jenem Gebet dar, das er auf dem Berg, zurückgezogen und schweigend – wie geschrieben steht – darbrachte, als er, selbst ein unnachahmliches Vorbild der Hingabe, in der Not des Gebetes Blutstropfen vergoß" (v. Nagel, 146).

Das kontemplative Gebet versucht, alle Bilder und Worte zu übersteigen. Cassian warnt jene Mönche, die nicht beten können, wenn sie sich nicht irgendein Bild vorstellen: „Diese (ungebildeten Mönche) meinen gar nichts mehr zu haben, wenn sie sich nicht irgendein Bild vorstellen, das sie im Gebet ständig ansprechen, im Geist mit sich herumtragen und immer fest vor Augen haben…." (v. Nagel, 149)

Meister Eckhart (1260 – 1328)
Die Gottesgeburt in der Seele

(1) „Nichtsuchen" als Weg zu Gott

Für die Forschung war Eckhart bisher in erster Linie als sprachgewandter Theologe und eigenständiger Denker interessant und wurde vor allem den Philosophen und Philologen überlassen. Eckhart als Mystiker, der einen Weg in die Gotteserfahrung lehrte, war nicht gefragt. Nun hat er in der Tat keinen systematischen Übungsweg hinterlassen. Aber er sagt in seinen Schriften genug über die innere Einkehr, so daß daraus leicht ein Weg ersichtlich wird.

Die Zeit, in der Eckhart lebte, war eine Epoche religiösen Suchens, wie es sie kaum ein zweites Mal in der Menschheitsgeschichte gegeben hat. In den vielen Klöstern und Beginenhäusern wurde das kontemplative Gebet eifrig gepflegt. Die meisten Gemeinschaften hatten extreme asketische Praktiken. Kasteiungen aller Art waren an der Tagesordnung.

Eckhart wollte die Menschen vor dieser übertriebenen und selbstzerstörerischen äußeren Askese bewahren und für einen geistigen Wandel und eine innere Nachfolge Christi gewinnen. Worum es ihm ging, war die Übung, die das Innere des Menschen – wir würden heute sagen: sein Bewußtsein – wandelt. Er unterscheidet zwischen dem „natürlichen Menschen“ und dem „gottgeborenen Menschen“, der sich eins weiß mit dem Göttlichen. Die Frage für Eckhart war: Wie kann der Mensch die Einheit mit Gott finden und leben und so wahrer Mensch werden und ganz im Leben stehen? Sein Weg ist der Weg der „Gottesgeburt in der Seele“.

Er betonte immer wieder, daß die Gotteserfahrung vom Menschen her nicht machbar, durch Übung oder gar gewalttätige Askese nicht erzwingbar, sondern Gnade ist. Man kann das Göttliche nicht verdienen: „Weil es Gnadengaben sind, können wir sie nicht aus eigener Kraft erwerben“ (LW IV, 198,11f).

Für Eckhart ist das Suchen nach Gott zwecklos. Der Wunsch, die Gottesgeburt zu erfahren, hindert den Menschen sogar daran, Gott näher zu kommen: „Je mehr man dich (Gott) sucht, um so weniger findet man dich. Du sollst ihn suchen so, daß du ihn nirgends findest. Suchst du ihn nicht, so findest du ihn“ (DW I, 253,6ff).

Eckhart unterscheidet sich hier nicht von anderen Mystikern. So schreibt der Verfasser der „Wolke des Nichtwissens“, daß man seine Sehnsucht nach Gott vor Gott verbergen soll, – für viele eine verwirrende Aussage. Gemeint ist aber lediglich, daß man in die Kontemplation nur eintreten kann, wenn man die seelischen Kräfte, die in der Scholastik mit Verstand, Gedächtnis und Wille bezeichnet wurden, hinter sich läßt und in ein reines Gewahrsein gelangt.

Alles Beten ist ein Üben des Loslassens. Wird der Mensch wirklich gelassen und leer, kann Gott sich eingießen: „Es ist ein Augenblick: das Bereitsein und das Eingießen. Wenn die Natur ihr Höchstes erreicht, dann gibt Gott die Gnade; im gleichen Zeitpunkt, da der Geist bereit ist, geht Gott (in ihn) ein, ohne Verzug und ohne Zögern“ (Meister Eckhart, DPT, 436,9ff). Bereitsein und Eingießen ereignen sich im gleichen Augenblick: „Deshalb muß Gott sich notwendig einem abgeschiedenen Herzen geben" (DW V, 403,4f). Wenn der Mensch sein Ich gelassen hat, erscheint das Göttliche in der Tiefe seiner Seele.

Das Lassen oder Loslassen hat nichts mit einem Willensakt zu tun. Willentlich kann man nicht lassen. Ich muß gleichsam in mir selbst einkehren, bis auch der Wille in der Abgeschiedenheit untergeht. Der Wille ist es zwar, der mich auf den Weg bringt, mich motiviert, aber er muß dann in der Gebetsübung untergehen.

(2) Anweisungen zur Übung

Da es Eckhart um den geistigen Wandel geht und er sich gegen extreme Formen des Bußlebens jener Zeit wie „Fasten, Wachen, Beten, Knien, Sich-Kasteien, härene Hemden tragen, hart liegen" wendet (DPT, 438,4f), schreibt er auch keine bestimmte Zahl von Übungen vor. Es kommt ihm nur auf die innere Wandlung an. Alle Übungen haben nur die eine Funktion, loslassen zu lernen. Eckhart nennt diese vorbereitenden Übungen „innere Übungen". Sie helfen, „wenn man sich mit verständnisvoller Umsicht von innen her übt" (DW III, 485,10f).

Welches sind nun die Übungen, die Eckhart empfiehlt? Was kann ein Mensch beitragen, um zur Gottesgeburt zu gelangen? Der Kernsatz seiner Anweisungen ist in den Reden der Unterweisungen zu finden: „Daß er (der Mensch) überdies in allen Dingen Bindungslosigkeit gewinne und gegenüber den Dingen völlig frei bleibe. Dazu gehören zu Beginn notwendig Überlegung und ein aufmerksames Einprägen wie beim Schüler in seiner Kunst" (DW V, 209,1ff).

Eckhart nennt den Weg die „innere Übung". Fünf Voraussetzungen für diese innere Übung lassen sich bei ihm finden: 1. Ruhe – 2. Sammlung – 3. Gelassenheit – 4. Armut – 5. Abgeschiedenheit. Auch hier gibt er jedoch keine systematische Darstellung, sondern sein Werk insgesamt spricht davon.

RUHE

Nur in „lauterer Ruhe" kann der Mensch Gott schauen. (DW III, 196,14). Nur in der Ruhe gebiert Gott seinen Sohn in der Seele.

Diese Übung der Ruhe steht bei Eckhart vor jeder anderen Übung: „Des Wachens, Fastens, Betens und aller Kasteiung achtet und bedarf Gott nicht im Gegensatz zur Ruhe“ (DW III, 19,2f).

Zwei Schritte kennt Eckhart: „Entziehe dich der Unruhe äußerer Werke! Fliehe weiterhin und verbirg dich vor dem Gestürm innerer Gedanken“ (DPT, 420,24ff). Es reicht nicht aus, sich äußerlich abzuschließen, und man kann es nicht durch Fliehen lernen; das Innere des Menschen muß beruhigt werden: „Alle Stimmen und Laute, die müssen fort und es muß eine lautere Stille da sein, ein Stillschweigen“ (DW I, 312,8f). Eckhart weiß sehr gut, daß diese innere Ruhe sehr viel schwerer herzustellen ist als die äußere.

SAMMLUNG

„Wer Gottes Lehre empfangen soll, der muß sich sammeln und in sich verschließen vor aller Sorge und Kümmernis und dem Getriebe niederer Dinge“ (DW III, 240,3ff). Was auf den ersten Blick wie eine Verengung des Bewußtseins aussieht, führt in Wirklichkeit in eine Bewußtseinserweiterung: „Je mehr sich die Seele gesammelt hat, um so enger ist sie, und je enger sie ist, um so weiter ist sie“ (DW I, 351,8f).

Bewußtseinssammlung ist also die Vorstufe für die Bewußtseinserweiterung. Bewußtseinssammlung ist ein Loslassen aller anderen Möglichkeiten des Bewußtseins.

GELASSENHEIT

Gelassenheit meint bei Eckhart etwas anderes, als der gewöhnliche Wortsinn besagt. Das wird klar aus einem Zitat: „Niemand kann mein Wort hören noch meine Lehre, er habe denn sich selbst gelassen“ (DW I, 170,1). Gelassenheit hat bei Eckhart also zu tun mit Lassen und Loslassen. Nur wer sein Ich lassen kann, kommt der Forderung des Meisters nach. Eckhart ist auch hier von einer kompromißlosen Konsequenz: Der Mensch muß so lassen, daß er „niemals nur einen Augenblick auf das sieht, was er gelassen hat“ (DW I, 203,3f).

„Wer die Hand an den Pflug legt und zurückschaut, ist meiner nicht wert“ (Lk, 9,62), sagt Jesus. Aber der Mensch darf auch nicht nach vorne blicken auf das, was er erlangen möchte: „Hast du es aber auf das, was dir zuteil werden soll, abgesehen, und schielst du danach, wird dir nichts zuteil“ (DW III, 284,1f).

ARMUT

Sie ist ein anderes Wort Eckharts für Loslassen. Er meint nicht leibliche Armut, sondern bezeichnet damit vor allem ein Lassen der intellektuellen Tätigkeit, wie seine Predigt 32 („Beati pauperes spiritu…“) deutlich zeigt. Darin stehen Sätze wie: „Darum bitten wir Gott, daß wir Gottes ledig werden. … Darum bitte ich Gott, daß er mich Gottes quitt mache, denn mein wesentliches Sein ist oberhalb von Gott.“

Und dann sagt er in nicht überbietbarer Radikalität, daß der Mensch sogar den Willen lassen muß, den Willen Gottes zu erfüllen. Der Mensch muß so arm sein, daß er nicht einmal erkennt und empfindet, daß Gott in ihm lebt und daß Gott auch die Stätte im Menschen sein will, auf der er wirkt. Die Werke, die der Mensch dann wirkt, sind nicht mehr seine Werke, sondern Gottes Werke. Jede menschliche Aktivität muß zurücktreten auf dem Weg der Kontemplation. Erst dann kann das Göttliche in uns aufleuchten.

ABGESCHIEDENHEIT

Abgeschiedenheit ist bei Eckhart ein Schlüsselwort. Unter diesem Wort versteht er weniger einen Rückzug in die Einsamkeit als vielmehr die innere Abgeschiedenheit von Vorstellungen und Konzepten: „Wenn ich predige, so pflege ich zu sprechen von Abgeschiedenheit und daß der Mensch ledig werden soll seiner selbst und aller Dinge…“ (DW, Pr. 53).

Abgeschiedenheit übertrifft jede Tugend. Sie erzwingt Gottes Selbstmitteilung. Diese Abgeschiedenheit soll der Mensch auch in seinem äußeren Tun behalten. Eckhart bringt hier das Gleichnis von der Türangel, die unbeweglich bleibt, auch wenn die Tür sich dreht. Gemeint ist ein inneres Zur-Ruhe-Kommen der Seelenkräfte: des Intellekts, des Gedächtnisses und des Willens, damit das göttliche Erkennen, die mystische Erfahrung, aufleuchten kann. Das Herz „muß auf einem reinen Nichts stehen“.

Diese Zurücknahme der Aktivität des Ich-Bewußtseins wird bei allen esoterischen Wegen als unabdingbare Voraussetzung genannt. Sie ist das A und O jedes Übungsweges und führt den Menschen zur Einförmigkeit mit Gott. Das Wort Jesu „Es ist gut für euch, daß ich fortgehe“ (Joh, 16,6), legt Eckhart entsprechend aus: „Darum scheidet ab die bildhafte Erscheinung, und vereinigt euch mit dem formlosen Sein“ (in: Mieth, Meister Eckhart, 96).

Auch das Bild Jesu und alle Gottesbilder müssen gelassen werden, um Gott wirklich zu erfahren: „Wer nun den Adel und Nutzen vollkommener Abgeschiedenheit erkennen will, der beachte Christi Worte, die er über seine Menschheit sprach, als er zu seinen Jüngern sagte: ‚Es ist euch nütze, daß ich von euch gehe, und gehe ich nicht von euch, so kann euch der Heilige Geist nicht zuteil werden‘ (Joh 16,7), gleichsam, als ob er spräche: Ihr habt zuviel Wohlgefallen an meiner gegenwärtigen Erscheinung gefunden, deshalb kann euch die vollkommene Freude des Heiligen Geistes nicht zuteil werden. Darum scheidet ab die bildhafte Erscheinung, und vereinigt euch mit dem formlosen Sein, denn Gottes geistiger Trost ist feingeartet“ (in: Mieth, 96).

Abgeschiedenheit ist gleichsam die Türangel, die dem Menschen auch in den stürmischsten Zeiten Ruhe beschert: „Eine Tür geht in einer Angel auf und zu. Nun vergleiche ich das äußere Brett der Tür mit dem äußeren Menschen, die Angel aber setze ich dem inneren Menschen gleich. Wenn nun die Tür auf- und zugeht, so bewegt sich das äußere Brett hin und her, und doch bleibt die Angel unbeweglich an ihrer Stelle und wird deshalb niemals verändert. Ebenso ist es auch hier, wenn du's recht verstehst“ (in: Mieth, 92). „Wenn die Abgeschiedenheit zum Höchsten gelangt, so wird sie von Erkennen erkenntnislos und von Liebe liebelos und von Licht finster“ (in: Mieth, 95).

Johannes vom Kreuz (1542 – 1591)
Liebendes Aufmerken – Dunkle Nacht

Johannes vom Kreuz will einen Weg in die mystische Erfahrung lehren. Nirgendwo steht das klarer als in der Einleitung zu seinem Buch „Aufstieg zum Berge Karmel". Dort heißt es: „Der Aufstieg zum Berg Karmel erklärt, wie man die göttliche Vereinigung schnell erreichen kann." Die Wegbeschreibung läßt sich leicht auf die Kurzform bringen, wie sie in seinem Buch „Die lebendige Flamme" zu finden ist: ‚Liebendes Aufmerken'.

(1) Liebendes Aufmerken

„Die Seele muß Gott ein liebevolles Aufmerken entgegenbringen, nur dies, ohne in Akten sich zu besondern; rein empfangend muß sie sich verhalten, ohne eigene Beflissenheit, mit dem entschlossenen schlichten Aufmerken der Liebe, so wie jemand in liebreicher Achtsamkeit die Augen öffnet" (LF III, 33). Der von Johannes vom Kreuz beschriebene Weg in die Kontemplation ist liebende Aufmerksamkeit oder, wie er es an anderer Stelle nennt, das „passiv liebende Empfangen" (LF III, 34).

Liebe scheint zunächst eine starke Egoaktivität, ja Leidenschaft zu beinhalten und störend zu wirken. Wirkliche Liebe, wie Johannes vom Kreuz sie hier anspricht, ist selbstlos. Sie ist verbunden mit Hingabe an den Willen Gottes und doch gleichzeitig voller Kraft und Entschlossenheit. Liebe (nach etwas verlangen) und Hingabe (loslassen) sind wichtige korrespondierende Haltungen in der christlichen Kontemplation.

Wie andere Mystiker lehrt auch Johannes vom Kreuz, während der kontemplativen Übung alle Überlegungen, selbst fromme Gedanken und Gefühle, beiseite zu lassen: „Dem Geist ist diese Unabhängigkeit und Unberührbarkeit vor allem aus dem Grunde not, weil irgendein Gedanke, Einfall oder Genuß, bei denen die Seele zu solcher Stunde sich aufhalten möchte, sie behindern und beunruhigen würde. Diese Vorgänge würden Lärm schlagen in der tiefen Stille, deren die Seele an Leib und Geist bedarf für das Auffangen des Zarten und Tiefen, das Gott in solcher Einsamkeit im Herzen einspricht" (LF III, 34).

Dieses liebende Aufmerken ist ein Horchen nach innen. Gott ist in uns, „die Mitte der Seele ist Gott“ (LF I, 12), sagt Johannes vom Kreuz. Wir können dies normalerweise nicht wahrnehmen, nicht erfahren, weil unser Verstand, unsere Sinne und unser Wille so laut sind. Es ist nicht leicht, sich auf diesem Grat des Lauschens nach innen zu halten. Man darf weder ins diskursive Denken abgleiten, noch ins Dösen oder gar ins Schlafen geraten. Es ist eben letztlich diese liebende Aufmerksamkeit, die – ohne Vorstellung von Gott und ohne bestimmte Erwartungen – lauscht und schaut, da „Gott die Mitte der Seele ist“.

Verstand, Gedächtnis und Wille müssen vollständig ausgeschaltet bleiben. Die zarte Beziehung dieser liebenden Aufmerksamkeit zum Mittelpunkt des eigenen Seins wird durch die leiseste Regung dieser Seelenkräfte zerstört. So warnt Johannes vom Kreuz in den Erläuterungen zur dritten Strophe: „Äußerst leicht – schon bei der geringsten Eigenregung der Seele im Bereich des Gedächtnisses, des Erkennens, des Wollens, bei dem leisesten Versuch, die Sinne heranzuziehen, den Trieb, die Wahrnehmung, die Lust, – wird dies Werk gestört, sein Schmelz verwischt. Und das ist schwerer Schaden, großer Schmerz und Jammer“ (LF III, 41).

Weiter schreibt er vom Einschläfern und Entfremden der Sinne (LF III, 55) und vom Abdunkeln der Beziehungen zu Gott: „Ich sage also: Um sich durch den Glauben gut zu diesem Stande führen zu lassen, muß die Seele das Dunkel wahren, nicht nur im Bereich ihrer Beziehungen zu den Geschöpfen und zeitlichen Dingen, … sondern sie muß sich auch blenden und abdunkeln im Bereich ihrer Beziehungen zu Gott und zum Geistigen. … Denn dies ist klar: Will eine Seele zur über-natürlichen Umgestaltung gelangen, so muß sie alles, was ihrer Natur eignet, das Sensitive wie das Rationale, verdunkeln und übersteigen. Denn übernatürlich heißt ja, was über die Natur hinausgeht; das Natürliche bleibt dann unten“ (ABK II, 4,2).

Er vergleicht diesen Vorgang mit der Wahrnehmung des äußeren Lichtes. Dessen Sichtbarkeit ist dort am besten, wo es reflektiert wird. Der durch das Fenster einfallende Sonnenstrahl kann vom Auge besser erfaßt werden, wenn umherfliegende

Stäubchen sein Licht reflektieren. So klammert sich die Seele anfangs noch an die „Stäubchen", die in ihrem Innenraum umherfliegen, weil sie die Dunkelheit des unerschaffenen Lichtes noch nicht erfassen kann. „Das Licht selbst ist nicht Gegenstand des Sehens," sagt Johannes, „sondern nur das Mittel, Sichtbares wahrzunehmen" (ABK II, 14,9). So geht das Schauen nach innen durch einen langen Entwicklungsprozeß.

(2) Einüben der liebenden Aufmerksamkeit

Johannes vom Kreuz setzt voraus, daß Anfänger in der Kontemplation zuvor die bildhafte Betrachtung intensiv gepflegt haben (ABK II, 14,1). Wenn die Freude daran erlischt, soll die Seele beginnen, sich mit diesem liebenden Aufmerken zu beschäftigen, auch wenn es ihr erscheint, als tue sie nichts (ABK II, 14,2 f). Das Licht Gottes mangelt der Seele nie. Doch wegen der Bilder und Hüllen, die den Grund verdecken, kann es nicht wahrgenommen werden. Daher gilt es zu lernen, in liebender Aufmerksamkeit vor Gott zu verweilen (ABK II, 15). Dieses Verweilen muß oft und regelmäßig geschehen, damit es, wie er sagt, zu einem Zustand führt: „Da nun viele Akte, welcher Übung auch immer, in der Seele einen Zustand ausbilden, so bildet auch die oft wiederholte Übung des liebenden Erkennens, der sich die Seele fallweise hingibt, durch Gewöhnung einen Zustand aus" (ABK II, 14,2).

(3) Der Reinigungsprozeß – Die dunkle Nacht

Keine der ego-gesteuerten Seelenkräfte – wie Verstand, Gedächtnis oder Wille – dürfen im Zustand der Kontemplation aktiv sein. Diese Übung ist nicht leicht, denn der Verstand darf sich an nichts festhalten. Auch die Gemütsbewegungen sollten vorüberziehen. Es ist ein liebendes Aufmerken, das nichts weiß und nichts will. Wer sich auf diesen Weg macht, wird bald feststellen, wie sehr ihn die Alltagsgedanken bedrängen. Aber nicht nur Alltagsgedanken erschweren die Übung. Alles, was im Laufe der Jahre ins persönliche Unbewußte verdrängt, „unter den Teppich gekehrt" wurde, fühlt sich jetzt ermutigt, auf der inneren Bühne seinen Platz einzunehmen. Gewöhnlich haben daher Anfänger auf dem Weg zuerst mit ihren angstbesetzten Kindheitserlebnissen, Traumata und neurotischen Blockierungen zu tun. Während dieser aktiven Reinigungsphase kann der Mensch noch etwas zu seinem inneren Wandel beitragen. Doch mit dem Beginn der „passiven Reinigung“, die vor allem das kollektive Unbewußte zu läutern scheint, fällt alles Agieren weg. Diese Bewußtseinsschichten sind dem aktiven Zugriff des Menschen verschlossen. Die letzte Reinigung muß „erlitten“, aufnehmend zugelassen werden.

Der ganze Vorgang kann ungeheuer schmerzvoll sein. Nur wer ihn selbst durchgestanden oder lange mit Menschen, die davon betroffen wurden, gearbeitet hat, weiß um die Not. Das 6. Kapitel des 2. Buches der „Dunklen Nacht“ von Johannes vom Kreuz gibt einen Einblick. Dort heißt es: Die passive Reinigung kann eine Zeit der Hilflosigkeit, des Schmerzes, der Verkrampfung, der Verzweiflung, der Panik und des Horrors sein. Nicht ohne Grund nannten die Mystiker diesen Zustand *horror vacui*, das Grauen (vor) der Leere. Nur wenige werden durch diese Prüfungen ohne ermutigenden Führer gehen können.

(4) Führung auf dem kontemplativen Gebetsweg

Johannes vom Kreuz legt größtes Gewicht auf Seelenführung. Jemand ohne Seelenführung ist wie ein Garten ohne Zaun. Er spricht in vielen Kapiteln seiner Werke von spiritueller Führung, von Spiritualen und Beichtvätern, mit denen er allerdings streng ins Gericht geht. Nach Ansicht von Fernando Urbina, einem der besten Kenner von Johannes vom Kreuz, schrieb dieser seine Bücher nur, weil die Angst vor der Inquisition die Beichtväter seiner Zeit davon abhielt, mystisch begabte Menschen auf dem kontemplativen Weg zu begleiten. Johannes vom Kreuz wirft diesen Seelenführern Mangel an Verständnis vor, weil sie versuchten, jene Menschen, die daran waren, in die Dunkelheit und Leere der Kontemplation einzutreten, zu Betrachtung und frommen Übungen zurückzuholen.

„Wenn die Seelen zu dieser Zeit bei niemandem Verständnis finden, dann fallen sie zurück, den Weg verlassend und erlahmend; zum mindesten aber behindern sie selber ihren Fortschritt, weil sie sich darauf versteifen, durch Meditation und Auseinanderlegung voranzukommen; und dabei pressen sie zu hart auf ihre natürlichen Kräfte, in der Meinung, durch ihre Nachlässigkeit und ihre Sünden steckenzubleiben … und darin gehen sie fehl, denn zu dieser Zeit leitet Gott sie bereits auf einem anderen, auf einem durchaus unterschiedenen Wege, dem der Kontemplation. Der eine Weg ist ein Weg des veranschaulichenden Nachsinnens, der andere hat nichts mit Anschaulichkeit und Überlegung zu tun" (DN I, 10,2). – „In dieser Nacht der Sinne müssen sie sich über nicht mehr zeitgemäße Meditation und Grübeleien hinwegsetzen …, auch wenn sie überzeugt sind, ihre Zeit im Nichtstun zu verlieren und aus Schlaffheit die Gedankenarbeit zu meiden" (DN I, 10,4).

„Manchmal wollen sie (die Seelen) nicht ins Dunkel eintreten noch sich hineinziehen lassen. Manchmal verstehen sie es nicht, und es mangelt ihnen an geeigneten und erfahrenen Führern, sie auf den Gipfel zu geleiten. … Sie bleiben bei ihrer niedrigen Weise, mit Gott zu verkehren, weil sie es nicht anders wollen oder wissen oder niemand da ist, sie auf den Weg des Lassens jener Anfänge zu führen. Begnadet unser Herr sie endlich so sehr, daß sie ohne dieses und jenes hindurchkommen, so gelangen sie doch viel später und mühseliger und weniger verdienstlich ans Ziel" (ABK, Vorrede 3).

(5) Kritik an den Seelenführern

Der Übergang von der Meditation zur Kontemplation stellt einen kritischen Punkt im spirituellen Leben dar. Statt die Suchenden zurückzurufen, sollten geistliche Führer sie ermuntern, mit der Übung des liebenden Aufmerkens mutig und treu fortzufahren trotz aller Trockenheit, Einsamkeit und Leere. In seinem Buch „Die Lebendige Flamme" kommt Johannes vom Kreuz ausführlich darauf zu sprechen (LF III, 53–66). Dort droht er z. B.: „Groß ist Gottes Zorn gegen solche (Seelenführer). Durch Ezechiel droht er ihnen Strafe an: ‚Mit der Milch meiner Herde habt ihr euch genährt und mit ihrer Wolle habt ihr euch bedeckt. Dennoch habt ihr meine Herde nicht geweidet. Aus euren Händen werde ich meine Herde zurückfordern' (Ez 34,8)", (LF III, 60).

In der Vorrede zum Buch „Aufstieg zum Berge Karmel“ nennt Johannes vom Kreuz die disqualifizierten Seelenhirten „Erbauer des Turmes von Babel“. In „Die lebendige Flamme“ werden sie „Grobschmiede“ geheißen, die nur darauf loszuhämmern verstehen (LF III, 43), „Füchslein“, die den blühenden Weinberg des Herrn zertreten (LF III, 52), „Blinde“, die das Wirken des Heiligen Geistes stören, und Leute, die andern „die Himmelstür verriegeln“ (LF III, 62).

Er rät daher den Menschen, auf dem geistlichen Weg vorsichtig zu sein und sich nicht jedem anzuvertrauen: „Die Seele, die auf diesem Wege der Sammlung und Vervollkommnung voran gelangen will, muß als erstes überlegen, in wessen Hände sie sich gibt, denn wie der Meister so der Schüler, wie der Vater so der Sohn“ (LF 3, 30).

Johannes v. Kreuz verlangt vom Führer in der Kontemplation nicht unbedingt Heiligkeit, aber Erfahrung. Auch bestimmte psychologische Voraussetzungen sind notwendig, um andere zu führen: „Dabei ist zu beachten: Für diesen Weg, zumindest für die obere Strecke, aber auch für die mittlere, wird kaum ein Führer gefunden, der alle Erfordernisse erfüllt. Umsicht und Unterscheidungsgabe genügen hier nicht, es muß ein solcher darüber hinaus Erfahrung besitzen. … Fehlt die Erfahrung dessen, was reiner und wahrer Geist ist, so wird es nicht glücken, die Seele in dem von Gott Empfangenen zu prüfen oder solchen Geist auch nur zu verstehen“ (LF 3, 30).

Vielleicht besser als alle weiteren Zitate sagt der folgende Abschnitt, was Johannes vom Kreuz von einem Seelenführer verlangt: „Solche Seelenführer mögen sich bewußt sein, daß der eigentliche Beweger und Führer der Seele nicht sie sind, sondern der unablässig um sie bemühte Heilige Geist, da sie nur Wegweiser sind für den Aufstieg zur Vollkommenheit kraft des Glaubens und des göttlichen Gesetzes, zu einer Vollkommenheit gemäß dem Geiste, den Gott in jede Seele besonders eingießt. Und so sei denn sein ganzes Bestreben, sie nicht eigensinnig seiner eigenen Weise anzugleichen, sondern sich zu prüfen, ob er den Weg erkennt, den Gott sie führt. Und wenn er ihn nicht erkennt, soll er jene Gott überlassen, statt sie zu verwirren“ (LF 3,46).

Johannes v. Kreuz verweist allerdings auch sehr deutlich auf Vernunft und natürliche Urteilskraft. Niemand soll blindlings seiner eigenen Erfahrung folgen, sondern sich rückversichern bei seinem Seelenführer.

Jesus Christus in der Kontemplation

Das Ziel christlicher Kontemplation ist die Gleichgestaltung mit Jesus Christus. Jesus, der sich immer wieder zum Gebet auf den Berg und in die Einsamkeit zurückgezogen hat, ist das Vorbild des Mystikers. Aber nicht das Bild des irdischen Jesus ist Ziel der Beschauung. Dieses gilt es loszulassen, um den Auferstandenen zu erfahren. Auch der irdische Jesus und das Bild von ihm kann nämlich zum Hindernis werden, wenn man daran haften bleibt. In der *Meditation* spielen die Gestalt Jesu und sein irdisches Leben eine wichtige Rolle. Aber in der *Kontemplation* muß auch diese Gestalt zurückbleiben. Sie zeigt letztlich über das Personale hinaus ins Göttliche.

Jesus sagt im Johannesevangelium: „Es ist gut für euch, daß ich weggehe, denn wenn ich nicht weggehe, wird der Helfer nicht zu euch kommen" (Joh 16,7). Von der Mystik wird diese Stelle immer so ausgelegt, daß die äußere Gestalt Jesu zurücktreten muß, damit der Christus erfahrbar wird.

Aus diesem Grund, sagt Johannes vom Kreuz, ließ der auferstandene Jesus auch Maria Magdalena ihn nicht berühren (ABK II, 11,7). Magdalena hatte zu begreifen, daß es nicht (mehr) um diesen irdischen Jesus geht, sondern um ihre eigene Christuswerdung; daß es nicht darum geht, diesen Jesus festzuhalten, sondern ihn zu lassen, um das Reich Gottes, das Göttliche, zu erfahren, das sich in jedem Menschen offenbart.

Nicht so sehr die *Imitatio* (Nachahmung) ist Leitgedanke der Mystik als vielmehr die *Conformatio* (Gleichgestaltung) mit Jesus. So meint Johannes vom Kreuz: „Im Augenblick des Todes war er (Jesus) auch der Seele nach vernichtet, ganz ohne Trost und Hilfe, da der Vater ihn dem niederen Bereich innerster Trockenheit überließ. Dies drängte ihn zu dem Schrei: ‚Mein Gott, mein Gott, warum hast du mich verlassen'. Es war die tiefste fühlbare Verlassenheit seines Lebens. Und in ihr wirkte er das größte Werk … Dem möge der im Geist Strebende das Geheimnis der Tür und des Weges Christi zur Vereinigung mit Gott entnehmen“ (ABK II, 7,11).

Johannes vom Kreuz will damit sagen, daß der Mensch auf dem Weg der Kontemplation alles Sinnenhafte und Rationale in der Gottesvorstellung zu lassen hat, um in die gleiche Vernichtung des Ego einzutreten, wie sie Jesus erlebt. Im Grunde ist es nichts anderes, als was das Zen-Wort meint: „Stirb auf deinem Kissen!“

Christus ist der Typus für die wahre erlöste Gestalt des Menschen. Er ist der Erstgeborene. In jedem kann das Göttliche zum Ausdruck kommen, wie in ihm. So zielt Mystik auf die Gottesschau, um darin die eigene Göttlichkeit zu erfahren.

Das ist es wohl auch, was Cassian meint, wenn er schreibt: „Dann wird sich jenes Gebet des Herrn vollkommen erfüllen … wenn jene vollkommene Liebe Gottes, ‚mit der er uns zuerst geliebt hat‘ (1 Joh 4,10), auch in die Regung unseres Herzens übergegangen ist … Das wird geschehen, wenn all unser Lieben und Sehnen, alles Streben und Suchen, alles Denken und Schauen, Reden und Hoffen Gott sein wird und jene Einheit, die nur der Vater mit dem Sohn und der Sohn mit dem Vater hat, in unseren innerlichsten Sinn ausgegossen ist. Dann nämlich, wenn, wie er uns mit aufrichtiger, reiner und unlöslicher Liebe liebt, auch wir ihm in ewiger und unzertrennlicher Liebe geeint werden, so daß unser Atmen, Erkennen und Sprechen Gott ist …“ (Cassian, 179).

Verfolgung und Niedergang der Mystik

Das Gebet der *Kontemplation* war bis zum 16. Jahrhundert fester Bestandteil der christlichen Gebetslehre. Ziel jeder Gebetsunterweisung war das gegenstandsfreie Beten, genannt Kontemplation. Davon ist heute nicht mehr die Rede. Wir entdecken gerade wieder die *Meditation.*

Weil die Kontemplation in den christlichen Kirchen verlorengegangen ist, wenden sich heute viele Christen den östlichen esoterischen Wegen zu. Sie finden dort, was sie im zeitgenössischen Christentum offensichtlich vermissen. Dabei war noch bis vor zweihundert Jahren Kontemplation eine Selbstverständlichkeit in der Gebetserziehung. Sie war der esoterische Weg der Christen, wie Zen und Vipassana der Weg der Buddhisten, Yoga der Weg der Hindus und die Sufi-Formen der Weg des Islam sind.

Thomas Keating, ein Zisterzienserabt aus den USA, macht in einem Überblick zur Geschichte der Kontemplation verschiedene Ereignisse für das Verschwinden dieser Gebetsart verantwortlich:

- „Die unglückliche Neigung, die ‚Geistlichen Exerzitien' (Ignatius von Loyola) auf eine Methode diskursiven Meditierens zu verkürzen." (Anm.: Auf Ignatius von Loyola gehe ich hier nicht weiter ein, da er die Tradition verlassen hat und unter Kontemplation auch ein Gebet versteht, das die Imagination und Vorstellungskraft einbezieht, was, streng genommen, zur Meditation gehört, aber nicht mehr zur Kontemplation.)
- Die Auseinandersetzung der institutionellen Kirche mit dem Quietismus und ihre scharfe Verurteilung dieser Strömung. Quietismus lehrt ein passives Geschehenlassen und ein sich ergebenes Führenlassen von der Gnade. – Es kam zur latenten Angst der Institution vor der Mystik überhaupt, und die Mystik geriet in Verruf.
- Der Jansenismus und seine Nachwirkungen. Jansenismus kommt einem Determinismus sehr nahe. Der Mensch ist vorherbestimmt und kann daran nicht viel ändern. Gott erwählt den Menschen und verleiht ihm die Gnade, gut zu handeln und so sein Heil zu wirken.
- Die Überbetonung von Erscheinungen und Privatoffenbarungen und die sich daraus ergebende Abwertung der Liturgie.
- Die Verwechslung des wahren Wesens der Kontemplation mit Phänomenen wie Levitation, Zungenreden, Stigmata und Visionen.
- Die Verwechslung von Mystik und frömmelnder Bigotterie.
- Die Verzeichnung des Bildes von Mystikern und die Gleichsetzung von Mystik und weltfremder Askese.

– Der zunehmende Legalismus der Römischen Kirche“ (Keating, Das Gebet der Sammlung, 143).

Abt Curthbert Butler faßte die Spiritualität des 19. und frühen 20. Jahrhunderts mit folgenden Worten zusammen: „Von einigen wenigen ungewöhnlichen Berufungen abgesehen, war das normale Gebet für jedermann, einschließlich beschaulicher Mönche und Nonnen, Bischöfe, Priester und Laien, das systematische Meditieren nach einer genau festgelegten Methode. Vier standen zur Wahl: entweder Betrachtung gemäß drei Kräften, wie sie in den Geistlichen Exerzitien niedergelegt sind; oder nach der Methode des Heiligen Alfons (einer leichten Überarbeitung der Ignatianischen Exerzitien); oder nach der Methode, die Franz von Sales in seiner ‚Einführung in die Frömmigkeit‘ beschreibt; und schließlich nach der Methode von St. Sulpice“ (Keating, 44).

„Der letzte Nagel, der in den Sarg der traditionellen Lehre (der Kontemplation) getrieben wurde, war die Behauptung, es sei vermessen, kontemplatives Beten anzustreben. Novizen und Seminaristen bekamen so eine verstümmelte Sicht spirituellen Lebens vermittelt, die sich mit der Schrift, der Tradition und der normalen Erfahrung des Wachstums im Gebet nicht deckte. Versucht man nämlich in diskursiver Meditation (betrachtendes Gebet) weiter zu verharren, nachdem einen der Heilige Geist darüber hinaus gerufen hat, wie es gewöhnlich geschieht, so endet man schließlich in einem Zustand äußerster Frustration. … Da fromme Menschen unwillkürlich zu solcher Entwicklung in ihrem Gebet vorgedrungen waren, litten sie unter der negativen Haltung gegenüber der Kontemplation. … Schließlich gaben sie auch das mentale (betrachtende) Gebet ganz auf als etwas, wofür sie offensichtlich gänzlich ungeeignet waren, oder aber sie fanden durch Gottes Erbarmen einen Weg, auf dem sie trotz fast unüberwindbarer Hindernisse (zur Kontemplation) fortschreiten konnten“ (Keating, 45).

Schluß

Nicht wenig Menschen unserer Tage suchen tiefere Formen der Begegnung mit Gott. Nicht alle finden zur Kontemplation. Diese alte christliche Gebetsübung ging in den letzten zweihundert Jahren verloren. Viele müssen bei anderen Religionen suchen. Die Mystik ist aus den theistischen Religionen ausgewandert. Die Unterdrückung des Sufismus im Islam durch Kemal Atatürk (1881–1938) ist bis heute spürbar.

Ein Schreiben an die katholischen Bischöfe von Kardinal Ratzinger aus dem Jahr 1990 dokumentiert auch in jüngster Zeit die alte Abneigung der katholischen Institution gegen die Mystik (L'osservatore Romano, 12. Januar 1990, Dokumente). In den evangelischen Bekenntnissen stößt eine transpersonale religiöse Erfahrung auf gänzliches Unverständnis.

Immer wieder kommen Ordensschwestern in meine Kurse und erklären mir, daß sie ihren Urlaub für diesen Kontemplationskurs genommen haben. Ihre Gemeinschaft würde diesen Kurs nicht gestatten. Sie müßten das heimlich im Urlaub tun. In der Kontemplation hätten sie gefunden, was sie beim Eintritt ins Kloster eigentlich gesucht hätten. Sie möchten auf diese Kurse nicht verzichten.

Angeregt durch die östlichen esoterischen Wege besinnen sich Christen wieder auf ihre eigene Tradition. Es geht ihnen dabei nicht um theoretische Abhandlungen über die Mystik oder die Mystiker, wie sie von einer aufgescheuchten Kirche plötzlich bei Tagungen angeboten werden, sondern um die Wege in die Erfahrung. So bleibt zu hoffen, daß die Kontemplation wieder Eingang in die Gebetslehre und spirituelle Praxis der Christenheit findet.

Menschen, die sich auf den Weg der Kontemplation machen, tun dies aus verschiedenen Gründen. Manche kommen in die Kurse, weil sie seit ihrer Kindheit die Nähe zum Numinosen nicht verloren haben. Manchmal sind sie nicht einmal getauft oder hatten nie eine religiöse Erziehung. Sie sind sich jedoch sicher, daß sich das Numinose erfahren läßt. Andere kommen, weil ihr Glaubensgebäude zusammengebrochen ist. Gottesdienste und Predigten sind ihnen leer geworden. Alle aber sind auf dem Weg zu ihrer inneren Heimat, zu ihrem wahren Selbst, zu Gott.

Literatur und Quellen

Assagioli R., Psychosynthese und transpersonale Entwicklung, Paderborn 1992.

Eckhart – Abkürzungen für die Schriften von Meister Eckhart:

DPT = Meister Eckhart, Deutsche Predigten und Traktate. Hrsg. v. J. Quint, München 1977

DW = Meister Eckhart: Die deutschen Werke. Hrsg. v. J. Quint, Deutsche Forschungsgemeinschaft, Stuttgart.

LW = Meister Eckhart: Die Lateinischen Werke. Hrsg. v. J. Quint, Stuttgart.

Evagrius Ponticus, Praktikos – Über das Gebet, Münsterschwarzach 1986.

Gregor v. Nyssa, Der versiegelte Quell, Einsiedeln 1954.

Grün, A., Mystik und Eros, Münsterschwarzach 1993.

Jäger, W., Kontemplation, Salzburg 1983.

Jäger, W., Suche nach dem Sinn des Lebens, Petersberg 1992.

Johannes Cassian, Weisheit der Wüste, Einsiedeln 1947.

Johannes Cassian, Gott suchen – Sich selbst erkennen. Einweisung in das christliche Leben. Ausgewählt, übertragen und eingeleitet von Gertrude und Thomas Sartory, Neuausgabe, Freiburg i. Br. 1993.

Johannes vom Kreuz, Sämtliche Werke, Einsiedeln 1977. – Abkürzungen für die Schriften von Johannes vom Kreuz:

ABK = Aufstieg zum Berge Karmel

DN = Die Dunkle Nacht

LF = Lebendige Flamme

Jungclaussen, E., Das Jesusgebet, Regensburg 1976.

Keating, Th., Das Gebet der Sammlung, Münsterschwarzach 1987.

Massa, W. (Hrsg.), Weg des Schweigens, Kevelaer 1974, (Abgekürzt ‚Weg‘).

Massa, W. (Hrsg.), Wolke des Nichtwissens, Mainz 1974, (Abgekürzt ‚Wolke‘).

Mieth, D. (Hrsg.), Meister Eckhart: Einheit im Sein und Wirken. München ^{3}1991.

Nagel, D. v., Puritas Cordis, in: G. Stachel, Ungegenständliche Meditation, Mainz 1978.

Wolz, G., Übung und Gnade, in: Zeitschr. für Philosophie und Theologie, Bd. 34, 1987, Heft 1–2, S. 147).

Writings from the Philokalia, London 1979.

Der Autor
Willigis Jäger, geboren 1925, Eintritt in den Benediktinerorden (Abtei Münsterschwarzach) 1946. Studium der Philosophie und Theologie in Würzburg. Langjährige Tätigkeit bei internationalen kirchlichen Werken. Zwölf Jahre Zen-Training unter Yamada Koo un Roshi in Kamakura (Japan), seit 1981 Lehrbeauftragter für Zen der Sanbo Kyodan-Schule. Seit 1982 Kurstätigkeit für Kontemplation und Zen im Haus St. Benedikt in Würzburg.

Kontemplation – Herzensgebet – Jesusgebet
Ein Zustand – Ein Weg

Franz-Xaver Jans-Scheidegger

Ein spanischer Dichter sagt: „Geht, geht, es gibt keinen Weg, der Weg entsteht, wenn Ihr geht!“ Diese Aussage wirkt als Grundmelodie in jeder strengen Meditationsform, die in ein Einheitserlebnis mit dem Urgrund des göttlichen Mysteriums führen möchte.

So können wir auch die kontemplative Erfahrung als unverfügbaren Zustand und als Weg in diese Befindlichkeit erleben. Beides sind Pole einer geschöpflichen Urverfaßtheit, die in der Dynamik von Sein und Werden schwingen. Der Kern des Erlebens liegt im Zwischen und hat Metanoia/(Umkehr)-Charakter im Sinne des Heimfindens zum „Urbild der Schönheit, das ich von Anfang an bin“ (Gregor von Nyssa).

Der Mensch ist von Ewigkeit her alles, was er als Person darstellt. Sein Kernwesen tönt durch seine äußere Erscheinung hindurch (*per-sonare* = hindurchtönen); sein Weg vollzieht sich einerseits in der Ausfaltung seiner Wesensnatur innerhalb der Beschränkung von Raum und Zeit und anderseits in der unverfügbaren Erfahrung des ganzheitlichen Ruhens in der Geborgenheit des göttlichen Urgrundes.

Die Bildsprache der kontemplativen Erfahrung

Wenn der ergriffene Mensch in der Kontemplation zusammen mit dem Geheimnis der göttlichen Liebe im gleichen Raum (*con* = zusammen, *templum* = heiliger Bezirk, Raum) weilt, so ist das ein Zustand, der sich nur analog beschreiben läßt. Er übersteigt das begriffliche Fassungsvermögen des Menschen. Deswegen sucht der Mystiker nach immer neuen Bildworten, um auszudrücken, was er in diesem Einssein erlebt. Das ruhende

Verweilen des Menschen im gleichen Raum mit dem Geheimnis Gottes ist ein immerwährendes Angebot.

Als Geschöpf bin ich in jedem Augenblick geschöpft aus der Schöpferliebe Gottes. Diese Verfaßtheit des Menschen ist ein unverfügbares Geschenk, weil Gott sein „Ja“ zu jedem Geschöpf in alle Ewigkeit aufrechterhält. Wer das von innen her begreift, ist vom Bedingungslosen ergriffen und kann sich der Glaubens-Gewißheit nicht mehr entziehen, d.h. Gott hat mich im Wesenskern, in der Mitte meines Herzens berührt. Das weckt die Hoffnungsfreude und löst die Liebesbereitschaft aus, weil sich der Mensch in einer umfassenden Wirklichkeit aufgehoben und in eine ganzheitliche Geborgenheit hineingenommen fühlt. In dieser Befindlichkeit erlebt er sich nicht mehr als erbärmliches Geschöpf, sondern als erbarmens-*würdig*.

„Erbarmen“ hat im hebräischen Sprachempfinden mit „Mutterschoß“ zu tun. Wenn ich also sage: „Gott erbarmt sich meiner“, bekenne ich: „Gott ist zärtlich zu mir“, oder „Gott läßt mich ruhen in der Geborgenheit seines mütterlichen Schoßes“. Ich verweile also tatsächlich mit dem Geheimnis der göttlichen Liebe in *einem* Raum und erfahre mich als gerettet. Bin ich dann noch fähig, etwas zu sagen, stammle ich vielleicht nur: „Oh Jeshua!“, oder: „Oh Jesus!“ Das Wort „Jeshua“ (= Jesus) bedeutet in der hebräischen Sprache: „Gott ist Hilfe“ – „Gott rettet“ – „Gott befreit“ – „Gott führt in die Weite“. Der Mensch fühlt sich völlig aufgehoben in den Frieden der Weite Gottes. Die Sehnsucht, in die Ruhe des Urgrundes heimzufinden, ist gestillt: „Unruhig ist unser Herz, bis es ruht in DIR!“, heißt es bei Augustinus.

In diesem Zustand ist alles sehnende Suchen des kleinen Ichs befriedet. Es besteht auch kein Bedürfnis mehr, sich in Teilbereiche des Menschseins, wie sie sich in den einzelnen Leidenschaften Geltung verschaffen wollen, zu verstricken. Wer diesen Zustand erreicht hat, wird in der kontemplativen Tradition des Herzensgebetes „Hesychast“ (griech.: *Hesychía* = Ruhe) genannt. Er ist in die Ruhe des Herzens eingetreten, die sich in gleicher Weise nach innen und außen als Stille, Gelassenheit und Schweigen äußert, letztlich als Verweilen in der Beschauung.

Nun ist es aber so, daß jeder Mensch in einer bestimmten Seinsverfassung diese Grundbefindlichkeit des Geeintseins mit Gott lebt. Es ist immer gleichzeitig mit dem Unterwegssein in Raum und Zeit gegenwärtig, aber meistens verhüllt und verborgen in einer sich leise und stetig meldenden Sehnsucht. Für die meisten Menschen ist dieses „sehnende Suchen" der Ausgangspunkt für die Enderfahrung der ruhenden Geborgenheit in Gott. Diese wird im Hesychasmus als Vergöttlichung des Menschen im Aufstrahlen des Taborlichtes erlebt. In einem Reinigungs- und Klärungsprozeß nähert sich der Mensch diesem Zustand der Einung. Dieser Weg vollzieht sich in bestimmten Phasen und nach typischen Gesetzmäßigkeiten der spirituellen Wegerfahrung.

Herzensgebet – Jesusgebet

Einer der klassischen Wege in diesen Zustand der Vergöttlichung in der Durchlichtung ist das *Herzensgebet.* In der ostkirchlichen Tradition findet es seine Vollendung im *Jesusgebet.* Im abendländischen Christentum begegnet es uns in den verschiedenen Stufen des betrachtenden Gebets (z. B. Antiphonen, Stoßgebete). Es erscheint auch unter den Bezeichnungen: Gebet der Einfachheit, Gebet des Schweigens, Gebet der Ruhe, Gebet der reinen Liebe (vgl. dazu: Wolke des Nichtwissens, Teresa von Avila, Jeanne-Marie Guyon, Gerhard Terstegen u. a.).

Immer geht es darum, in die Ureinheit des göttlichen Geheimnisses heimzufinden und alle Ego-Verhaftungen freizugeben. Dieses Erlebnis findet im Herzen statt. Herz wird hier als die eigentliche Person-Mitte des Menschen verstanden. In ihr fühlt sich der Mensch geeint und rückgebunden in das Mysterium des göttlichen Lebens. Dort erfährt er sich in der Harmonie der Urordnung geeint. Es ist der Quellgrund, der die „lebendigen Wasser" zum Fließen bringt (Joh 7,38) aus der Kraft der Hingabe an die Wirklichkeit des „Gott rettet" in der Person „Jesus". Dieses *große Herz* ist der Urgrund der erkennenden Weisheit. Das kleine schlagende Herz, das sich mit dem Rhythmus des betenden Wortes verbindet, ist wie das Eingangstor in die umfassende Mitte des großen Herzens.

Durch die *„Aufrichtigen Erzählungen eines russischen Pilgers“* findet das Herzensgebet auch in der heutigen Zeit eine weite Verbreitung im westlichen Christentum als Weg der Kontemplation. Die Geschichte dieses Buches, das erstmals in Rußland erschien, ist bis heute ungeklärt. Es ist ganz in der Spiritualität der *„Philokalie“*, der größten Textsammlung zum Herzensgebet und Jesusgebet, verankert.

Die „Philokalie“ als mehrbändiges Sammelwerk vereinigt in sich Texte aus der Zeit vom 3. bis 15. Jahrhundert. Diese Texte stellen die Übung des Jesusgebetes ausführlich dar, entfalten seine Methode und gehen ausführlich auf die spirituelle Lebensweise ein, die mit der Übung dieses kontemplativen Gebetes verbunden ist. Es werden auch die mystischen Erfahrungen und deren Begleiterscheinungen näher erörtert und theologische Deutungen angeboten. Bis heute gilt die Philokalie als die umfassendste Darstellung der geistlichen Überlieferung der Ostkirche und ihrer orthodoxen Spiritualität.

Von seinen Wurzeln her gründet das Herzensgebet in der Ruminatio der Wüstenabbas und Wüstenammas, der Wüstenväter und -mütter, die sich in die Einsamkeit zurückgezogen haben, um alleine oder gemeinschaftlich ein Leben der Beschauung zu führen. Sie nährten dieses Leben durch das „Wiederkäuen“ (*ruminatio*) eines Satzes oder Wortes aus den Heiligen Schriften des AT und NT, das sie solange in sich bewegten, bis sie mit dem Inhalt des Wortes einsgeworden waren, bzw. durch diese Einswerdung in das Wort hinein verstummten.

Wenn wir in die Geschichte dieses Weges schauen, sehen wir, daß zuerst die verschiedensten Ein-Wort-Gebete als Anrufungen oder Stoßgebete, als Ausdruck des Dankes, der Freude, der Fürbitte und der Bitte um Vergebung, je nach persönlicher Verfassung des Menschen, benutzt worden sind. Die ganze Hingabe in diesem Tun richtet sich später immer mehr personal an das Mensch gewordene Wort Gottes, „Jesus“. Wenn „Jeshua“ bedeutet „Gott befreit!“, so öffnet Jesus den betenden Menschen in die Weite Gottes hinein.

In der klassischen Form: „Herr Jesus Christus, Sohn Gottes, erbarme Dich meiner“ (oder: „… unser“), wird die Ruminatio zum *Jesus-Gebet*. Bereits beim hl. Doritheus (6. Jh.) findet sich diese Formel des Jesusgebetes. Es wird aber nicht nur in der Wiederholung dieses Satzes geübt, sondern bei vielen Hesychasten auch als einfaches Namens-Gebet, z.B. Jesus, Christus, Jesus-Christus, Kyrios, usw.

In den späteren Jahrhunderten folgen ganz genaue Anweisungen, wie das Jesusgebet zu vollziehen ist. Es gibt Hinweise zur Körperhaltung, zum Atem und zu den inneren Grundhaltungen. Dazu gehört auch, das die Übung des Jesusgebets Begleitung durch eine(n) erfahrene(n) spirituelle(n) Lehrer(in) braucht, weil auch dieser mystische Weg den ganzen Menschen von seinen Wurzeln her erneuert, was einige Schwierigkeiten in der Verbindung von Kontemplation und Alltag mit sich bringt. Es geht darum, keiner Selbsttäuschung zu verfallen, die Gesetzmäßigkeiten des Vollzuges genau zu beachten und die Demut im Hinhorchen auf die Anweisungen der Tradition einzuüben, bzw. den Mut zum Dienen als Grundhaltung besonders zu vertiefen.

Haltung – innere Verfassung – Atem

(1) Grundsätzlich kann das Jesusgebet in jeder *Körperhaltung* vollzogen werden, also im Sitzen, Liegen, Gehen. Natürlich gibt es Haltungen, die eine vertieftere Konzentration ermöglichen wie das meditative Gehen und das Sitzen in Versenkung. Theophanus der Einsiedler rät besonders den Anfängern, sich niemals in der Körperhaltung gehenzulassen: Wir sollen wie eine Geigensaite sein, abgestimmt auf einen bestimmten Ton, in einer Wohlgespanntheit, d.h. der Körper ist aufgerichtet, die Schultern gelassen, die Kopfhaltung locker und alle Muskeln entspannt. In dieser Haltung wiederholen wir ohne Unterlaß das persönliche Herzens- oder Jesus-Gebet mit ganzer *Aufmerksamkeit des Verstandes*, mit *Wachsamkeit des Willens*, damit uns die inneren Gedanken und Bilder nicht ablenken, und mit *Nüchternheit des Herzens*, um nicht in diffuse emotionale Gestimmtheiten zu versinken.

(2) Der *Übung der Aufmerksamkeit* kommt dabei eine besondere Bedeutung zu. Es geht um die Einsammlung der auseinanderstrebenden Verstandeskräfte, die sich immer wieder in Teilbereiche des inneren und äußeren Erlebens vereinzeln wollen. Diese Konzentration löst den Menschen von seinem Verhaftetsein an die verschiedenen Leidenschaften, die immer *haben* wollen, und führt ihn in die Stille des schweigenden Gegenwärtig*seins* im ewigen Jetzt Gottes, das sich in das Jesusgebet hineinverdichtet. Die Verleiblichung dieser Aufmerksamkeit in die entsprechende Körperhaltung läßt den Körper Anteil nehmen am inneren Geschehen. Gleichzeitig paßt er sich dem Inhalt der Aufmerksamkeit (dem Herzensgebet) an. Damit verbunden ist die Vertiefung der *Apatheía,* die wir mit *wohlwollender Gelassenheit* umschreiben können. Sie hat also nichts zu tun mit „apathisch sein".

(3) Das Eintauchen in den *Rhythmus des Atems* ist ebenso wichtig wie eine optimale Körperhaltung. Im Atem ist die ewige Belebung durch die Lebenskraft des göttlichen Geheimnisses spürbar. Deswegen wird der Fluß des Atems mit dem Rhythmus des Gebetes in der entsprechenden Lautverbindung abgestimmt. Das Wort senkt sich in den Fluß des Atems und umgekehrt. Wie die Verbindung konkret geschieht, muß mit der individuellen Veranlagung abgestimmt werden. Darum braucht es anleitende Begleitung für den konkreten Vollzug, damit sich der Atem und die ganze Körperhaltung nicht verkrampfen.

Die Verbindung von Wort und Atem ist in der hesychastischen Ausprägung der mantrischen Versenkungsmeditation sehr verwandt, so wie wir sie im *Mantram-Yoga* und *nama-japa* (Murmeln des Gottesnamens) der Hindus, im *dhikr* der Sufis und im *nembutsu* des Jodo-shin-shu des Amida-Buddhismus vorfinden. In der Verbindung von Wort (= Laut, Klang, Ton), Rhythmus (= Atem, Herzschlag) und Haltung tritt der Mensch bewußt in Resonanz mit den harmonikalen Strukturen der Schöpfungsordnung. Es findet dabei ein gegenseitiges Empfangen und Weiterschenken statt.

(4) Das Wesentliche des Gebetes besteht aber in der *Einung des Bewußtseins in der Mitte des Herzens,* d.h. die Einsicht des

„Kopfes“ soll mit der Hingabe des Herzens zusammenfinden. So verbinden sich Intellekt und Herzensschau zu einer Einheit. Dieser Vorgang geschieht in vier Schritten in Analogie zu vier Konzentrationspunkten der Leibgestalt:

– Das Erkennen: Stirnzentrum
Die Polarisierung und Differenzierung des Denkens wird gesammelt und ausgerichtet auf ein Wort. Das geschieht zwischen den Augenbrauen. Die verschiedenen Sichtweisen der beiden Augen werden mit allen Verstandeskräften zur *Ein-Sicht* verdichtet, daß die einzige notwendige Wirklichkeit im Leben der Name Gottes ist, der mich ganz persönlich berührt.

– Das Bekennen: Kehlkopfzentrum
Was mir einsichtig geworden ist, drücke ich – gesprochen oder gesungen – in einem Wort oder Satz mit meinen Lippen aus und bekenne mich dazu. Ohne die Konzentration in der Region der Nasenwurzel zu vermindern, koste ich dieses Wort in meinem Mundraum („Kostet und schmeckt, wie gut Gott ist…“), nehme seine Tonvibration auf meinen Lippen wahr und wie sich diese durch alle Klangräume meiner Leibgestalt ausbreitet.

– Das Verbinden: Brust-, Bauch- und Beckenraum
Meine ganze Leibgestalt und alle anderen psychophysischen Zentren sollen im Klang des Wortes gereinigt, geklärt und durchlichtet werden. Das ganze Spektrum der Emotionen und Leidenschaften eines Menschen wollen im göttlichen Wort geläutert werden. Der umfassende Reinigungsweg, in den der ganze Alltag einbezogen wird, beginnt. Was dem Gebet nicht standhält, wird Schritt um Schritt losgelassen. Es findet eine Neuausrichtung aller persönlichen Lebensbereiche statt.

– Das Einswerden: Herzzentrum
In dieser Neu-Ausrichtung aller persönlichen Lebensbereiche stößt der Mensch an eine Grenze seines Vermögens. Er erkennt immer deutlicher, daß nur die Totalhingabe an das Geheimnis der göttlichen Liebe die Verwandlung bewirken kann. Er muß sich in die Barmherzigkeit „hineinfallen“ lassen und alle Ego-Ansprüche freigeben, bis Einsicht und Herz vereinigt sind. Das Aussprechen des Gebetswortes wird ganz verinnerlicht.

Wo sich dieser Raum der größten Aufmerksamkeit in der Mitte des Herzens befindet, läßt sich nur betend erspüren. Es gibt Möglichkeiten, sich ihm anzunähern durch das Eingangstor des schlagenden Herzens. Wer sich aber von diesem Mittezentrum ein inneres Suchbild macht, wird meistens in seiner „Einbildung“ befangen. Deshalb ist es besser, nähere Angaben darüber zu unterlassen. Etwas läßt sich aber durchaus sagen: Das geistige Bewußtsein wird in das Namensgebet „eingeschlossen“, bis „es“ von selbst in mir betet. Wenn ich diesem inneren Klang folge, habe ich eine Spur in die Mitte des Herzens gefunden. Das ist durch keine Atem- und Gebetstechnik machbar. Es bleibt ein reines Geschenk der Gnade. Wenn dieser Zustand eintritt, sprechen die Hesychasten vom „immerwährenden Gebet“. Nun betet die Geisteinwirkung Jesu im Tabernakel des eigenen Herzens in der Grunderfahrung: „Ich lebe, doch nicht ich, der Christus-Geist lebt in mir!“.

Einswerden von Geist und Herz

Das Wesentliche des Jesus-Gebetes geschieht in der Vereinigung des Geistes mit dem Herzen. Dieses Geschehen ist in seiner Vollendung in keinem Augenblick verfügbar. Wenn aber ein begnadeter Mensch davon ergriffen ist, trifft ihn der göttliche Strahl im tiefsten Grund seines Seins, durchdringt und erleuchtet ihn mit dem Taborlicht. Das Kernwesen beginnt im Urbild der Schönheit, das der Mensch als Ebenbild Gottes ist, aufzuleuchten und erstrahlt in der „Hesychía“, in der Ruhe und im Frieden des Herzens. Durch diese Umgestaltung in Christus (= Vergöttlichung des Menschen) wird der Mensch wieder zur wahren Ikone der göttlichen Liebe.

Der Autor

Franz-Xaver Jans-Scheidegger, Psychotherapeut (SPV/ASP), Studien in Philosphie, Theologie und analytischer Psychologie. Lehranalytiker am C. G. Jung-Institut in Zürich, Lehrbeauftragter an der Universität Salzburg; verheiratet, drei Töchter.

Yoga und Zen für Christen

Michael von Brück

Besser ist aufhören
denn überfüllen.
(Lao-tzu)

Einübung des Aufhörens

Yoga und Zen sind Übungen des *Aufhörens*. Der Körper kommt zur Ruhe, der Atem wird gleichmäßig und ruhig, seelische Verspannungen und Erregungen pendeln sich aus, das Bewußtsein gerinnt zu einem gleichmäßigen Strom. Alltäglicher Lärm, der von außen eindringt und auch von innen nach außen quillt, verebbt allmählich. *Patanjali*, der große Systematiker des Yoga aus dem 2. Jahrhundert v. Chr., beschreibt alle Meditationsübungen mit dem Satz: *yogascittavrttinirodhah* – „Yoga ist die Beruhigung der Bewußtseinsbewegungen".

Man vergleicht gern das Bewußtsein mit einem tiefen See, dessen Oberfläche durch Wellen (die Bewußtseinsbewegungen) aufgepeitscht ist. Kommt die Oberfläche zur Ruhe, wird das Bewußtsein klar und man kann bis auf den Bewußtseinsgrund blicken. Dann erkennen wir die unvergleichlich lichtvolle, klare, ausgeglichene und unbegrenzte Natur des Bewußtseins, die wir selbst sind.

Meditation ist gleichzeitig die Übung des *Auf-Hörens*. Nur aus der Stille hören wir die feineren Klänge. Wir vernehmen das, was am Grunde der Welt klingt und in der Tiefe unseres Wesens schwingt. Yoga- und Meditationsübungen sind gleichsam das Einstellen des Bewußtseins-Empfängers auf die noch verborgenen Frequenzen des Geistes. Gelingt die Feinabstimmung, dann nehmen wir die tiefere Einheit der Welt wahr, die uns im alltäglichen Getöse und der Zerrissenheit unserer Wünsche, Erwartungen, Enttäuschungen und Denkgebilde entglitten war.

Yoga und Zen sind miteinander urverwandt, wenn sie sich auch in der Geschichte über Jahrhunderte unabhängig voneinander entwickelt haben. Die meditative Übung der Versenkung (*dhyana*), die auch im Yoga geübt wird, ist mit dem Buddhismus nach China gekommen und wird dort *ch'an*, in Japan *zen* genannt: die völlige Loslösung des Bewußtseins in Sitzmeditation. Alle Lehren und Begriffe, die im Yoga und Zen gebraucht werden, wollen nicht nur die Strukturen der Psyche oder des Bewußtseins kartographieren, sondern sie sind *mystagogisch*, d.h. Anleitung zur Versenkungspraxis. Darum gibt es weniger theoretische Erörterungen, wohl aber viele Geschichten. Sie regen zur Nachahmung an, zu einem „aha"-Erlebnis, das einem Erwachen aus dem Dämmerzustand ähnlich ist.

Weg des Ordnens, Reinigens und der Einigung

In Japan erzählt man gern diese Anekdote: Der Zen-Meister Nan-in empfing einen Philosophie-Professor zum Gespräch über Zen. Der Meister servierte Tee. Als die Tasse voll war und Nan-in immer weiter eingoß, bis der Tee überlief, rief der Professor aus: „Es ist doch voll, mehr geht nicht hinein!" – „So wie diese Tasse sind auch Sie voller Meinungen, Theorien und Spekulationen. Wie kann ich Ihnen Zen zeigen, wenn Sie nicht vorher die Tasse leeren?"

Viele Menschen sind überfüllt mit Eindrücken, Sinnesreizen, geistigem Müll, den sie nicht „entsorgen" können. Darum werden viele nervös, unausgeglichen, unglücklich und hoffnungslos. Der Meditationsweg ist eine Übung des Ordnens und der Reinigung, bis schließlich die Erfahrung der Einigung mit allem, was in uns ist, und allem, was um uns ist, zur vollkommenen Gewißheit wird.

Loslassen, Ent-spannung, Ausgleichen, passive Aktivität und aktive Passivität im Schweigen – das sind die Schlüsselworte des Yoga- und Zen-Weges. Es geht aber nicht nur um das Schweigen der Lippen. Denn dann kommen meist die inneren Turbulenzen der Gedanken erst richtig in Gang. Weil es aber nur schwer möglich ist, das Bewußtsein direkt zur Ruhe zu bringen – unsere Gedanken springen umher wie eine Herde Affen, die im Baum tollt –, muß der Körper völlig zur Ruhe gebracht werden. Dies ist nicht möglich, solange Verspannungen die Glieder blockieren und den Energiefluß lähmen. Der Atem als Bindeglied zwischen leiblichen und seelischen Prozessen ist daher für die Übung besonders wichtig. Er vollzieht sich unabhängig vom Willen und kann doch gleichzeitig unter behutsame Kontrolle gebracht werden. Dadurch kann Ent-spannung aktiv geübt werden: durch Loslassen, wobei die Kunst darin besteht, in diesem „Tun" nicht neu Spannung aufzubauen, zu verkrampfen und letztlich die Gedankenmotorik noch mehr zu strapazieren. Mit dem Instrument gelöster körperlicher Übungen wird im Yoga also das entspannte Atmen geübt, in das wir alle Bewußtseinskonzentration hineinlegen, damit die geistigen Energien gebündelt in einem Punkt ruhen können. Yoga-Übung ist der Bündelung einer diffusen Lichtemission zu einem energiereichen Laserstrahl vergleichbar.

Acht Stufen des Weges

Der klassische Yogaweg besteht aus acht Stufen oder Aspekten, die gleichzeitig oder gelegentlich auch nacheinander geübt werden. Alle hängen sehr eng miteinander zusammen:

(1) *yama*, die äußere Disziplin, die vor allem Wahrhaftigkeit und die anhaftungslose, nicht-besitzergreifende Einstellung gegenüber allen Dingen und Empfindungen meint;
(2) *niyama*, die innere Disziplin, die vor allem in ich-freier Gelassenheit und auch dem ernsthaften Studium der heiligen religiösen Texte besteht;
(3) *asana*, die leiblichen Übungen, bei denen der Körper in Ruhe oder Bewegung, in Balance bzw. fließende Gleichmäßigkeit gebracht wird, wodurch Spannungen verschwinden, die Energie zunimmt und ein allgemeines Wohlbefinden einsetzt;
(4) *pranayama*, die Atemübung, die der emotionalen Beruhigung ebenso wie der Erweckung tieferliegender Energien dient;

(5) *pratyahara*, das Zurückziehen der Sinne von ständig neuen Stimulationsreizen, die zur Zerstreuung führen;
(6) *dharana*, das Verweilen des Bewußtseins an dem einmal gewählten Punkt oder Betrachtungsgegenstand (z. B. einem Punkt im Körper, dem Atem usw.);
(7) *dhyana*, das Verweilen der so erzielten Konzentrationskraft bei einem Bewußtseinsinhalt über einen längeren Zeitraum hinweg;
(8) *samadhi*, die völlig ich-freie Sammlung des Bewußtseins, das sich selbst in Einheit mit sich selbst und allem wahrnimmt.

Yoga- und Zen-Erfahrung

Die Yoga-Psychologie unterscheidet weiterhin verschiedene Versenkungsstufen und Intensitäten. Alles dient einer umfassenderen Aktivierung der menschlichen Bewußtseinskräfte, die normalerweise selten, spontan und nicht ausbalanciert auftreten. Psychische Unausgeglichenheit, Unruhe und Unfrieden mit sich selbst und anderen werden so allmählich abgebaut. Yoga und Zen sind ein Lebensstil, der sich allmählich und über lange Jahre der Praxis hinweg einübt. Sie sind nicht Techniken, die man mit ichhaften Absichten für diesen oder jenen Zweck gebrauchen bzw. mißbrauchen sollte.

Yoga in diesem Sinne ist eine ausgezeichnete Vorbereitung für die *zazen*-Übung (Sitz-Meditation) in einem intensiven *sesshin* (Begegnung mit und im Tiefenbewußtsein, ein einwöchiger Übungszyklus). *Zen* ist das völlige Loslassen der ichhaften Wünsche, Vorstellungen und Projektionen, das ungeteilte Hören, das aus vollkommenem Schweigen kommt, das Auf-Hören eben, in dem wir zu uns selbst finden.

Jeder intensiv übende Mensch macht die Erfahrung, daß in der Tiefe des Bewußtseins das auf ihn wartet, was Christen den Geist Gottes nennen. Die Frucht dieser Erfahrung ist Liebe, Heiterkeit und Freude, die ungeteilt ist. Alles Negative, das wir erlebt haben und erleben, ist in diesem Licht der Einheit integriert und versöhnt.

Religionen sprechen aufgrund ihrer jeweils anderen Geschichte und ihrer eigenen kulturellen Prägungen durchaus unterschiedlich in verschiedenen Metaphern von dem, was sich letztlich jedem sprachlichen Ausdruck entzieht. Man kann die Zen-Erfahrung als sich einende Bewußtheit bezeichnen. Man kann sie als Erfahrung des Geistes Gottes oder Durchbruch der wahren Buddha-Natur in die alltägliche Lebensgestaltung benennen, d.h. als Absolute Leere, in der jedes Ding erscheint, wie es ist, ohne ichhafte Projektionen und selbstzentriertes Anhaften. Diese unterschiedlichen Sprachgestalten haben prägende Rückwirkung auf den Übenden, darum sind sie nicht unwichtig. Christen können versuchen, die Erfahrung für sich in christlichen Symbolen zu integrieren, Buddhisten werden dasselbe in bezug auf ihre Tradition tun. Wie auch immer: Man kann Zen nicht beschreiben, aber man kann aus ihm leben.

Zeiten und Formen des Übens

Sesshins oder intensive Übungswochen werden in regelmäßigen Abständen unter der Leitung eines erfahrenen Kursleiters angeboten. Die Form kann von Fall zu Fall, von Lehrtradition zu Lehrtradition, etwas abweichen. Ich werde in allgemeinen Zügen die Gestalt der Übung beschreiben, wie wir sie im Ökumenischen Meditationszentrum „Neumühle" (Anschrift siehe Teil II dieses Meditationsführers) im Saarland üben.

Für alle Zen-Praxis gilt: Striktes Schweigen und eine strenge klosterähnliche Disziplin dienen der Konzentration auf den unmittelbaren Augenblick, auf das, was gerade getan wird oder begegnet. Der Körper selbst muß die Erfahrung machen. Es geht nicht um ein Nachdenken *über* etwas (Gott, das Wesen des Menschen, die eigene Biographie), sondern darum, sich selbst *in* den Kraftraum der Wirkung des göttlichen Geistes zu stellen. Wir zögern, weil wir Angst haben. Die Überwindung der Angst ist ein anderer Ausdruck dafür, was im *sesshin* geschieht.

– Der Tag beginnt morgens 4.45 Uhr. Sofort begeben sich die Übenden in das *zazen*, um aus der Ruhe der Nacht konzentriert in den Tag überzugehen. Dabei sitzt man völlig regungslos mit aufrechter Wirbelsäule und folgt achtsam dem Atem. Manche üben dabei *shikantaza*, das bloße Sitzen in gleichmäßiger Wachheit des Bewußtseins, ohne die Aufmerksamkeit auf etwas Bestimmtes zu richten. Andere üben mit einem *koan*, dessen Meisterung den Durchbruch zu spontaner Bewußtseinsfreiheit anzeigt.

– Nach eineinhalb Stunden des Sitzens folgt ein kurzes Morgengebet, das mit dem Gesang der Ur-Silbe „*OM*" beginnt, wobei jeder den Klang aufnimmt, durch sich hindurchströmen läßt und verstärkt, so daß ein Klangfeld entsteht, das in und um uns zugleich ist. – Ein kurzer biblischer Text (ein bis zwei Verse nur, jedes *sesshin* thematisiert ein biblisches Buch) wird ebenso kurz ausgelegt, gleichsam nur in Pinselstrichen, damit die innere intuitive Identifikation der Teilnehmer mit der hier ausgesprochenen Wahrheit gefördert werden kann. – Dann singen wir vierstimmig das „Vater unser", als Antwort und personal erfahrene Gegenwart der Urkraft, die sich im *OM* vergegenwärtigt hatte. Selbstredend kann die umfassende ruhige Bewußtseinshaltung in diesem Vaterbild auch die liebende Hand der Mutter verspüren, so wie wir auch im trinitarischen Segen *die* Kraft des Vaters, *die* Liebe des Sohnes und *die* Erleuchtung des Geistes vergegenwärtigen. – Eine Stunde Yogapraxis vor dem Frühstück hilft, leib-seelische Verspannungen zu lösen und die Einheit von Bewegung und Ruhe leiblich konkret zu erfahren. Wir praktizieren meist dynamische Yoga-Übungen, die so einfach sind, daß jeder allmählich in sie hineinwachsen kann, aber so detailgenau geübt werden, daß sie selbst zu einer Bewegungsmeditation werden. Atemfluß und Körperbewegung dienen der Konzentration. Weil viele Menschen Probleme mit der Wirbelsäule haben, die Spätfolgen früherer Fehlhaltungen oder auch jahrelangen seelischen Kummers sind, kommt der Wirbelsäulenarbeit besondere Bedeutung zu. Alle Übungen sind dazu angetan, das Sitzen mit gekreuzten Beinen beim *zazen* zu erleichtern. (Wer freilich zu große Schwierigkeiten hat, sitzt auf einem Meditations-Bänkchen.)

– Der Tag läuft in einem lang erprobten Rhythmus ab – jeweils 25-minütige *zazen*-Einheiten folgen einander in 3er- und 5er-

Blocks, wie es in der japanischen Rinzai-Tradition üblich ist. Während des *zazen* und aus dem konzentrierten Schweigen heraus kommen die Übenden täglich wenigstens einmal zum kurzen Gespräch mit dem Kursleiter zusammen, um den unmittelbaren Fortgang der *zazen*-Übung zu besprechen. Theoretische Fragen der Philosophie und Theologie werden dabei nicht erörtert, wohl aber ist es manchmal nötig, psychische Probleme, die der Meditation im Wege stehen, anzusprechen. Das sind nicht selten Störungen der Partnerbeziehungen, Minderwertigkeitsgefühle, Schuldprobleme, Zweifel am Sinn des Lebens, Angst vor dem Sterben, Zweifel an der Gegenwart Gottes. Viele lernen hier, was es heißt, die Kraft der Vergebung zu spüren. Zen ist keine Psychoanalyse. Aber aus der geballten Konzentration erwachsen oft verblüffend starke Heilungskräfte, die der Schüler unter Anleitung des Lehrers gezielt einsetzen kann. Die Besprechungen dauern nur wenige Minuten, aber dies genügt, weil alles in intensivster Sammlung geschieht. Die persönlichen Aussprachen sind deshalb so wichtig, weil jeder Mensch anders ist und allgemeine Anweisungen zur Meditation nicht genügen. Auch die *koan*-Praxis für diejenigen, für die Übung mit dem *koan* hilfreich ist, gehört in diesen Rahmen. Jeder geht in gewisser Weise seinen eigenen Weg – und der Kursleiter wird deshalb ganz individuell anleiten. Aber dennoch sind wiederum Weg und Ziel für jeden Menschen gleich, ob Frau oder Mann; ob es sich um Christen, Buddhisten oder Atheisten, Menschen des 1. oder 20. Jahrhunderts handelt, ist auf dieser Ebene unwichtig.

– Um alle Zusammenhänge zu verdeutlichen und Mut zur Praxis durch das Beispiel der großen Meister der Vergangenheit zu machen, werden täglich in einem kurzen Vortrag die Zen-Geschichten aus dem alten China (Koansammlungen) erläutert. Das ist keine gelehrte Vorlesung, sondern eine erzählende Vergegenwärtigung der geistigen Wirkkräfte, die im *sesshin* deutlich spürbar werden. Natürlich erscheinen dann oft die Erzählungen aus dem Leben Jesu oder der christlichen Heiligen wie ein Echo der Stimmen aus Asien und umgekehrt. Nicht aber, daß wir etwas wissen und erinnern, zählt hier, sondern daß wir in diesem Augenblick aus derselben spontanen Unmittelbarkeit zu unserem Lebensgrund durchstoßen, der uns schon immer trägt, mit Leben durchströmt und geistig wachhält.

– Die geistige Wachheit oder *Achtsamkeit* bei allem, was wir tun, ist gleichsam der rote Faden, jeden Tag neu. Die schweigend eingenommenen Mahlzeiten, das konzentriert-gemeinschaftliche Teetrinken, der schnelle Gang um den See – alles dient der Achtsamkeit, die entspannt und aufmerkend zugleich ist. Eine am Anfang schwierige Balance! Wir verlieren den Faden oft, manchmal verwickelt er sich zu einem Knäuel, nicht selten reißt er, weil die Geduld gerissen ist. Unsere Spannungen und Aggressionen sind wie eine Mauer, die uns den Blick auf das, was jetzt in diesem Augenblick wirklich ist, verstellt. Aber wir beginnen immer wieder neu mit Humor – „jeder Tag ein neuer Tag"; „Zen-Geist – Anfänger-Geist", das sind beliebte Zen-Sprüche. Um diese Zen-Haltung der Achtsamkeit auf jeden Atmenzug, jeden Grashalm und jede Empfindung gerade auch bei ganz alltäglichen Tätigkeiten einzuüben, arbeiten alle Teilnehmer täglich eine Stunde in Haus und Garten, nicht um etwas zu „schaffen", sondern um in hingegebener Selbstvergessenheit mit den Beeren, die sie gerade pflücken, oder der Treppe, die sie scheuern, in Übereinstimmung zu sein. Man kann dabei durchaus die Freude erleben, von der ein Franz von Assisi singt …

– Jeder Tag schließt mit dem berühmten „Lied des Zazen" von Zen-Meister Hakuin (1686–1769). Darin heißt es:

> Alle Lebewesen sind von Natur Buddha,
> so wie Eis von Natur Wasser ist …
> Sie wissen nicht, wie nahe Er ist;
> vergeblich suchen sie in der Ferne!
> Wie jemand inmitten von Wasser durstig schreit,
> wie ein Kind aus wohlhabendem Hause unter Armen wandelt …
> Nirvana ist hier, vor unseren Augen.
> Wahrhaftig, was fehlt nun noch?
> *Dieser* Ort ist das Lotos-Land.
> Dieser Körper *ist* der Buddha-Körper.

Danach folgt ein trinitarischer Segen, der uns bewußt macht, daß wir immer und überall unter dem Schutz dessen stehen, der gesagt hat: Das Reich Gottes ist mitten *in* euch und *unter* euch…

Ein Übungsweg für Christen?

Yoga und Zen stammen aus Hinduismus und Buddhismus. In das Zen sind viele chinesisch-taoistische und japanische kollektive wie individuelle Erfahrungen eingeflossen. Die Bildersprache mag manchen Christen zunächst fremd anmuten, und zweifellos sind die Religionen verschieden. Jeder kann aber von dem anderen lernen, gerade *weil* er verschieden ist. Das gemeinsame Voneinander-Lernen stiftet Gemeinschaft, die unsere Welt bitter nötig hat. Dabei muß man die eigene Tradition und Erfahrung keineswegs leugnen, im Gegenteil: Sie erscheint in einem neuen, unverbrauchten Licht.

Was sind die Auswirkungen von Yoga und Zazen auf Menschen, die unter den Bedingungen der europäischen Industriegesellschaft leben?

(1) Viele Menschen meinen, daß der „normale" Bewußtseinszustand, in dem wir mit den Sinnen Dinge wahrnehmen, mit dem Denken Urteile fällen und je nach unserem Empfinden das eine als „gut", das andere als „schlecht" bewerten, um dann mit dem Willen annehmend oder abwehrend zu reagieren – daß dieser Mechanismus uns ein adäquates Bild von der Welt vermittelt, „so wie sie ist". Das ist falsch. Unser Bewußtsein ist aktiv und „konstruiert" die Welt, die wir wahrnehmen. Wir projizieren immer – meist unbewußt – unsere schon vorgefertigten Denkmuster auf die Welt und halten das Resultat für „real". Nicht, daß außen gar nichts wäre; vielmehr ist das, was wir erkennen, immer durch die Brille unserer Vorurteile eingefärbt.

Wir sehen dann z.B. einen anderen Menschen nicht, wie er/sie ist, sondern entsprechend unseren Erwartungen. Das führt zu übermäßiger Begierde oder Enttäuschungen und Frustrationen, die sich in Furcht oder Zorn äußern. Das Spiel wiederholt sich, und unsere Psyche gerät immer mehr in den Strudel ihrer eigenen Verblendungen. Yoga und Zazen verhelfen dazu, diesen Strudel zu beruhigen und ein klareres Bild von den Dingen und Personen, die um uns sind, vor allem aber von uns selbst, zu gewinnen. Die Erfahrung gleicht der Entspannung nach einem langen Krampf. Sie muß immer wieder neu eingeübt werden, bis sie allmählich stabil wird. Dann verändert sich unser Leben im Alltag – wir werden wacher, ausgeglichener, kommen mit uns selbst ins Reine.

In der chinesischen Tradition hat man dies verglichen mit dem Erwachen aus dem Traum: Im dunklen und bedrückenden Alptraum haben wir alles ganz real erlebt, bis dahin, daß wir körperliche Symptome entwickelt haben (z. B. Schwitzen, Muskelkrämpfe usw.). Wenn wir aufwachen, glauben wir zunächst, in einer ganz anderen Welt zu sein. Die Sonne strahlt, wir reiben uns die Augen. So ist es, wenn wir aus dem rationalen Alltagsbewußtsein in einen tiefen meditativen Bewußtseinszustand gelangen und dabei „aufwachen". Die Welt ist dieselbe, aber das Bewußtsein hat sich völlig verändert: Wir sind nicht mehr isoliert, voller Zweifel, hin- und hergerissen zwischen „entweder" und „oder". Alles ist plötzlich klar, alles ordnet sich. Intuitiv tun wir, was zu tun ist, weil das egozentrische Ich nicht mehr überall dazwischenfährt. Eine solche Erfahrung kann man nicht machen. Sie wächst, wenn die Hindernisse der mentalen, seelischen und physischen Verspannungen abgeworfen sind. Das erfordert Geduld in der Übung.

(2) Wozu Yoga und Zen? Genügt nicht der christliche Glaube, der uns alle Geborgenheit und erlöste Freude schenkt, die wir brauchen? Ja, er genügt. Das Problem ist nur, daß ständig Zweifel die Klarheit des Glaubens verdunkeln, weil wir zu viel nur in Begriffen und Worten *über* Gott *reden*, anstatt uns *in* der Gegenwart des Geistes *verwandeln* zu *lassen*. Das Bewußtsein ist mehr als der relativ kleine Ausschnitt der ich-zentrierten rationalen Bewußtseinsvorgänge. Der geistliche Reifungsprozeß schließt auch die unterscheidende Erkenntnis ein, aber diese Ebene ist weder Ursprung noch das letzte Ziel. Was dann?

Der Ursprung ist die Kraft Gottes, das Ziel ist die vollkommene Einigung in der Liebe Gottes, der Weg ist das Gewahrwerden der allumfassenden Gegenwart des Geistes Gottes. Das haben viele Menschen in der christlichen Tradition sehr genau gewußt – man denke nur an die großen Mystikerinnen und Mystiker des Mittelalters –, aber mit der kulturgeschichtlichen Entwicklung zur Dominanz der Rationalität und Individualisierung, die in anderer Weise gewiß auch Gewinn gebracht hat, ist viel davon verlorengegangen. Es geht nun nicht darum, das Rad der psychischen Entwicklungsgeschichte zurückzudrehen, sondern die unterschiedlichen Aspekte, Ebenen und Dimensionen des Geistigen zu *integrieren.* Dann entdecken wir das glaubende Vertrauen in die unbedingte Liebe Gottes, der uns in Jesus Christus als treuer Bruder begegnet, auf ganz neue und frische Weise.

Die Befreiung von Angst und Kleinglaube, von Ichverstrickung einerseits und Abhängigkeit von Autoritäten und Institutionen anderseits, kann auch für viele Christen zu einer befreienden Erfahrung werden. Dann entdeckt man: Das, was sich in der Geschichte Jesu und seiner Freunde ereignet hat, ist nicht nur ehrwürdige Tradition, sondern ganz lebendige Gegenwart, hier und jetzt. Die Schmerzen jeder Lebensgeschichte werden dabei nicht verdrängt oder „wegmeditiert". Mitten *in* allen leidvollen Erfahrungen ist *Gott alles in allem.* Dies befreit zu heilender Zuversicht, zu Gemeinschaft mit allen, zu Engagement für die Leidenden und zu *kosmischer Solidarität.*

(3) Natürlich gibt es auch Gefahren und Schwierigkeiten auf dem Yoga- und Zen-Weg. Sonst wäre es kein wirklicher Weg:

Man sollte nicht nach einem „Guru" oder „Meister" suchen, demgegenüber man sich in bequeme Abhängigkeit begeben würde, um blind an die Hand genommen zu werden. Aber man braucht unbedingt einen Weggefährten, der genug Erfahrung hat, um die Unebenheiten und Möglichkeiten des Weges sehr genau zu kennen. Zen ist zwar eine Übung im Schweigen, bei der jeder auf seiner Matte hockt. Aber das gemeinschaftliche Meditieren in einer Gruppe über längere Zeit hinweg stiftet eine Intensität von Gemeinschaft, die jeden einzelnen trägt, stützt und ermutigt. Die übende *Gemeinschaft* gewinnt gerade unter den Bedingungen, unter denen Europäer Zen üben, immer mehr an Bedeutung. Wir werden sehr sensibel füreinander, und damit muß behutsam umgegangen werden.

Eine andere Warnung betrifft den Mißbrauch von Yoga und Zen, wenn diese Übungen nur zur Verbesserung des Lebensgefühls und zur Steigerung der Leistungsfähigkeit in einer Konkurrenzsituation (Konzentrationsfähigkeit, Potenzierung der intuitiven Fähigkeiten, Erzeugung optimistischer Grundstimmung usw.) als *Mittel* zu einem vordergründigen Zweck angewendet werden. Diese Wirkungen sind zwar mit Meditationsübungen verbunden. Sie sind aber *nicht* der Zweck. Die Tiefe der Erneuerung unseres ganzen Wesens wird nur dort erreicht, wo das Ich sich selbst hingibt und paradoxerweise gerade dadurch seine ganze Fülle gewinnt. Die christliche Tradition, besonders die Mystik, sieht darin die Einheit von Sterben und Auferstehen abgebildet. Auch im Buddhismus sagt man: Zen heißt, den Großen Tod sterben. Weil jeder Augenblick unseres Lebens ein kleiner Tod ist und dies in der Zen-Übung sehr deutlich spürbar wird, ist Zen auch Einübung ins Sterben, und genau dadurch Einübung ins Leben. Sterben, so wissen wir dann mit aller Gewißheit, ist nicht das dunkle Ende eines halbdunklen Lebensweges, sondern die strahlende Neuschaffung des zeitewigen Lebens aus und in der Kraft des Geistes Gottes. Wer Yoga und Zen im obengenannten Sinn mißbraucht, erfährt davon nichts.

Eine konkrete Gefahr besteht auch darin, daß man etwas *erreichen* oder *erzwingen* will. Die Übung des Loslassens wird dann zum *Festhalten* des Loslassens, das Bewußtsein verstrickt sich in sich selbst, und von Zen kann so keine Rede mehr sein.

Es ist richtig: Zen ist *reine Gnade*. Diese Gnade umgibt uns schon immer. Die Aufgabe besteht nur darin, daß wir uns öffnen. Yoga und Zen sind, wir sagten es schon: auf-hören, sich-öffnen, mit dem ganzen Wesen still werden, damit wir die Stimme des Geistes vernehmen können. Keiner hat das schöner ausgedrückt als der evangelische Poet Gerhard Tersteegen in seinem Lied „Gott ist gegenwärtig“ (1729):

Du durchdringest alles;
laß dein schönstes Lichte,
Herr, berühren mein Gesichte.
Wie die zarten Blumen willig sich entfalten
und der Sonne stille halten,
laß mich so still und froh deine Strahlen fassen
und dich wirken lassen.

Das ist das Wesen von Yoga und Zen. Jeder Mensch, ob Christ oder Buddhist oder jemand, der gegenüber Religion bewußt auf Distanz gegangen ist, wird von diesem Licht umfangen. Unser Bewußtsein ist Geschenk Gottes. Es ist viel größer und umfassender, als wir mit dem gewöhnlichen Tagesbewußtsein wahrnehmen. Dieses Geschenk in seiner Ganzheit anzunehmen und achtsam damit umzugehen, ist Sinn der Yoga- und Zen-Übung. Allmählich steigt im za-zen aus dem festen Sitz durch die Leibesmitte im rhythmischen Atmen die Erfahrung der heiteren Gewißheit von Geborgenheit und unbedingter Liebe empor. In der Tat:

Wir *sind* gesegnet in der Kraft des Vaters,
wir *sind* gesegnet in der Liebe des Sohnes,
wir *sind* gesegnet in der Erleuchtung des Geistes.
So sind wir alle *ein* Leib -
in der Kraft, in der Liebe, in der Erleuchtung.

Der Autor
Michael von Brück, geboren 1949 in Dresden. Studium der ev. Theologie und der Vergleichenden Sprachwissenschaft in Rostock sowie des Hinduismus und Buddhismus in Indien und Japan, dort auch Yoga- und Zen-Studium. Mehrere Jahre Dozent am Gurukul College in Madras. Heute Professor für Religionswissenschaft an der Universität München; Yoga- und Zen-Lehrer. Meditationskurse in Deutschland, den USA und Indien.

Ignatianische Exerzitien

Paul Imhof

Je subjektiver, um so objektiver

Unter Ignatianischen Exerzitien kann man ein Doppeltes verstehen. Gemeint sind damit einerseits geistliche Übungen, die anhand des Exerzitienbuches des Ignatius von Loyola (1491 – 1556) mehr oder minder modifiziert – z. B. mit Gemeinschaftselementen – gegeben werden, andererseits aber auch geistliche Prozesse, in denen versucht wird, die entscheidenden religiösen Grunderfahrungen des Ignatius von Loyola aktuell zu wiederholen.

Worum es dabei geht: Ein Individuationsprozeß wird begleitet, der auf ein gnadenhaftes Wirken von seiten Gottes her offen ist. Dazu gehören sowohl Erfahrungen des Heiligen Geistes, in dessen Kraft die Fähigkeit zu Kritik und Unterscheidung neu gelernt wird, so daß religiös fundierte Entscheidungen getroffen werden können (*pneumatologische* Dimension des Menschen), wie auch der Durchbruch zum Glauben an den einen Gott, den Schöpfer des Himmels und der Erde (*theologische* Dimension im engeren Sinn). Darüber hinaus möchten diese Exerzitien helfen, zu einer persönlichen Christusbeziehung zu kommen, in der Jesus Christus, der wahre Mensch und die absolute Nähe Gottes zu uns, erlebt wird. Auf ihn, den Gekreuzigten und Auferstandenen, richtet der Exerzitant seinen Sinn (*christologische* Dimension). Der geistliche Lebensweg des hl. Ignatius bildet dabei den Hintergrund für den individuellen Erfahrungsweg zum Glauben an den *dreieinen* Gott.

Je mehr der einzelne Übende zu sich in seiner Subjektivität findet, in seinem einmaligen Personsein reift, um so mehr kann er im Verständnis der Ignatianischen Exerzitien zur objektiven Geschichte von Kirche und Welt in ein neues, freies Verhältnis treten: Je subjektiver, um so objektiver! Parallel zum eigenen

Selbstwerdungsprozeß ereignet sich synchron ein Wachstum im Glauben und im Engagement für die anderen – dabei kann es natürlich auch zu Rückschritten und Regressionen kommen. Um es moderner zu formulieren: Mystik und Politik sind zwei Seiten der einen Dynamik Ignatianischer Spiritualität. Klassisch zu nennen ist dafür die Formel, die Hieronymus Nadal, ein enger Mitarbeiter des Ignatius von Loyola, dafür geprägt hat: *Contemplativus in actione*: Es wird eine humanere, näherhin christliche Praxis des Lebens angestrebt, die tief im Gebet verwurzelt ist.

Qualifizierte Begleitung

Sehr empfehlenswert für geistliche Prozesse, die zum Glauben an Gott führen, dessen Gnadenwirken nicht einmal vordergründig durch irgendeine Methodik gemacht werden kann, ist eine qualifizierte Begleitung. Nicht nur psychologische Kompetenz für die *dialogische* Gesprächssituation ist dabei Voraussetzung, sondern unverzichtbar ist auch eine theologisch verantwortbare Reflexion auf Glaubensvollzüge. Ohne ein spirituelles Gespür und gute Kenntnisse der Regeln zur „Unterscheidung der Geister" ist es nahezu unmöglich, die *trialogische* Beziehung zwischen Gott und Exerzitant und Begleitung angemessen und lebendig zu spiegeln.

Vor allem die Auswirkungen der Beziehung zwischen Gott und dem Exerzitanten, insoweit sie von ihm thematisiert werden, sind für das Begleitungsgeschehen von Bedeutung: Worauf weisen sie hin? Welche Übungen bieten sich an, so daß der geistliche Prozeßverlauf gut vonstatten geht? Solche und ähnliche Fragen wie Angebote, die die Freiheit des Exerzitanten mehren und ihm Winke auf seinem inneren Weg sein können, sollen durch seine Begleitung genannt werden. Vom Exerzitanten erzählte Erfahrungen von „Trost" und „Mißtrost" sind sorgsam wahrzunehmen, zu erwägen und im Gesamtverlauf des Prozesses zu berücksichtigen. Geistliche Übungen können dabei in Form von Kurszeiten oder als Exerzitien im Alltag angeboten werden.

Bevor man sich auf intensive Ignatianische Einzelexerzitien einläßt, sollte ein Vorgespräch mit dem in Aussicht genommenen Begleiter stattfinden. Dabei geht es darum, zu erspüren, ob diese Art von Exerzitien *jetzt* für den Interessenten das geeignete Mittel sein könnte, um auf dem Weg zu Gott weiterzukommen. Das Vorgespräch dient dazu, einander besser kennenzulernen und herauszufinden, ob ein Vertrauensverhältnis entsteht. Die endgültige Entscheidung für die Exerzitien wird deshalb von beiden Seiten erst nach dem Vorgespräch getroffen. Ist das Ergebnis positiv, dann verpflichtet sich der Begleiter, dem Exerzitanten für den vereinbarten Zeitraum zur Verfügung zu stehen. Der Teilnehmer sagt zu, während der ganzen Zeit der Exerzitien von anderen Aufgaben für das Exerzitien-Geschehen frei zu sein. Er nimmt sich Zeit dafür. Er erklärt sich bereit, den Begleiter über auftretende gesundheitliche Probleme, z. B. Schlaflosigkeit, Fieber, akute Schmerzen usw. und eingenommene Medikamente zu informieren, da eine Wechselwirkung mit dem Exerzitien-Geschehen bestehen kann.

Ignatianische Exerzitien sind eine Zeit der Einsamkeit und des Gebetes, um sich vom Wort und Geheimnis Gottes treffen und umwandeln zu lassen. Der Exerzitant verbringt die ganze Zeit in Stille und Schweigen. Es wird erwartet, daß er täglich mehrere Stunden betet. Auch die Zeit zwischen den ausdrücklichen Gebets- und Meditationszeiten soll von zerstreuender Beschäftigung und fremden Zwecken (Arbeiten, Kontakten, Briefschreiben usw.) freigehalten und entspannender, ruhiger Erholung (Spazierengehen, leichtem Sport, Handarbeit o. ä.) gewidmet werden. Vom Exerzitanten wird erwartet, daß er seinem Begleiter von seinen Erfahrungen inner- und außerhalb der Gebetszeiten berichtet, dabei auch Störungen nicht verschweigt. So lernt er allmählich, das Wirken Gottes in und mit sich zu erfassen, und der Begleiter kann die inhaltlichen und methodischen Hinweise für den nächsten Tag darauf abstimmen.

Die Gruppe der Exerzitanten bleibt im Hintergrund. Diskussionen und Gespräche untereinander finden nicht statt – auch nicht während der Mahlzeiten. Die in Stille wachsende Gemeinschaft kommt in der Eucharistiefeier zum Ausdruck, in der auch die Möglichkeit gegeben ist, etwas aus der eigenen Erfahrung als Dank oder Bitte einzubringen.

Voraussetzungen für Einzelexerzitien

Damit Ignatianische Einzelexerzitien für den Exerzitanten fruchtbar werden können, müssen bereits geistliche Erfahrungen gemacht und bestimmte Voraussetzungen gegeben sein. Sie seien hier aufgeführt.

– Es kann verschiedene Ansatzpunkte für den Wunsch geben, Einzelexerzitien zu machen. Die Motivation ist oft vielschichtig. Entscheidend ist, daß die *Sehnsucht nach Gott*, die Hoffnung auf sein Wirken und die Bereitschaft, sich diesem Wirken auszusetzen, da sind.

– Es wird vorausgesetzt, daß es bereits als Hilfe erlebt worden ist, Erfahrungen, Entwicklungen und Schwierigkeiten des eigenen Lebens mit einem anderen Menschen (einem geistlichen Begleiter, Beichtvater, Freund oder Weggefährten) zu besprechen, und daß die *Bereitschaft* besteht, während der Exerzitien die Hilfe des Exerzitienbegleiters entsprechend zu nutzen.

– Des weiteren wird eine *normale psychische Belastbarkeit* vorausgesetzt, die langes Alleinsein, Ängste und Trauer, Freude und Glück auszuhalten vermag. Falls jemand eine Psychotherapie macht, muß die Zustimmung des Therapeuten erfragt werden.

– Es wird eine gewisse *Sensibilität für das eigene Innenleben* (Gefühle, Spannungen, Ängste und Hoffnungen) erwartet. Die eigene Aufmerksamkeit sollte schon soweit geschult sein, daß erkannt wird: *Alle* Bereiche des Lebens (Familie und Beruf, Freizeit und Beziehungen, Leiblichkeit, Weltereignisse usw.) haben mit Gott zu tun.

– Ferner sollte gegeben sein, daß *persönliches Gebet* bereits zum eigenen Selbstverständnis gehört und in regelmäßiger Praxis einer täglichen Gebetszeit im Alltag eingeübt worden ist. Positive Erfahrungen mit längeren Gebets- und Meditationszeiten (halbe bis ganze Stunde) dürften nichts Fremdes mehr sein.

– Entscheidend für das Gelingen von Exerzitien ist es, daß der Exerzitant bereit ist, sich *ganz auf den Prozeß des Betens einzulassen.* All seine Beziehungen und Weltbezüge, er selbst als Geist und Leib und Seele sollen in das Begegnungsgeschehen zwischen Gott und Mensch eingebracht werden. Nur so geschieht Verwandlung zum je Besseren! Exerzitien sind ein Stück Weg, auf dem die innere Dynamik eines konkreten Menschen zum je größeren Gott hin aufgrund der Gnade Gottes zum Austrag kommt.

Geistliche Übungen im Sinn des Ignatius von Loyola wollen mittels ihrer speziellen Didaktik helfen, daß der Exerzitant den Willen Gottes für sein Leben leichter findet. Dabei ist die Überzeugung leitend, daß durch das Erspüren des göttlichen Wollens sowohl dem Exerzitanten in seiner Freiheit wie auch seinen Mitmenschen in Kirche und Welt am besten gedient ist.

In meinem jüngst erschienenen „Grundkurs Ignatianischer Spiritualität" (siehe Literaturverzeichnis) wird versucht, in systematischer Weise zu Exerzitien im Alltag anzuleiten. Er enthält inhaltliche und strukturelle Hinweise für die Gestaltung von geistlichen Übungen. Auch Methoden zur Reflexion und Auswertung einzelner Übungsschritte finden sich dort. Die drei Bände, die auch weiterführende Literatur enthalten, werden im folgenden kurz charakterisiert, um so noch einmal zu erläutern, um welche Themenfelder und Lernschritte es bei Exerzitien geht.

Erstes Trimester: Grundfragen – Grunderfahrungen

In einem *ersten* Trimester stellt man sich Grundfragen, denen im Exerzitienbuch des Ignatius von Loyola die Fundamentphase und Erste Woche entsprechen: Wie kann man in einer säkularisierten Welt zum Glauben an Gott kommen? Welche Glaubenserfahrung ist nötig, um die Welt als Schöpfung zu verstehen? Damit befaßt sich ausführlich Band I, Grundkurs Ignatianischer Spiritualität. Er enthält reflektierte religiöse Grunderfahrungen. Besonders das Alte Testament wird berücksichtigt. Zudem werden Grundsituationen des Menschen in Blick genommen (Angst, Ungerechtigkeit, Unfreiheit), und im Glauben an Gott, den Schöpfer des Himmels und der Erde, bedacht, um verändert werden zu können. Was besagt der Glaube an den Gott der Schöpfung und des Bundes?

Nach Überzeugung des Ignatius von Loyola ist der konkrete Mensch gerufen, den Willen Gottes zu suchen und zu finden, um so in Zukunft das eigene Leben aus dem Glauben heraus gestalten zu können. Dadurch wird er zu mehr Hoffnung und Liebe befreit. Eine neue Praxis der Lebenswelt ist so möglich. Dies geschieht in einer Welt, die verschiedene Wertsysteme und Religionen kennt.

Zweites Trimester: Jesus Christus – Wer ist ein Christ?

In einem *zweiten* Trimester steht die Frage nach Jesus Christus neu an. Die Zweite, Dritte und Vierte Woche des Exerzitienbuches des Ignatius von Loyola sind Thema: Wer ist ein Christ? Ist es nicht jemand, der sich um eine Beziehung zu Jesus Christus bemüht bzw. sie sich von ihm schenken läßt? Da es sich um eine lebendige Beziehung handeln soll, ist sie immer unabgeschlossen, neu und offen auf Zukunft.

Dem Prozeß der Intensivierung der Beziehung zu Jesus Christus dient Band II, Grundkurs Ignatianischer Spiritualität, der sich in seinem Aufbau gleichsam an das Leben Jesu hält. Es bildet den roten Faden der meditativen Übungen und der christologischen Überlegungen. Wahre Liebe erweist sich auch im selbstlosen Dasein für die anderen, im heilsamen, produktiven Schmerz! Auf diese Weise erscheint die ewige Liebe Gottes im Zeitlichen, im Endlichen. Diese Nähe Gottes ist das Messianische. So zeigt sich der Anbruch des Reiches Gottes. An Jesus von Nazaret, dem wahren Menschen, wurde die Nähe Gottes so offenbar, daß er glaubwürdig wird als der Messias.

Gezielt ist auf die Erkenntnis: In jenem Jesus von Nazaret kommt uns der von Gott verheißene Messias entgegen. In der Beziehung zu ihm gewinnt der Gläubige Anteil am Gottesbezug Jesu und gelangt so in sein Heil. Jesus der Christus ist dabei ein und derselbe: Er wurde gekreuzigt und ist auferstanden. Was bedeutet dieses Kerygma der Kirche für die eigene lebendige Christusbeziehung? Wie ereignet sich Berufung? Welche Sendung steht an?

Drittes Trimester: Heiliger Geist – Den Alltag gestalten

Im *dritten* Trimester wird gefragt, wie sich aus dem Geist der Exerzitien der eigene Alltag gestalten läßt: Zu welcher Praxis leitet der Geist Jesu an? Wie kann aus der Kraft des Evangeliums in Kirche und Welt gelebt werden?

Solche Fragen greift Band III, Grundkurs Ignatianischer Spiritualität auf, in dem es um Erfahrungen des Heiligen Geistes geht, die sich nicht nur in der petrinischen, marianischen und paulinischen Dimension der Kirche, sondern auch in den einzelnen Sakramenten manifestieren. Das Buch versucht, die Sakramente in einer Weise nahezubringen, die ein heutiger moderner Mensch, der seine Beziehung zu Gott auch in der Welt der Zeichen, Riten und Sakramente zum Ausdruck bringen möchte, akzeptieren kann.

Die Sakramentenlehre ist mystagogisch so aufgebaut, daß deutlich wird, was in den zentralen Lebensphasen und Wendepunkten des Lebens ansteht. Die Heilszeichen besitzen eine im Humanum verankerte Grundlage: Wie kann die persönliche Entbindungs- und Befreiungsgeschichte gut vonstatten gehen? Worauf ist zu achten, wenn man immer mehr in sein Heil gelangen möchte? Was heißt dies für ein gemeinsames Dasein mit den Mitmenschen: in der primären Lebenswelt, in der Welt als ganzer? Auf solche Fragen sind persönliche Antworten zu finden, die eine Praxis ermöglichen, die dem Wirken des Geistes Gottes gemäß ist.

Der Autor
Paul Imhof, geboren 1949 in Nürnberg, Dr. phil., Dr. theol., Jesuit; Leiter von Ausbildungskursen in spiritueller Supervision und ignatianischer Exerzitienbegleitung. Bisherige Lehrtätigkeit in Innsbruck, Erfurt und Berlin; zahlreiche Veröffentlichungen.

Der Erfahrungsweg der Liebe – oder: Was bedeutet mir Meditation?

Josef Sudbrack

Es mag ungewohnt klingen, Meditation mit Liebe zu verbinden; aber wer ein klein wenig in sich hineinhorcht und mit offenen Augen in die wahre Tradition des Meditierens – oder was für einen Namen er dafür wählen mag – geschaut hat, wird erstaunt zurückfragen, wieso man die untrennbare Verbindung von Liebe und Meditation übersehen kann. Auch ich möchte zuerst in die Thematik hineinführen.

Hinführende Überlegungen zu Meditation und Liebe

Von vornherein sei gesagt: Ich empfinde es als einen verhängnisvollen Rückschritt, wenn die breite Sinngebung von „Meditation", mit der damals, vor dreißig Jahren, Pater Hugo Enomiya-Lassalle, Karlfried Graf Dürckheim, Pater Johannes B. Lotz, Klemens Tilmann und andere die Thematik ins (christliche) Gespräch brachten, ohne Notwendigkeit aufgestückelt und durch neue Begriffe ersetzt wird. Damals nämlich drückte man mit dem Wort eine Sinnbreite aus, die Bereitung und Erfahrung, Weg und Ziel, Suchen und Höhepunkt umfaßte.

Es sollen damit also die schlichten Übungen gemeint sein, mit denen man das Ich sensibel macht für Erfahrungen, – um diese Sensibilität des Herzens und aller Sinne kreist das Meditieren. Und gemeint soll auch sein die Gipfelung aller Erfahrung, wie sie Stanislav Grof zu Beginn seines neuen Buches (siehe Literaturverzeichnis) mit einem klassischen Zitat schildert: „Sie (die Seele) scheint, wie von inniger Freude und Wonne hingerissen in seine göttlichen Arme, verzückt zu sein, sich anklammernd an seine heilige und göttliche Brust. Da weiß sie nur zu genießen, erhalten von jener göttlichen Nahrung, die ihr Bräutigam ihr reicht und wodurch er sie fördert, damit er sie noch mehr mit Wonnegenuß erfüllen könne … Erwacht sie aber von dieser himmlischen Trunkenheit, so ist sie wie starr von Erstaunen und von heiliger Torheit ergriffen."

Es ist ausgerechnet Teresa von Avila, die Stanislav Grof, der Mitbegründer und wohl wichtigste Praktiker der „Transpersonalen Psychologie" anführt. Schöner kann man es kaum sagen, daß eine so verstandene Meditation mit Liebe zu tun hat, wenn nicht gar auf ihrem Gipfel Liebe genannt werden muß. Zugleich aber ist auch gesagt, daß durch keine noch so tiefe Erfahrung das Immer-wieder-Neubeginnen, das Üben und Sich-Bereiten mittels schlichten Übungen überholt werden kann. Grof zitiert den Text ja auch, um sein Buch über „Praktische Hilfe für spirituelle Krisen" einzuleiten; Teresa selbst hat oft genug darauf hingewiesen, daß der Mystiker, der Meditierende, immer unterwegs bleibt. Es war nicht von ungefähr, daß die Neubegründer der meditativen Bewegung im (christlichen) Raum Weg und Ziel mit dem einzigen Wort „Meditation" umfaßten. „Der Weg ist das Ziel", pflegte Graf Dürckheim zu sagen.

Eine andere große Zeugin möge es nochmals zeigen. Zugleich setzt sie Wegweiser für den meditativen Weg der Liebe. Es ist nicht schwierig, die sehr präzise und fordernde Poesie zu verstehen, in der Mechthild von Magdeburg ihren Übungsweg der Liebe schildert. Im ersten Buch vom „Fließenden Licht der Gottheit" schildert sie den mystischen Weg:

Nach der Überwindung des Eigenwillens („den verwassenen (verwünschten/eigenen) willen") spricht der Jüngling zur Seele: „Ich höre eine Stimme, die klingt wie von Minne …" Darauf kleiden die fünf Sinne die Seele ein – mit dem „hemede der sanften demu(e)tekeit", mit dem „wissen kleit der luteren kuschekeit", mit dem „mantel des heligen geruchtes (Leumund, Ruf)". So geht sie in den Wald und sendet nach dem Jüngling, „wan (denn) si wil tanzen". Der Glaube Abrahams, die Sehnsucht der Propheten, die Demut Marias, die Tugenden Jesu, die Vortrefflichkeit der Auserwählten sind das Voraus-Gefolge für den Jüngling selbst. Er aber lehrt sie tanzen und singt ihr vor: „so springe ich in die minne, vor der minne in die bekantnisse (Erkenntnis), von der bekantnisse in die gebruchunge (Genuß), von der gebruchunge über alle mo(e)nschliche sinne. Da wil ich bliben, und wil doch furbas crisen (höher drängen)." Der Jüngling lädt sie zu noch innigerer Erfahrung ein „in das bette der minne". Doch sie meint, das sei „übergroß" für sie, „du (die) nit minne an ir selben hat, si werde e von dir beweget." Doch dann will sie „den ungemengeten win" trinken. Ihre Sinne aber stellen ihr alle möglichen heiligen Bilder vor Augen: Die Keuschheit der Jungfrauen, das Blut der Märtyrer, die Weisheit der Apostel, die Wonne der Engel, selbst die Kindesliebe Marias – sie aber strebt nach Tieferem, nach dem Quell von alledem: „Ich mu(e)ste von allen dingen in got gan, der min vatter ist von nature, min bru(e)der von siner mo(e)nscheit, min brutego(e)m von minnen und ich sin brut ane anegenge (ohne Beginn)." „So gat du allerliebeste zu dem allerscho(e)nesten in die verholnen (verborgenen) kammeren der unsunlichen gotheit." Dort gebietet ihr der Bräutigam: „ir so(e)nt uch usziehen!" Sie geniert sich. Der Bräutigam aber sagt: „Fro(e)w sele, ir sind so sere genaturt in mich, das zwuschent uch und mir nihtes nit mag sin … Darumbe sont ihr von uch legen beide vorhte (Frucht) und schame und alle uswendig tugent; mer (außer) alleine der ir binnen uch tragend von nature." Jetzt kann Seele sprechen: „Herre, nu bin ich ein nakent sele und du in dir selben ein wolgezieret got. Unser zweiger gemeinschaft ist das ewige lip (Leben) ane tot … Er gibet sich ir und si git sich ime."

Wie Teresa weiß Mechthild aber: Es ist eine Gipfelerfahrung plötzlich wie ein Blitzstrahl. Und so heißt es in der Übersetzung von Margot Schmidt weiter: „Was ihr nun geschieht, das weiß sie, und damit tröste ich mich. Aber dies kann nie lange sein. Denn wo zwei Geliebte verborgen sich sehen, müssen sie oft abschiedslos voneinander gehen." Jeder Erfahrene weiß, daß er immer wieder von neuem anfangen, sich von neuem auf den Weg machen muß. Das Ziel bleibt weghaft. Aber in allem Üben und in jedem Erfahren schwingt das Geschehen der Liebe mit.

Es ist ergreifend, daß man in dem Bekenntnisbuch des Systematikers der „Transpersonalen Psychologie" ähnliche Züge entdeckt. Ken Wilber beschreibt in „Mut und Gnade" (siehe Literaturverzeichnis) den Weg, den er mit seiner Frau Treya Wilber ging, den Weg zu ihrem Krebstod. Er legt darin auch seine

Theorie von der letzten Allgemeinheit dar, die er Geist nennt und in dem sich alles Besondere – ich und du, Subjekt und Objekt, die Vielzahl der Dinge usw. – durch meditative Übung auflösen soll. Er nennt diese Theorie der „Mystik“ oder der „Ewigen Philosophie“ „im Unterschied zu dogmatischer Religion sehr wissenschaftlich“ und setzt sie sogar mit der Exaktheit der Mathematik gleich. Doch wenn er von seiner Frau, ihrer Krankheit, ihrem Gang in den Tod, und wenn seine Frau (in Tagebuchnotizen und in Briefen) von ihm, Ken Wilber, spricht, dann fällt die kalte Abstraktion des sogenannt „meditativen“ Denkens ab, und wir hören warme Worte, Kundschaften innigster Liebe; Treya Wilber ruft auf: „Ich vertraue ihm mehr als dem Universum.“ Wenn es konkret wird, dann besiegt die Mystik der Liebe das abstrakte transpersonale Denksystem. Das ändert auch der Schluß nicht: „Ein Wassertropfen fiel ins Meer und wurde so eins mit dem All … Treya, Liebste, ich verspreche dir, daß ich dich immer und immer und immer wieder finden werde in meinem Herzen als das simple Gewahrsein dessen, was ist.“

Für mich ist das Buch ein Zeugnis der Liebe gegen die Auflösung und Umdeutung der Liebe in die Metaphysik einer alles verschluckenden Einheit.

Erhellende Blicke in die Geschichte der Spiritualität

Man steht hiermit vor Grundfragen aller meditativen Ansätze. Auch deren Nichtbeachtung trägt Schuld an der mangelnden Integration des Meditierens im christlichen und humanen Raum unserer Gesellschaft. Man muß sich fragen: Welche Ur-Erfahrung des Menschen soll den meditativen Weg (und damit auch das meditative Ziel) bestimmen? Skizzenhaft umschrieben: Die Erfahrung des Vertrauens, daß man sich loslassen darf in die Arme des anderen? Oder: Die Erfahrung des Verschmelzens mit diesem anderen? Im meditativen Ansatz kann beides wie identisch sein: Aufgehoben sein im Größeren, im Ganzen. Aber man muß die Erfahrungsansätze nur ausziehen in das konkrete Erleben, um die Unterschiede zu erspüren. Hier das Aufgehen der

Personalität in umfassende Allgemeinheit; dort, im offenen Vertrauen, das Wachsen der Personalität zur gegenseitigen Liebe.

Man darf zwar nicht vorschnell die eine gegen die andere Erfahrung ausspielen. Im konkreten Vollzug ist oft beides enthalten. Doch man wende sich auch dem eigenen Erleben zu: Liegt nicht in der Erfahrung von Liebe, Vertrauen, Hingabe an einen anderen die Verheißung einer Einheitserfahrung, die schlichthin vollkommen ist? Zugleich – der Gegensatz ist nur scheinbar – wachsen in dieser Einheitserfahrung beide Liebende in ihrer Eigenpersönlichkeit. Bei Mechthild von Magdeburg wie bei Ken Wilber kann man dieses Wachsen Seite für Seite mit-erfahren. Martin Buber, der mir hier Lehrmeister wurde, spricht daher von zwei grundverschiedenen Ansätzen in der scheinbar einen Einheitserfahrung: die des „Einswerdens der Seele" und „jene unausforschliche Art des Beziehungsaktes selbst, darin man Zwei zu Eins werden wähnt."

Diese Unterscheidung: Eins-werden und alles andere versinken lassen; oder: Im Vertrauen zum anderen sich vergessen und gerade dadurch selbst werden, mag satzhaft niedergeschrieben subtil erscheinen. Aber sie spiegelt eine Erfahrung des Lebens, die von der Geschichte der Meditation, der Spiritualität und der Mystik rundum bestätigt wird.

In der christlichen Geschichte gibt es deutlich erkennbar zwei Ströme der mystischen-meditativen Erfahrung; sie werden überdies mehr oder weniger deutlich von Frauen oder von Männern getragen. Bei den Frauen liegt der Akzent stärker auf Liebe und Begegnung: Mechthild von Magdeburg, Teresa von Avila, Johanna Franziska von Chantal. Bei den Männern stärker auf Einheit und Entwerden: Meister Eckharts „intellektuelle oder Wesens-Mystik", Johannes vom Kreuz mit langwierigen scholastischen Erörterungen, Franz von Sales, der die emotionale Bindung zu J. Franziska von Chantal löste.

Im Christentum ergänzen und befruchten sich beide Erfahrungen und Wege: Meister Eckharts Mystik des Einen ist bis ins letzte geprägt von der Liebes-Polarität, die das eine und einzige Sein durchzieht: Gott, das Göttliche ist der aus Liebe Schenkende, der Mensch und das Geschaffene hingegen sind nur

Empfangende und sich dankbar Zurückwendende. Eine Wahrheit der alt-christlichen Theologie wird darin zur Erfahrung: Der Mensch wird göttlich, eins mit Gott, aber nur aus Gnade, im steten Geschenk. Der schenkende Gott aber ist Gott von Natur aus, aus innerstem Wesen.

Umgekehrt findet man in der fraulich-warmen Erfahrung einer der größten Mystikerinnen, Hadewijch von Antwerpen, eine Einheitsmystik, die an die Höhepunkte bei Meister Eckhart gemahnt.

Aber auch vorsichtige Blicke in außerchristliche Traditionen bestätigen das Vorhandensein von zwei Meditationswegen, die diese verschiedenen Akzente tragen. Man kann die Bhakti-Liebes-Mystik des Hinduismus nicht einfach in Shankaras „advaita"-Interpretation der Vedanta, also in „Nicht-Zweiheit" auflösen. Und schon die Vedanta als Spätform hinduistischer Erfahrung hat die reiche Begegnungs- und personale Götter-Mystik der Veden zur Einheitserfahrung intellektualisiert. Shankara im 8. Jahrhundert n. Chr. hat diesen Prozeß vollendet und ist dann für die europäische Rezeption des Hinduismus lange Zeit maßgebend geworden. Aber war dies wirklich eine „Vollendung"? Auch im Buddhismus findet man die Amida-Tradition (in Japan weitaus stärker als die Zen-Tradition), in der Liebe, Vertrauen, sogar personales Beten bestimmend sind.

Noch stärker wird die Bestätigung des meditativen Liebes- und Begegnungswegs, wenn man sich anderen Traditionen zuwendet; z. B. den schwarz-afrikanischen, die von überheblichen Europäern und intellektuellen Indern wie dem großen Vivekananda oft „primitiv" genannt werden. Nur wer Meditation einseitig als „Weg nach Innen" definiert, kann übersehen, daß hier eine Meditations-Kultur lebt, die grundsätzlich auf die empathische Erfahrung des/der anderen ausgerichtet ist, der Ahnen, der Natur, der Clan-Gemeinschaft usw.

Meditation als Sensibilisierung des Herzens

Solche Überlegungen und Erfahrungen mit mir selbst und mit anderen haben mich dazu gebracht, grundsätzlich die Akzentuierung des „Meditierens" als „Weg nach Innen" zu erweitern zur „Sensibilisierung des Herzens“. Damit läßt sich auch der Ansatz der 70er Jahre mit der großen Mystiktradition des christlichen Glaubens verbinden.

Und wie von selbst ergibt sich eine vielfältige Übungspraxis: Meditation geschieht ja überall dort, wo etwas bloß Gewußtes, bloß Akzeptiertes, bloß äußerlich Geglaubtes zur Erfahrung wird, also von meinem Herzen, meinem Engagement Besitz ergreift. Die Ostkirche (Theophan der Rekluse) spricht einfach: „Vom Kopf ins Herz!“, von der Rationalität in die Erfahrung, von der Feststellung zur Empathie. Wo dieser Prozeß in die Erfahrung mündet, da beginnt der Mensch auszuruhen, hört auf mit dem diskursiven Nacheinander der Schritte und kann einfach da sein: schauend, hörend, tastend, verkostend, erspürend, liebend. Die klassische Lehre nennt dies Kontemplation; der etymologische und der geschichtlich gewordene Wortsinn meint aber ganz eindeutig nicht das Ruhen im eigenen Inneren, wie ein moderner Meditationslehrer behauptet und wie viele es ihm nachsprechen; Kontemplation heißt „Schauen“ (griechisch: Theoria), besagt Begegnung mit einem „Gegenüber“, die auf dem Höhepunkt Liebe wird. Erika Lorenz hat es vor kurzem noch herausgestrichen: Durch eigene Meditation erreicht, ist es die „*contemplatio acquisita* = erworben“; aber noch tiefer, als freies Geschenk, heißt sie „*contemplatio infusa* = eingegossen, geschenkt“.

Ich halte es für die Praxis erhellend, wenn man auch diesen Höhepunkt noch mit dem Wort „Meditation“ umfaßt. Damit wird einerseits gesagt, daß das Weitergehen, Neuansetzen, Üben und auch Versagen, also das schlichte Meditieren, niemals aufhören wird. Andererseits ist darin eingeschlossen, daß der Geschenkcharakter als Signum der Liebe von Anfang an das Meditieren durchzieht. Und zugleich wird der Mensch in der Ganzheit seines Weges umgriffen.

Übungswege der Liebe

Die Palette der Möglichkeiten, die zur Meditation aus Liebe, in Liebe und hin zur Liebe führen, ist nun überaus reich. Man möchte sagen: so vielfältig, wie es Menschen gibt, die da meditieren.

(1) Man kann mit der Basis anfangen (Basis im Wortsinn als „gründend“ und „tragend“): *Der eigene Leib* soll zur Erfahrung werden. Die Breite der Übungen reicht vom stillen Erfahren des eigenen Körpers bis zum ekstatischen Tanz. Es beruht wohl auf einer Intellektualisierung des Erfahrungsbereiches, wenn im westlichen Christentum wie im Zen der Tanz und die Ekstase beiseite geschoben wurden. Hier haben wir noch vieles vom afrikanischen Meditieren zu lernen. Sicherlich können gerade aus einer Leiberfahrung auch Untiefen aufbrechen, die verwirren und zerstören. Aber hier ist aus der afrikanischen und indianischen Tradition zu lernen, in der Tanz und Ekstase hineingebunden sind in feste Riten und in die Weisheit der Alten.

(2) In der christlichen Tradition sprach man nun weiter von „*Geistlichen Sinnen*“. Gemeint ist damit die Ganzheitserfahrung des Menschen, daß nämlich auch seine allertiefsten Erlebnisse mitgetragen sind von der Leib-Seele-(Körper-Geist)-Einheit. Sobald die Zeugnisse konkret werden, klingt durch, daß auch die allertiefste Erfahrung der Mystik noch eine Spur des „sinnenhaften“ Beginns an sich trägt: Gott berühren, vereinen, einswerden, schauen, usw. Auch das Ruhen-in-sich-selbst, das Ruhen-im-Selbst greift an den Ursprung zurück, zur leib-seelischen Wurzel, aus der heraus die Vielfalt der menschlichen Sinnes- und Erkenntnisfähigkeiten entspringt.

Dies alles zur Methode umgeformt heißt: Meditiere mit deinen Sinnen – auch aktiv durch Gestalten, Musik ausüben usw. Und führe diese Erfahrung gleichsam nach innen gemäß dem berühmten augustinischen Schema: Von außen (*extra*) nach innen (*intra*) und dies öffnend nach oben (*supra*) ins Religiöse. Und alle Sinne sind einbegriffen – auch der Geschlechtssinn. Mit ihm aber wird deutlich: Wer diese Weise grundsätzlich unter „gegenständlich“ subsumiert, hat den Liebespartner zum Gegenstand degradiert.

(3) Eingeschlossen und zugleich übersteigend ist hierbei die *Selbsterfahrung*: Dazu hat die fernöstliche Tradition uns einen großen Erfahrungs- und Übungsschatz anzubieten. Er ist innerhalb von drei gleichsam „geometrischen“ Orten gelagert: (a) die Leiblichkeit, die – wie zu Beginn gezeigt – nicht von außen be-

trachtet, sondern von innen her erlebt werden soll; (b) das geistige Bemühen, die Vielfalt der Außen-Einflüsse und der Bilder schwinden zu lassen; und, (c) gleichsam beides verbindend, das Atmen, das im religiösen Bereich nicht per Zufall oftmals mit dem gleichen Wort wie Geist, Gottes Geist, Heiliger Geist bezeichnet wird.

Gerade hier aber, so scheint mir, sollte man noch bewußter bei der empirischen, auch kognitiven Psychologie zu Rate gehen. Was geschieht eigentlich, wenn ein Meditierender plötzlich wie unter einem Blitz oder langsam wie ein See in der Windstille zu sich selbst kommt und in der Erfahrung der Wurzel des Selbst ruht, aus der erst die Vielzahl seiner Aktivitäten entspringt? Ist damit von selbst schon dasjenige erreicht, das der religiöse Mensch Gott oder das Sein oder das All oder die Unendlichkeit (weil kein Gegenüber bewußt ist) nennt?

Wer hier vorschnell von Seinserfahrung oder Mystik spricht, sollte einmal zu so behutsamen Autoren wie I. H. Schultz („Das autogene Training“) oder B. Stokvis/E. Wiesenhütter („Der Mensch in der Entspannung“) greifen, um auf der Basis empirischer Psychologie einer „Geistesunterscheidung“ zu begegnen. Nicht nur derjenigen, die transpersonale Psychologie mit Recht pflegt: Welche Erfahrungen sind krankhaft? Und welche sind humane Gipfelerfahrungen (peak-experiences)? Darauf ruhend, muß weitergefragt werden: Liegt in dieser Gipfelerfahrung das Zu-sich-selbst-Kommen des Menschen, das „Einswerden der Seele“ nach Martin Buber? Oder wird dort die von diesem beschriebene „unausforschliche Art des Beziehungsaktes selber“ gegenüber dem Göttlichen zur Erfahrung? Begegnet man Gott oder nur sich selbst?

Beides kann eng, vielleicht unauflösbar, verbunden sein. Doch die christliche Tradition der „Unterscheidung der Geister“ legt auf deren Unterscheidung viel Gewicht.

(4) Eine Meditation auf dem Weg der Liebe ist stets gezeichnet von dem, was mit *Begegnung* zu umschreiben ist. Das heißt: Der/die/das andere bringt, schenkt dem Meditierenden etwas Neues. Die Schönheit der Blume entzückt, als habe man nie dergleichen gesehen. Der Sternenhimmel versetzt in Begeisterung. Ein Bild,

ein Gedicht öffnet Tore zu neuen Erfahrungen. Höhepunkte dieser Erfahrung ist die Erfahrung eines „Du", das mir, dem Meditierenden, in seiner uneinholbaren Freiheit entgegentritt.

Auch hier kann und muß man Meditations-Methoden entwerfen, wobei das „Methodische" durch und durch durchzogen ist von den menschlichen Qualitäten des Verstehens, das auf Vertrauen und Liebe aufbaut. Der Weg geht von einer äußerlich zu fixierenden Gestalt, der man eventuell das Attribut „gegenständlich" zubilligen kann, zu deren inneren Qualität, die nicht anders als in Liebe und Vertrauen zu erfahren ist. Am Wort kann man es deutlich machen: Es ist der Weg vom Informationsgehalt eines Wortes zu dessen Wertigkeit, die der Dichter hinter Wörter und Syntax, hinter (in) dem poetischen Klang und der Bilderwelt zu vermitteln sucht; es ist eine Wertigkeit, die grundsätzlich den Informationsgehalt der Wörter und ihrer Syntax (das „Gegenständliche") übersteigt.

Es ist dies eine „Meditationsmethode", die instinktiv jeder menschliche Mensch kennt. Aber es tut not, sie auch vorsichtig als Methode der Meditation greifbar zu machen. Wort-, Bild-, Musik-Meditationen sind solche Methoden. Ihr Höhepunkt aber möchte dasjenige sein, was mit Liebe zwischen Ich-und-Du gemeint ist.

(5) Damit stehen wir vor einem, ich glaube vor *dem* Gipfel der Meditation überhaupt: vor der *Meditation der Liebe*. Es wurde schon darauf hingewiesen, daß in allen religiösen Traditionen entsprechendes zu entdecken ist. Gewiß, das buddhistische Maitri ist nicht identisch mit der von Jesus gelehrten Liebe. Es ist als Haupttugend „ein von Zuneigung freies Wohlwollen allen Wesen gegenüber", und im Theravada-Buddhismus entspricht ihm eine der wichtigsten Meditationsformen. Der heute von einigen – besonders tibetanischen – Gruppen erwartete Maitreya ist als letzter der fünf irdischen Buddhas „die Verkörperung" der allumfassenden Liebe. Die beiden Meditations-Wege – Aufgehen im ganzen und Hingabe an den anderen – scheinen hier zu verschmelzen.

An einem solchen Höhepunkt der Erfahrung kann man sein eigenes Herz nicht mehr verbergen. Und so ahnt man als Christ, daß auf einem nicht-christlichen Gipfel des Meditierens eine Hoffnung sichtbar wird, die im Glauben an den lebendigen Gott Jesu Christi erfüllt wird.

Doch bevor auch dies noch entfaltet wird, ist darauf hinzuweisen, daß all die vorangegangenen meditativen Wege zu Einübungen für diesen Gipfel der Liebe Meditation genannt werden dürfen – wenn sie sich nicht abgrenzen, wenn sie sich der eigenen Weghaftigkeit bewußt bleiben. Sonst wird aus der Körpermeditation eine Art Gymnastik, aus der Meditation der geistlichen Sinne Genußsucht, aus der Meditation des Selbst Egoismus. Auch die Meditation der Begegnung, des Wortes, des anderen kann sich abschließen zu rein ästhetischem und ähnlichem Genuß – es gibt große Beispiele dafür in der Geistesgeschichte.

Die ganzheitliche, religiöse Meditation der Liebe

Jan van Ruusbroec (1293–1381), den man den Weisen im Kreis der „Deutschen Mystik“ nennen kann und den P. Lassalle so hoch einschätzte, hat diesen Überstieg („Transzendenz“!) des wahren Meditierens in klassischer Klarheit beschrieben.

Vier Fehlformen der mystischen Erfahrung kennt er. Er schildert die eine bei-sich-bleibenden Ruhe in überraschender Nähe zur Zen-Meditation: „Es ist ein stilles Sitzen, ohne innere und äußere Ruhe, in Leerheit, auf daß die Ruhe gefunden werde und ungehindert bleibe … Diese Ruhe ist entgegengesetzt der übernatürlichen Ruhe, die man in Gott besitzt, denn das ist ein minneerfülltes Entströmtsein, begleitet von einfältiger Einschau in unbegreiflicher Klarheit. Diese Ruhe in Gott, die immerfort mit innigem Begehren tätig gesucht wird und in genußvoller Zuneigung gefunden wird und im Entströmtsein der Minne ewiglich besessen wird, und wenn sie besessen wird, dennoch gesucht wird, diese Ruhe ist so hoch erhaben über der Ruhe aus Natur, wie Gott erhaben ist über alle Kreaturen … In der natürlichen Ruhe vermag man Gott nicht zu finden. Aber sie bringt den Menschen wohl in eine Leerheit, die Heiden und Juden zu finden vermögen und alle Menschen, wie schlecht sie auch sind … In dieser Leerheit ist die Ruhe behaglich und groß. Diese Ruhe ist keine Sünde an sich, denn sie ist in allen Menschen von Natur aus, sofern sie sich entledigen können."

(1) Zwei Züge der „Geistesunterscheidung" stellt Ruusbroec heraus: Den Zug des ständigen Überschrittes in Minne, in Liebe: denn diese von ihm gemeinte Liebe ist grundsätzlich ein Überschritt: ein Überschritt vom Ich zum Du; ein Überschritt von allem Diesseits in ein Welten-Jenseits; ein Überschritt auch von einer noch so überquellenden kosmischen Erfahrung in ein „Mehr", als es der Kosmos ist, mehr als die Welt, mehr als alles Erkennbare und Erfahrbare; ein Überschritt, von dem man als Christ nur sagen kann: Er meint Gott.

Im Gespräch mit der östlichen meditativen Tradition haben Christen Schwierigkeiten, das „Personsein" Gottes verständlich zu machen. Vielleicht ist es möglich, dieses von dem grundsätzlichen und bleibenden Überschreiten über alles Faß-, Begreif-, Erfahrbare hinaus her erfahrungsgemäß zu verdeutlichen, – also mit etwas, was man in der klassischen Theologie „negative Spiritualität" nennen könnte. Etwas, worin auch z.B. Swami Abhishtikananda (Henri le Saux) den Angelpunkt für das Gespräch zwischen Christentum und indischer meditativer Religiosität sieht. Trifft nicht doch dieses, was grundsätzlich nicht in Begreifen und Erfahren aufzulösen ist, genau dasjenige, was in der Freiheit eines anderen Du mir entgegentritt? So aber steht Gott der Welt gegenüber.

Das andere Element, das in der Unterscheidungslehre des Ruusbroec wichtig ist, besteht im untrennbaren Bezug dieser meditativen Erfahrung zur Ethik. Nur hinweisen möchte ich darauf, daß auch der Zen-Philosoph Masao Abe genau in dieser unzerschneidbaren Bindung an das Ethische den Unterschied der christlichen zur zen-buddhistischen Seinserfahrung findet.

(2) Diese zwei Züge führen auch zum Verständnis der Qualitäten, an denen sichtbar wird, daß eine Erfahrung keine nur zum „Kosmischen" oder zu sonstigem Erleben ausgeweitete Erfahrung von Ich oder Selbst darstellt, sondern zum lebendigen Gott sich öffnet.

Dieses Nicht-Greifen-Können, Nicht-Darin-Ausruhen macht einen Zug aller echten Mystik aus, gleich, ob sie im Christentum, im Hinduismus, im Islam usw. erwachsen ist. Sie ist nur zu umschreiben durch das Paradox von einer „Erfahrung", die in ihrer Mitte mehr ist als Erfahrung, einer „Erfahrung", die Erfahrung übersteigt, einer „Erfahrung" mit gleichsam einem Loch im Wesenszentrum. Es ist das Paradox der Freiheit, die alle Erkenntnis- und andere Gesetze durchbricht und einfachhin frei ist. Absolut und ganz und gar frei aber ist nur Gott, der seiner Schöpfung frei gegenübersteht. Wo in einer meditativ-mystischen Erfahrung dieses wesensmäßige Überschreiten auftaucht, tritt personale Wirklichkeit ins Gesichtsfeld. Und wo es bei diesem wesenmäßigen Überschreiten um existentielle Fragen und Seinsgewißheiten geht, da steht der personale Gott am Horizont der Erfahrung.

Auch der Zug des Ethischen, das nicht beiseite zu schieben ist, verweist auf das Personale und, wo es um die letzten Fragen geht, auf das Personal-Letzte, auf Gott. Ethik im voll-humanen Sinn wird nur im Bereich des Personalen verständlich.

Daß aber beide Züge mit Liebe zu tun haben, oder besser noch: auf ihrem Gipfel mit Liebe zusammenfallen, muß nicht nochmals aufgezeigt werden.

(3) Man kann nun wiederum im Paradox sagen: Zum vollen Verständnis dieser Meditation der Liebe und ihres Erfahrungsweges gehört es, daß man sie nicht voll verstehen kann. Es ist nicht die Schwierigkeit der Sprache oder die der Sache, die einen hier stutzen macht; es gehört zur Immanenz dieses Meditationsweges, daß man irgendwann einmal erfährt: Nur wenn ich mit „Begreifen" usw. aufhöre und mich hineinwerfe in die Liebe, werde ich „begreifen", was Liebe ist. Sich verlieben (natürlich im tiefen Ursinn des Wortes), ist die beste Methode für den Meditationsweg der Liebe.

Dann aber kann einem aufgehen, wie erfahrungsnah die großen Wahrheiten gerade des Christentums sind. Jörg Wichmann hat das in seiner „Rückkehr von den fremden Göttern", von Esoterik und ähnlichem, und in „Wiederbegegnung mit meinen ungeliebten christlichen Wurzeln" für den Glauben an die Dreieinigkeit Gottes anhand der Symbole gezeigt: „In der neureligiösen Szene ist das Yin-Yang-Symbol des Taoismus sehr beliebt. Es stellt die Polarität des Seins dar. Gegenüber dieser eher statischen Polarität bildet die Dreiheit in einem Kreis von selbst eine Dynamik – eine Gottheit, die mit sich selber tanzt … Vor allem spricht (dieses Symbol) eine ganz andere Dimension an als die leidige, allen lebendigen Geist austreibende moderne Deutung der ‚Selbstorganisationsdynamik des Universums', die sich in manchen New-Age-Kreisen als Begriff für den Geist durchsetzt: der größte Sieg des mechanistischen Weltbildes, das nun Gott nicht mehr leugnet, sondern okkupiert."

(4) Ein Rückblick auf die fünf vorgestellten Übungen auf dem Weg der Liebe soll dies zum Schluß nochmals unterstreichen.
– Sie ruhen auf der Vernetzung des Menschen mit seiner Welt, durch seinen Körper und durch die Verinnerlichungswege der „geistlichen Sinne".
– Sie finden eine Innerlichkeit, eine Selbsterfahrung, von der Apostel Paulus weiß: „Der Geist selbst ruft in mir Abba-Vater!" Meister Eckhart hat diese Erfahrung vielleicht zu sehr intellektualisiert (aus dem betenden Vollzug herausgenommen), als er predigte: „Es gibt Ungeschaffenes im Seelengrund!" Nach Paulus ist es Gottes Geist als innere Kraft des Betens.
– Daß dieser Geist nur dann Gottes Geist ist, wenn er sich auf Jesus Christus bezieht, weiß Paulus ebenso wie der Erste Johannesbrief: „Jeder Geist, der bekennt, Jesus Christus sei im Fleisch gekommen, ist aus Gott. Und jeder Geist, der Jesus nicht bekennt, ist nicht aus Gott." Die Begegnungs-Mystik und Begegnungs-Meditation hat in Jesus Christus ihre endgültige Bestätigung gefunden: In ihm ist uns nach dem Titusbrief „die Güte und Menschenliebe Gottes" von Angesicht zu Angesicht „erschienen". Das Ja zur Geschichte und zur geschichtlichen Einmaligkeit eines jeden Menschen ist mit diesem Bezug endgültig besiegelt.
– Mit den beiden Zügen – Gott in der Innerlichkeit des Geistes, Gott in der Begegnung mit Jesus – ist nicht zweimal Gott gemeint, sondern der eine und ewige Gott. Dafür steht in der Dreieinigkeit der Vater der Liebe, auf den Jesus bis in den Tod hin-

ein vertraute, und zu dem der Geist unsere Innerlichkeit aufbricht.

Gewiß, damit ist etwas gesagt, das alle Logik durchbricht, alle Sprachmöglichkeiten übersteigt und auch jede Erfahrung hinter sich läßt. Aber dieser „Überstieg" ist Wesenszug der Meditation der Liebe. Dies gilt für jede Begegnung von Mensch zu Mensch, erreicht aber den Gipfel in der meditativen Erfahrung von Gott.

Der Autor
Josef Sudbrack, geboren 1925 in Trier, Jesuit; als Soldat schwer verwundet; Ordensstudium; Doktorat in Bonn, Habilitation in Innsbruck; dort Dozent für Geistliche Theologie. Visiting Professor an der Harvard-University, Boston. Redaktion „Geist und Leben". Meditations- und Exerzitien-Kurse in vielen Häusern, meist mit geschlossenen Gruppen. – Sein Beitrag „Der Erfahrungsweg der Liebe…" entstand im Jahre 1992.

„Das Geheimnis der Goldenen Blüte" - Frühe Christen begegnen dem Zen

Detlef Witt

Das Buch „Die Erfahrung der Goldenen Blüte" (China, 8. Jh.), welches die Goldelixierlehre zum Inhalt hat, kann als eine echte Synthese zwischen buddhistisch-taoistischer und christlicher Spiritualität bezeichnet werden. Es ist ein Schlüssel, aus christlicher Sicht fernöstliche Meditationspraktiken, speziell das Zen, zu verstehen und zu üben. Denn es ist die Frucht eines seit der Zeitenwende über die Jahrhunderte hin sich erstreckenden Austausches der Religionen auf den Seidenstraßen. Dieses wollen wir hier durch den Vergleich von Zitaten aus der Bibel und der „Goldenen Blüte" einschließlich verwandter Texte aufzeigen. Daß die fernöstlichen Anweisungen zur Meditationspraxis einer anderen literarischen Gattung angehören als die biblischen Texte hat bei unserem Vergleich nur eine untergeordnete Bedeutung.

Innere Einheit der Religionen

Schon der Titel „Das Geheimnis ..." bzw. „Die Erfahrung der Goldenen Blüte" weist uns darauf hin, daß es hier um eine Anleitung geht, wie man durch Meditation ein ‚Geheimnis erfahren' kann, welches „jenseits aller Worte ist"[1] (VIII,35): nämlich, daß ursprünglich alle Dinge LICHT sind und der Mensch, so er zu seinem ursprünglichen Antlitz, d.h. seinem ursprünglichen Wesen, zurückfindet, von Natur aus erleuchtet ist (vgl. III 7,10). Gerade dies ist auch die Grunderfahrung des Zen, von dem es sich nach eigenen Worten nur durch die Allmählichkeit des Erleuchtungsweges unterscheidet (vgl. V, 2). Es ist also das Zen der nördlichen Schule, denn die südliche Schule betont die Plötzlichkeit der Erleuchtung.

Unser Buch betont ausdrücklich die wesenhaft innere Einheit von Taoismus, Konfuzianismus und Buddhismus. Die christliche Offenbarung wird nicht ausdrücklich erwähnt. Aber keiner, der sich gründlich mit ihm befaßt, kann die Fülle biblischer Inhalte übersehen. P. Y. Saeki geht sogar so weit, den Stifter der Goldelixierlehre, Lü Yen, mit dem christlichen Verfasser der Nestorianergedenktafel, Lü Siu Yen (Adam), zu identifizieren (Wilhelm[2], 69). Beweisbar ist hier nichts; aber es ist ganz von einem christlichen Geist durchdrungen.

Die „Goldene Blüte" ist ein Buch, welches das allen echten Religionen Gemeinsame – eben den Geist des präexistenten oder kosmischen Christus des Johannesprologs (siehe weiter unten) – unter Fortlassen der Unterschiede darstellt. Es sieht die vorchristlichen Religionen (Taoismus, Konfuzianismus und Buddhismus) im Geiste der christlichen Offenbarung unter Ausklammern des spezifisch Christlichen (z. B. der Kreuzestheologie mit der Vergebung der Sünden).

Die programmatischen Kernsätze unseres Vergleichs

„Das Geheimnis des Elixiers, d. h. wie es zu erlangen ist, besteht darin, durch das Tun (yu-wei) zum Nicht-tun (wu-wei) zu gelangen. Man darf nicht alles überspringen und direkt eindringen wollen" (I,3). „Wenn man zu üben beginnt, muß man wissen, daß man zur Tiefe nur aus dem Seichten her Zugang gewinnt und zum Feinen vom Groben her" (III,9).

Cheng-kuan (837) erklärt uns die chinesischen Begriffe yu-wei und wu-wei: „Was erschaffen <also vom Schöpfer getan> ist, heißt ‚Schöpfung' (yu-wei). Das Erschaffene ist vergänglich. – Was nicht erschaffen ist, heißt ‚unerschaffen' (wu-wei). Das Unerschaffene ist ewig" (Mokusen Miyuki, 184).

„Der wahre reine Geist ursprünglicher Erleuchtung"
Die Meditierenden bemühen sich also, durch das Tun des Erschaffenen (yu-wei) zum Mittun (Kontemplation!) mit dem Unerschaffenen (wu-wei), dem Schöpfergeist, zu kommen, der das ursprüngliche LICHT eines jeden Menschen ist. Denn so sagt der in seiner Zeit führende buddhistische Zenmeister Tsung-mi (780–841): „Die wahre Lehre und *Offenbarung der Natur* <!>

beweist, daß allen lebendigen Wesen seit Urbeginn der wahre reine Geist ursprünglicher Erleuchtung innewohnt und in seinem hellen, ungetrübten Schein alles klar erkennen läßt. Dies ist die ‚Buddha'- <d. h. ‚Erleuchtungs-'>Natur" (Mokusen Miyuki, 203).

Meditieren im Sinne der „Goldenen Blüte" ist also ein freiwilliges Sich-Einfügen in die Seins- oder Schöpfungsordnung, um so die verlorene, ursprüngliche, wesenhafte Erleuchtung zu erfahren.

In der christlichen Offenbarung wird diese Form der Re-ligio, der Rück-bindung an den Ur-sprung durch Einordnen in die Schöpfungsordnung, um so zur wesenhaften Erleuchtung zu kommen, – also dasselbe! – ausdrücklich vorausgesetzt:

„Im Ur-sprung (*en archä*) war immer schon der LOGOS … Alles wird durch ihn, und ohne ihn wird nicht eines. Was geworden, ist Leben in ihm. Und das Leben war das Licht der Menschen … Er war das wahre LICHT, *das erleuchtet jeden Menschen* – kommend in die Welt. In der Welt war er, und die Welt wird durch ihn. Und die Welt erkennt ihn nicht. In sein Eigentum kommt er, und die Eigenen nehmen ihn nicht auf. *Doch die ihn annehmen, gibt er wesenhaft Kinder Gottes zu werden*" (Joh 1; vgl. auch Kol 1,15 ff).

Der Johannes-‚pro-log', d. h. das ‚Vor-Wort' zum Johannesevangelium, verkündet uns den ‚prae-existenten' (also den ‚vor' seiner Menschwerdung ‚existierenden') Logos als das *jeden Menschen erleuchtende LICHT*, der in der Gestalt Jesu Mensch wurde. Durch dieses LICHT sich erleuchtet zu erfahren sei die Aufgabe eines jeden Menschen, ob Christ oder Nichtchrist (vgl. Apg 17,27). Wir sehen also, daß es in beiden Religionsformen ausdrücklich um die Erleuchtung als wesenhafte Voraussetzung der Selbst-, Welt- und Gotteserkenntnis geht.

Die Goldelixierlehre zeigt uns dann eine von jedem Menschen zu verwirklichende Möglichkeit, durch bildlose Meditation (vgl. III,10) das ursprüngliche LICHT, die „Goldene Blüte", den kosmischen oder präexistenten (den vor seiner Menschwerdung in der Schöpfung immer schon gegenwärtig seienden) Christus als gegenwärtigen Ur-Sprung von allem zu erfahren.

Der WEG zur Erleuchtung
Wie schaut nun der WEG eines jeden Menschen zu seiner ursprünglichen Erleuchtung aus, den uns die „Goldene Blüte“ weisen will? Wir wollen unter Zuhilfenahme des zur Goldelixierlehre gehörigen, zentralasiatischen Meditationsbildes die wichtigsten Schritte skizzieren. (Ausführlicher dargestellt in: D. Witt, Erneuerung durch Meditation. Kösel 1990; vergriffen, nur noch beim Autor erhältlich.)

Als „Geheimnis“ ist – wie eingangs erwähnt – das Darzustellende besonders für im Zen und in Kontemplation Unerfahrene eine schwer zu verstehende Kost.

DAS PFLÜGEN DES ACKERS
Der erste Schritt ist das Pflügen des Ackers mit dem eisernen Rind. Im Gleichnis vom Sämann (Mk 4) bezeichnet Jesus die Bereitung des Ackers (Hebräisch: *Adama*, von der der Adam genommen ist; Gen 2,7. Lateinisch: *Homo* vom humus, humilitas) als die Voraussetzung dafür, Augen, die sehen, und Ohren, die verstehen, zu bekommen, um so seine Gleichnisreden überhaupt verstehen zu können.

Was mit dem Pflügen des Ackers gemeint ist, sagen uns am besten die syrisch-persischen Christen, die neben den Manichäern die eigentlichen Botschafter des Christentums auf den Seidenstraßen waren: „Das erste Stadium, das der nach Vollkommenheit strebende Mönch oder eigentlich jeder Christ zu erreichen hat, ist das des Ganz-leiblich-Werdens; er muß die Schwere und die Dumpfheit seines Körpers durch die die Gelassenheit erstrebende Übung beseitigen, so daß die Einsicht allmählich verfeinert und erleuchtet wird und sich dem ursprünglichen Zustand nähern kann … Etwas anderes ist dann die Reinigung der Seele von den Regungen, die sie, die rein aus der Hand des Schöpfers hervorging, geschwächt und verunstaltet haben;

„Tafel der Inneren Gewebe“ (Ne Ging Tu), altchinesische Grafik. – Das Bild ist ein Längsschnitt durch Rumpf und Kopf des Menschen. Oben ist im Profil der Kopf, rechts das Rückenmark, welches in die männlichen Geschlechtsteile einmündet; unter dem Kopf läßt sich noch das Herz erkennen.

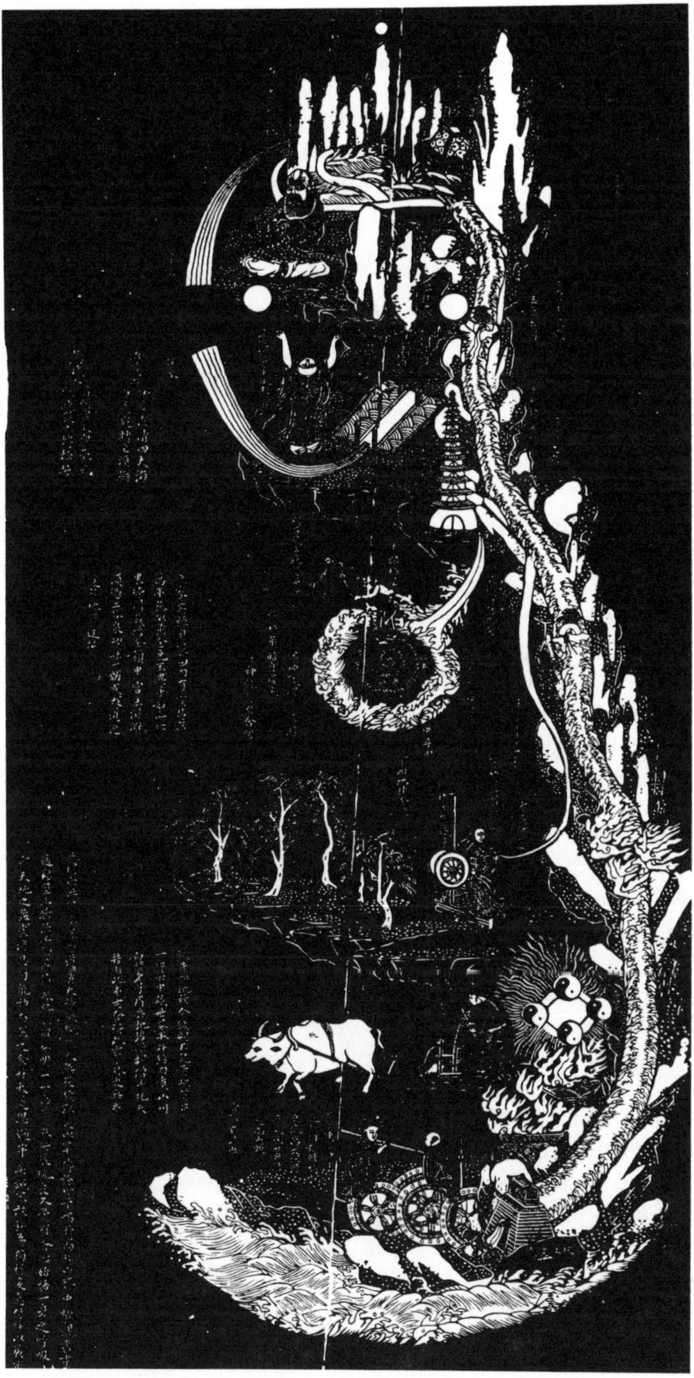

durch Ruhe, Einsamkeit, Meditation und Lesung der heiligen Bücher kann der natürliche Urzustand wieder hergestellt werden; dann vermag die Einsicht alles, was auf Erden, im Himmel und in den Tiefen ist, zu erfassen“ (Behisho, 8. Jh.).

Ganz-leiblich-Werden heißt also INKARNATION: So wie der präexistente Logos, das unerschaffene LICHT, Fleisch wurde (Joh 1,14), so müssen wir von den Himmeln unserer selbstgemachten Weltanschauungen heruntersteigen und uns mit unserem Selbstbewußtsein ganz in unseren Leib einlassen, bis wir nicht mehr nur einen Leib *haben*, sondern uns von innen, aus unserem Ur-Sprung(!), selbst ganz leiblich darzuleben lernen.

Das ist die Durchführung unseres programmatischen Kernsatzes: „Durch Tun des Erschaffenen (des Leibes und der vegetativen und animalischen Funktionen) zum Mittun (Kontemplation) mit dem Unerschaffenen zu kommen“. Und selbst Ganz-leiblich-Werden ist zugleich Voraussetzung und Wirkung, im eucharistischen Mahl den Leib Christi sich *ein*zuverleiben (Joh 6,48–56).

Die Humilitas (*Humus, Homo* = Adama, Adam) wird von den Kirchenvätern bis Thomas von Aquin die erste Tugend genannt. Der heilige Benedikt versteht darunter direkt das Ganz-leiblich-Werden des Menschen. Die Materie ist für Teilhard de Chardin der Schlüssel zur Gotteserkenntnis („Das Herz der Materie“, „Die geistige Potenz der Materie“ u. a. m.). Karlfried Graf Dürckheim redet davon, daß der Mensch sich ‚erden‘ müsse.

Auf dem zentralasiatischen Bild sehen wir oberhalb des Pflügers noch den Schatz im Acker (vgl. Mt 13,47) und das Gleichnis vom winzigen Senfkorn (hier: Hirsekorn), aus dem die größten Bäume werden (vgl. Mk 4,30). Wieder zwei Bilder, die aus den Gleichnisreden Jesu entlehnt sind, um die uralten Meditationsformen (vgl. Yoga) zu symbolisieren.

Dieses Pflügen des Ackers, das Erden des Menschen, das Reinigen des Leibes von Eigengesetzlichkeiten, muß man bis zur letzten Konsequenz unermüdlich wie das eiserne Rind bis an sein Lebensende üben, weil es die Voraussetzung aller folgenden Stufen ist, die zur Kontemplation führen.

DAS REINIGEN DER SEELE

Der nächste Schritt auf dem Wege ist das Reinigen der Seele, wie oben schon von Behisho beschrieben. Der Adept muß sich nicht nur in seiner Leiblichkeit, sondern auch in all seinen vegetativen und animalischen Funktionen, die er mit den Pflanzen und Tieren gemeinsam hat, annehmen. Diese sind auf dem Bilde dargestellt in der Gestalt der Spinnerin (Chin.: *P'o*). Sie sind durch die Selbstentfremdung des Menschen mehr oder minder eigengesetzlich geworden (vgl. II,7) und melden sich beim Ganz-leiblich-Werden des Menschen von selbst. Man sollte dabei nichts künstlich tun (vgl. II,10).

Wenn man nämlich lange genug mit seinem Selbstbewußtsein das Leiblich-Werden übt, sinkt der Bewußtseinsspiegel des Menschen vom Kopf über das Herz (die animalische Mitte) bis in den Unterleib (die vegetative Mitte) und schließlich bis in die Fußsohlen. Nun ist der Mensch in seiner Erdmitte („Hara") angelangt, die neben allem anderen Kopf und Füße umfaßt. Damit wird zugleich das abgesonderte, standpunkthafte, individualistische ‚Ich' im Unterleib, der vegetativen Wasserschicht, aus der alles Leben kommt, aufgelöst, und durch einen sich von selbst auslösenden, tiefen Atemzug wird der Neue Mensch geboren. – Dem entspricht die „erneute Geburt aus dem Wasser und dem Geisthauch, ohne die kein Mensch das Wirken Gottes schauen und in es eintreten kann" (vgl. Joh 3,1–21).

Dieser ganze Prozeß, dem unser Buch viel Aufmerksamkeit widmet, ist erheblich vielschichtiger, als ich hier darstellen kann. In ihm treffen sich wieder Ursprungs- und Offenbarungsreligion. Es ist der Vollzug der Wassertaufe, durch welche ausnahmslos alles Sinnen und Denken infolge der Bewußtseinsverlagerung verwandelt wird. Darin besteht die von Johannes dem Täufer und von Jesus wiederholt geforderte Metanoia, die Umkehr. Sie wird nicht bewirkt durch von außen herangetragene, einengende Moralvorschriften, sondern durch das Sich-Einlassen in seine eigene Ursprungsmitte, um so, durch das Zu-sich-selbst-Kommen, zum Mittun mit dem allgegenwärtigen Schöpfer zu gelangen.

DAS ENTZÜNDEN DES GEISTFEUERS

Es geht in der „Goldenen Blüte“ nicht nur um die Wassertaufe. „Wird dies (das Erden) getreu geübt, so wird das Samenwasser steigen, das Geistfeuer wird sich entzünden, die Gedankenerde wird sich festigen und kristallisieren, und der Heilige Embryo wird geboren“ (II,10).

In diesem Satz ist eine komplette Tauftheologie enthalten, bedeutend konkreter und weitreichender als die im Westen Übliche: Das Samenwasser meint die Schlangenkraft, die wir als Pharmakon (Gift) in der Paradiesesgeschichte finden. Sie begegnet uns wieder beim Wüstenzug der Israeliten, als Mose die eherne Schlange am Stab erhöhen soll; die aufsteigenden (= erhöhten) Wasser sind das Pharmakon (Medizin), welches die von den Schlangen Gebissenen heilt.

Die am Äskulapstab (Wirbelsäule) aufsteigenden Schlangen sind geflügelt: Symbol für das vom Geist entfachte Feuer, welches sich am Samenstrang entzündet (vgl. VIII,43,d). Die Goldelixierlehre (und ebenso die syrisch-persischen Christen) versteht also die von Johannes vorausgesagte Taufe mit Geist und Feuer wieder einmal viel konkreter als der verkopfte Westen.

Die „Gedankenerde“ bedeutet: der Logos, der in uns Fleisch wird. Das heißt, wir erlangen wieder das volle Leibbewußtsein, wodurch wir zum Baum der Erkenntnis inmitten des Paradieses werden. Indem wir den Logos so leibhaft in uns aufnehmen, werden wir neugeborene Kinder Gottes (Joh 1,12; d.h. hier: „der Heilige Embryo“).

Das „Kristallisieren“ der Gedankenerde deutet hin auf das Himmlische Jerusalem, welches aus Kristall gebaut ist (vgl. Offb 21,11). Denn wenn wir uns selbst mit unserem ursprünglichen Bewußtseinslicht restlos durchdringen, schauen wir uns und alles transparent als *ein* Leib und *ein* Geist im mystischen Leib Christi.

Denn, Taufe so real vollzogen, ist *Photismos*, Erleuchtung: „Die Leuchte des Leibes ist dein Auge. Solange dein Auge einfach ist, hell-licht ist auch dein ganzer Leib. Wenn es aber bös ist, finster ist auch dein Leib. Achte also darauf, ob das LICHT in dir nicht Finsternis ist. Wenn nun dein Leib ganz hell-licht ist – kein finster Teil an ihm – dann wird er ganz hell-licht sein, wie wenn die Leuchte mit dem Strahl dich erhellt" (Lk 11,34–36).

Der entsprechende Text unseres Buches lautet: „Mitten in der Stille flammt das Licht der Augen zur Stirn empor, so daß alles hell wird, als wäre man in einer durchleuchteten Wolke. Öffnet man die Augen, um sich seines Körpers zu vergewissern, findet man ihn nicht. Alles, sowohl innen wie außen, wird durchscheinend hell, und darin wohnt die Seligkeit" (VI,8).

Auf die Wichtigkeit, die Augen während der Meditation schräg nach unten, leicht geöffnet zu halten, wie es typisch für Zen ist, weist uns auch die „Goldene Blüte" hin (III,11–13), denn „in den Augen sind Schlüssel und Riegel seines Leibes geborgen" (III,7).

Zusammenschau der Hochreligionen

Der WEG, den uns die „Goldene Blüte" weist, ist das Durchschauen der ursprünglichen, erleuchteten Wesensnatur (vgl. Joh 1) der Menschen, in welcher sie bewußt – ein Leib und ein Geist – mit allen Geschöpfen im LICHT sind (der mystische Leib Christi). Und nichts anderes will Zen sein (hier: Buddhanatur).

Bezeichnend für die Goldelixierlehre bzw. für Zen ist, auf diesen WEG durch eigenes Bemühen zu kommen. Das ist aber, wie oft fälschlich vermutet, keine Selbsterlösung. Denn der Übende versucht mit allen Kräften, wie von Christus gefordert (Lk 13,23), „leer von sich selbst" (vgl. Phil 2,7) zu werden, um so offen zu sein für das überindividuelle LICHT, welches jeden Menschen immer schon erleuchtet: „Ich lebe, aber nicht mehr ich, sondern Christus in mir" (Gal 2,20).

Die „Goldene Blüte" bringt sowohl durch ihre Thematik als auch durch ihre fernöstliche Mentalität für den gewöhnlichen Abendländer eine Fülle erklärungsbedürftiger Formulierungen und Bilder. Wer aber mit Leib und Seele im Taoismus, Buddhismus oder Christentum zu Hause ist, ist beglückt über die großartige Zusammenschau dieser Hochreligionen – und ist betrübt darüber, wie weit wir heute aufgrund unserer typisch westlichen Leib- und Selbstentfremdung von dieser Einheit im LICHT entfernt sind.

Textausgaben

[1] Mokusen Miyuki, „Das Kreisen des Lichtes", Weilheim 1972 (nach dieser Ausgabe zitiert).
Wie diese ist auch eine revidierte Neuausgabe, „Die Erfahrung der Goldenen Blüte", Weilheim 1984, ebenfalls vergriffen. – Die Ausgabe von Miyuki ist sehr viel leichter zu verstehen als die von Wilhelm (s. u.), weil sie vollständiger und mit zahlreichen, ausgezeichneten Anmerkungen versehen ist.

[2] Richard Wilhelm, „Das Geheimnis der Goldenen Blüte", Olten 1981.

Der Autor

Detlef Witt, geboren 1920, geprägt durch Krieg und Kriegsgefangenschaft, hat nach dem Studium der Mathematik, Biologie, Indologie, Philosophie und Theologie das erste Zen-Zentrum in Beuron gegründet. Leitet seit 1980 als Zen-Lehrer das christliche Zen-Zentrum in Eintürnen (D-88410 Bad Wurzach).

Meditieren für den Frieden - Die integrierende Vereinigung als Weg zu Versöhnung und Frieden

Pia Gyger

Erinnerungen

Es war zu Beginn der 60er Jahre. Zusammen mit einer Gruppe von Schülerinnen, die sich zu Sozialarbeiterinnen ausbilden ließen, besuchte ich an der Universität Basel ein Wochenendseminar über Leben und Werk von Teilhard de Chardin. Professor Adolf Haas S. J., damals Professor für Biologie und Naturphilosophie in München, führte mit jener Begeisterung in Leben und Weltsicht von Teilhard de Chardin und in die damit zusammenhängenden Grenzfragen von Naturwissenschaft und Theologie ein, welche die eigene Affinität zum Thema mit jedem Wort bezeugte. An diesem Wochenende begegnete ich zum ersten Mal dem evolutiven Gesetz der *integrierenden Vereinigung*. In Teilhard de Chardins Sprache ausgedrückt: Vereinigung differenziert! Für mich bedeutete jenes Wochenende mehr als die Begegnung mit einer faszinierenden Gedankenwelt. Ich erfuhr eine Erschütterung, die noch heute in mir nachwirkt und mein Leben, Handeln und Suchen prägt.

Adolf Haas zeigte auf, wie das Leben sich auf der Erde über je neue Vereinigungen entwickelte. Jede neue Vereinigung bedeutet eine komplexere Anordnung der Materie, eine *neue Gestalt* und ein *Mehr an Verinnerlichung*, d.h. ein *Mehr an Bewußtsein*: Elementarteilchen ziehen sich an, Atome verbinden sich, Zellen werden zum Zellverband, Menschen werden zur Menschheit.

Das tiefe Aha-Erlebnis, das ich eben andeutete, war die Einsicht, daß die Bereitschaft zu Synthese und Integration die treibende Kraft jeder Evolution ist, und daß die Evolution im Menschen und in der gesamten Menschheit nach eben diesem Prinzip weitergeht. Ich bin ein praktisch veranlagter Mensch, und Einsichten bleiben für mich nur so lange attraktiv, als sie in meinem Leben wirksam werden, d. h. mein Leben konkret befruchten und auch je neu wandeln. So erging es mir auch mit der Einsicht, daß die Evolution im Menschen weitergeht in Richtung größerer Personalisation und Sozialisation, in dem Maße, wie der Mensch und die Menschheit fähig werden zur Vereinigung, d. h. zu mehr *Nähe* und *Miteinander*. Wenn ich jetzt auf die letzten 30 Jahre meines Lebens zurückschaue, so sehe ich, daß sozusagen alle meine Aktivitäten ein Erproben und Experimentieren der Teilhardschen Behauptung, daß die Entwicklung vor allem über Vereinigung weitergehe, beinhaltete.

Mit 27 Jahren bin ich in ein katholisches Säkularinstitut eingetreten. Dort arbeitete ich von 1965 bis 1982 als Pädagogin, Psychologin und Psychotherapeutin im Bereich der Resozialisierung von Jugendlichen mit gravierenden Persönlichkeitsstörungen (Drogen, Kriminalität, Prostitution, Persönlichkeitsstörungen, die in den Bereich der Psychiatrie gehören). In dieser Zeit machte ich täglich die Erfahrung, daß kriminelle Jugendliche vorwiegend Symptomträger für ungelöste Gesellschaftsprobleme sind, und daß an ihren Symptomen verstanden werden kann, was in der sie umgebenden Gesellschaft schiefläuft. In diesem Bereich fing ich also mit dem Erproben der „Integrierenden Vereinigung" an. Die Fragestellung, die mich dabei leitete, lautete:

– Stimmt es wirklich, daß über Vereinigungen, sprich tiefere Begegnungen unter den verschiedensten Menschen, noch brachliegende Personalisationsreserven, d. h. brachliegende Kräfte und Begabungen geweckt werden?
– Stimmt es wirklich, daß echte Vereinigung, d. h. tiefere psychische Nähe, nicht zur Auflösung des Personseins, sondern zu größerem *Bei-sich-sein* führt, wie Teilhard behauptet? Übertragen in psychologische Sprache: Stimmt es wirklich, daß es darum geht, durch symbiotische Verschmelzungsängste hindurchzugehen? Kann dann erfahren werden, daß dadurch tieferes Bei-sich-sein, d. h. klarere Identität entsteht?

Neuer Wein in neuen Schläuchen

Mit diesen Fragen im Hintergrund erarbeitete ich ein pädagogisch-therapeutisches Konzept für schwersterziehbare Jugendliche, in dem die dort arbeitenden und lebenden Erwachsenen (ErzieherInnen, LehrerInnen, TherapeutInnen, ÄrztInnen) bereit sein würden, selber neue Kommunikationsformen zu lernen. Kommunikationsformen, die mehr an Nähe und Begegnung zulassen, als dies üblicherweise in pädagogisch-therapeutischen Institutionen der Fall ist. Mir war klar, daß die „integrierende Vereinigung", die ein Hauptelement des Konzeptes darstellte, eingeübt werden mußte und daß daher ein Rahmen bereitgestellt werden sollte, der dieses gemeinsame und kontinuierliche Einüben gewährleistete. Neuer Wein kann nicht in alte Schläuche gegossen werden.

Aus diesen Überlegungen heraus entstanden folgende strukturelle und pädagogische Elemente:

– Strukturelle Elemente
Pluralistisches Arbeitsteam, d. h. die Zusammenarbeit von Menschen verschiedenster weltanschaulicher Provenienz.

Auflösung der hierarchischen Leitung zugunsten einer kollegialen Leitung.

– Elemente zum Einüben neuer Kommunikationsformen
Dazu heißt es im Konzept: Die kollegiale Leitung ist das Instrumentarium, das ermöglicht, eine Gemeinschaft zu bilden, in der die in der Institution tätigen Erwachsenen jene Grundhaltungen fördern und entwickeln werden, die für den pädagogisch-therapeutischen Prozeß der Jugendlichen, die sie betreuen, ausschlaggebend sind:

(1) *Erlernen von Transparenz*, d. h. Erlernen eines Kommunikationsstiles, in dem die persönlichen Einstellungen zu Werten und Normen (Menschenbild, Weltanschauung, etc.) transparent werden.

(2) *Erlernen von Toleranz*, d. h. Erlernen der Zusammenarbeit im pluralistischen Arbeitsteam, mit der dazu erforderlichen Bereitschaft, trotz Verschiedenheit um eines gemeinsamen Zieles willen echte Kompromisse zu schließen.

(3) *Erlernen von konstruktiver Konfliktlösung*, d. h. Erlernen der Fähigkeit, Spannungen und Konflikte auf konstruktive Weise auszutragen.

(4) *Erlernen von gemeinsam geteilter Verantwortung*, d. h. Erlernen jener vertieften Weise von Engagiertsein, welche die Rechte und Pflichten einer Leitung ausmachen.

Im Tages-, Wochen- und Jahresablauf waren Zeiten eingeplant, in welchen das ganze Mitarbeiterteam anhand der vier Lernschritte die neuen Kommunikationsformen einübte und zugleich die gemachten Erfahrungen reflektierte.

Erfahrungen mit mehr Nähe und Miteinander

Schon nach zwei Jahren gemeinsamen Weges, gemeinsamer Einübung und gemeinsamer Reflexion waren sich die MitarbeiterInnen des Therapieheimes einig, daß das Erlernen neuer Kommunikationsformen, d. h. das Einüben von mehr psychischer Nähe und mehr Miteinander am Arbeitsplatz eine große Chance ist. Die Möglichkeit, während der täglichen Arbeit Neues zu lernen, lockte denn auch seit der Entstehung der Institution viele MitarbeiterInnen an; dies trotz der Erfahrung, daß das Leitungsmodell, in dem die „integrierende Vereinigung" erprobt wurde, in jedem Beteiligten eine psychische Umstrukturierung auslöste, die im Übergang Gleichgewichtsstörungen und Schmerzen mit sich brachte.

Die alten Prägungen gegenüber Autoritäten wurden „aufgeweicht" und verlangten nach Neustrukturierung. Die größere Nähe löste sowohl symbiotische wie auch erotische Bedürfnisse aus, die ebenfalls der neuen Integration bedurften, um nur zwei Beispiele zu nennen. Die gemeinsame Reflexion des Erlebten stärkte im Team aber je neu die Überzeugung, daß es keine größere Ganzheitlichkeit und keine neue Synthese ohne die dazugehörenden psychischen Umstrukturierungsprozesse gibt. Die Behauptung, daß über die *integrierende Vereinigung* brachliegende Personalisationsreserven in uns geweckt werden, wurde für viele zur Erfahrung!

Diese *Personalisationsreserven* zeigten sich als größere Selbstkompetenz, die sich in größerer Lebendigkeit, größerer Kreativität, größerer Tragfähigkeit, größerer Sinnfindung auch in schwierigen Situationen und in größerer Freude am Leben allgemein äußerten. Die Mitglieder der Organisation, in der die „integrierende Vereinigung" geübt wurde, beurteilten sich nach einigen Jahren durchweg als selbstbewußter, selbständiger, tragfähiger und kreativer als vorher.

In dieser Lernerfahrung stand ich persönlich, als ich 1982 zur Leiterin des St. Katharina-Werkes gewählt wurde, und dies in einer Zeit, in welcher in der Gemeinschaft, entsprechend dem II. Vatikanischen Konzil, die Impulse der Gründergeneration in einer dem heutigen Bewußtsein angemessenen Sprache ausgedrückt werden sollten. Im Zuge dieses Auftrages wurde der spirituelle Schwerpunkt der Gemeinschaft, die Herz-Jesu-Verehrung, neu formuliert in die *Verehrung des Universalen Christus* und das ehemalige Sühneverständnis gewandelt in den *Dienst an der Versöhnung, für das Wachstum von Einheit und Liebe in der Welt*.

Entsprechend dem evolutiven Grundsatz der „integrierenden Vereinigung" öffnete sich die ehemalige Frauengemeinschaft für Männer und Ehepaare. Darüber hinaus wechselten im Laufe der kommenden Jahre alle Institutionen des Werkes von der hierarchischen zur kollegialen Leitungsform, die Gesamtleitung der Gemeinschaft inbegriffen.

Der Weg, auf dem wir als ganze Gemeinschaft die „integrierende Vereinigung" miteinander einübten und reflektierten, geschah also nach den gleichen pädagogischen und strukturellen Elementen, wie in der beschriebenen therapeutischen Institution: Dem Einüben von *Transparenz, Toleranz, konstruktiver Konfliktlösung und gemeinsam geteilter Leitung*.

Obwohl all diese Elemente die gleichen waren, entstanden ganz andere Prozesse als in der therapeutischen Institution. Geschah dort das Einüben vorwiegend in psychologisch-humanistischer Sprache, so wurden die Lernfelder und die Dimensionen, in die wir uns einließen (unter Beibehaltung aller psychologischen Elemente), nun ausgeweitet, entsprechend dem spirituellen Schwerpunkt der Gemeinschaft. Die Austauschrunden zum Erlernen von Transparenz, Toleranz, konstruktiver Konfliktlösung und gemeinsam geteilter Verantwortung wurden (und werden noch) z. B. eingeleitet mit Gebeten oder meditativen Übungen zu „Christus in seiner universalen Dimension“, der treibenden Kraft jeder echten Vereinigung und aller Evolution.

So konnte eine Teamsitzung, an der wir jeweils die Konflikte der vergangenen Woche miteinander zu lösen versuchten, mit folgender Einstimmung beginnen.

Übung

– Laß Dich berühren vom gigantischen Wachstums- und Entwicklungsprozeß, der sich auf unserem Planeten während Jahrmillionen vollzogen hat. Stell Dir das Wachsen der Welt von der Entstehung der Elementarteilchen bis zu Dir hin über je neue Vereinigungen vor …

– Werde Dir bewußt, daß Zeit und Hingabe, die wir nun gemeinsam zur Konfliktlösung einsetzen, wichtig sind für die Evolution, für das Wachstum von Einheit und Liebe in der Welt …

– Laß den Beginn des Kolosserhymnus' auf Dich wirken: „Er (Christus) ist das Ebenbild des unsichtbaren Gottes, der Erstgeborene der ganzen Schöpfung. Denn in IHM wurde alles erschaffen, in Himmel und auf Erden, das Sichtbare und das Unsichtbare. … alles ist auf IHN hin geschaffen. Er ist vor aller Schöpfung, in IHM hat alles Bestand“ (Kol 1,15–17).

Verstehen lernen, was in und mit uns passiert

Der Versuch, als ganze Gemeinschaft (zölibatär lebende Männer und Frauen sowie Ehepaare) die *„integrierende Vereinigung“* in, aus und durch den *Universalen Christus* zu leben, löste zu Beginn Prozesse aus, die uns verwirrten und mit Schrekken erfüllten.

Die schon angedeuteten Gleichgewichtsstörungen blühten in einer Art und Weise, daß wir während Monaten alle uns zur Verfügung stehende Bereitschaft zu je neuer Versöhnung und allen uns zur Verfügung stehenden guten Willen mobilisieren mußten, um das Experiment nicht abzubrechen. Verschiedene Male stellten wir uns die Frage, ob wir wieder in die alten Kommunikationsformen und Leitungsstrukturen zurückkehren sollten. Aber, so schwierig diese Zeit auch war, niemand wollte oder konnte zurück. So zeigte sich nur ein Ausweg: verstehen lernen, was in und mit uns passiert, und versuchen, damit umzugehen. Die folgenden Interpretationen sind eine Frucht dieses Geschehens.

Das erste Aha-Erlebnis, das uns half, den Prozeß zu deuten, in dem wir uns befanden, war die Einsicht, daß eine *religiöse Lebensgemeinschaft*, die sich auf die *integrierende Vereinigung* im Alltag einläßt, in eine viel *persönlichere Nähe* kommt, als eine therapeutische Gemeinschaft, die zwar durch ein gemeinsames Ziel verbunden ist, aber keine eigentliche Familie darstellt. Als wir dies zu verstehen begannen, wurde uns klar, daß die *größere psychische Nähe* in der *„neuen Familie"* in allen von uns die *alten Familienmuster* aktivierte und wir diese zu Beginn unseres Prozesses ausagierten, d.h. auf unsere neue Familie übertrugen.

Nachdem wir dies durchschaut hatten, wuchs unsere Motivation, die integrierende Vereinigung miteinander zu lernen, erneut. Könnte die neue Familie nicht der Ort sein, wo alte Verletzungen Heilung finden? Könnte die neue Familie zum Ort werden, wo Versöhnung mit der eigenen Geschichte möglich wird? Mit diesen Fragen und Hoffnungen im Herzen, entdeckten wir im Laufe der Zeit folgendes:

– Wo Menschen sich bewußt auf die integrierende Vereinigung einlassen, werden ab einem bestimmten Nähegrad die *Kernverletzung* und der *Kernschatten* aktiviert. Was ist damit gemeint?
– Die *Kernverletzung* ist die größte Verletzung unserer Kindheit, der „Sprung in unserer Platte."
– Der *Kernschatten* ist die Überlebensstrategie, die wir als Kinder zu unserem Schutz aufbauten. Der Kernschatten (der uns

nicht bewußt ist) kann etwa in folgender Haltung zum Ausdruck kommen: „Ich brauche niemanden; ich kann alles allein; ich werde dies der ganzen Welt beweisen." Oder: „Ich bin immer zu kurz gekommen, nun behandelt mich bitte dementsprechend und hätschelt mich, d.h. gebt mir nun, was ich an Zuneigung von meinen Eltern vermißte", etc. Im unerlösten Kernschatten, der Überlebensstrategie des Kindes, sind beim Erwachsenen implizit oder explizit immer aggressive Forderungen an die Umwelt enthalten, nun das gut zu machen, was die Ursprungsfamilie nicht geben konnte: „Die Welt, die Menschen sind mir noch etwas schuldig." Damit wird zwangsläufig jede persönliche Beziehung und jede Gruppe überfordert. Da diese Prozesse *unbewußt* ablaufen, konstellieren wir die gleiche Situation, die wir als Kinder erlebt haben. Wir machen unsere Umgebung unbewußt verantwortlich für die Schmerzen, die uns zugefügt wurden, d.h. wir werden nun, als Erwachsene, vom Opfer zum Täter!

Neue Möglichkeiten

Diese Dynamik war für uns nicht voraussehbar, als wir uns gemeinsam auf neue Kommunikationsformen und Leitungsstrukturen einließen. Als wir sahen, daß die neue Nähe die alte, noch nicht erlöste Familienkonstellation aktiviert, verstanden wir auch, daß damit nicht nur mühsame Krisen und Übertragungen ausgelöst wurden, sondern daß die Aktivierung des alten Musters auch die *Möglichkeit einer neuen Prägung* beinhaltete.

Wir entschieden uns daher, uns gegenseitig zu helfen bei der Bewußtwerdung und Erlösung aus unserem je individuellen Kernschatten. Dabei entdeckten wir folgendes:

(1) In unserem *Kernschatten*, der die *Schutzmauer* um unsere größte Verletzung ist, ist am meisten von unserer *schöpferischen Energie* gebunden. Diese schöpferische Energie liegt nicht nur brach, sondern sie manifestiert sich, wird sie nicht bewußt und transformiert, in ständigen Wiederholungen dessen, woran wir gelitten haben. Was uns angetan wurde, tun wir nun anderen an.

(2) Um den *Kernschatten* zu heilen und die darin festgehaltene, schöpferische Energie zu befreien, müssen wir unsere *Kernverletzung* kennenlernen. Es ist wichtig, daß wir möglichst genau um den „Sprung in unserer Platte" wissen.

(3) Zum Kennenlernen der *Kernverletzung* gehört immer das nochmalige Zulassen der Schmerzen und Aggressionen, die die Kernverletzung ausmachen.

(4) Die *Heilung* und *Transformation* geschieht aber nur, wenn wir nicht beim Kennenlernen der Kernverletzung, d.h. in der *Opferhaltung* stehenbleiben. Es geht nun darum, uns bewußt zu werden, daß wir unbewußt unsere Umgebung für die Verletzungen unserer Kindheit verantwortlich machen und daher nicht nur in unzumutbarer Weise überfordern und belasten, sondern daß wir nur allzuoft unsere Umgebung bestrafen mit genau den gleichen Reaktionen, an denen wir selber gelitten haben. Die wirkliche *Heilung und Transformation des Kernschattens* ist nur möglich, wenn wir annehmen, daß wir im unbewußten Ausleben unserer Kernverletzung selber zum Täter und zur Täterin, d.h. selber schuldig werden.

(5) Das *Annehmen unseres Täterseins*, die Bereitschaft, unsere Mitmenschen und Gott für unsere Verweigerungen oder Projektionen um Verzeihung zu bitten, ist ein erster Weg zur eigentlichen *Transformation*. Die Heilung beginnt zwar schon beim Erspüren der Kernverletzung! Die *Transformation* in etwas *Neues* beginnt aber erst mit der *bewußten Bejahung*, daß wir nicht nur Opfer, sondern auch Täter sind, und daß es zum Erwachsenwerden gehört, auch für unbewußt gelebte destruktive Akte die Verantwortung zu übernehmen.

(6) *Der transformierte Kernschatten ist der Ort, wo unser Charisma geboren wird.* Als wir dies entdeckten, war Jubel ins uns! *Unsere größte Verletzung und Schwäche ist das größte Einbruchstor Gottes.* Wo immer ein Mensch seine Grundverletzung kennengelernt und es nicht mehr nötig hat, über seine unbewußten Schutzmauern nun andere ebenfalls zu verletzen, wächst in ihm eine Liebe zum verletzten Kind in jedem Menschen. Wo immer jemand bewußt darauf verzichtet, seine Um-

gebung für seine unbefriedigten Bedürfnisse verantwortlich zu machen und sie zu bestrafen, wenn diese Bedürfnisse nicht erfüllt werden, wird er oder sie SpezialistIn im Suchen und Finden von neuen, konstruktiven Wegen des Miteinanders. Er/sie kann dann diese Weise des Suchens und Findens auch anderen Menschen zeigen. Damit wird die Kernverletzung zum Segen und der geheilte Kernschatten wird zum Charisma.

So verschieden die Prozesse der Einzelnen waren, der Weg von der Bewußtwerdung des Kernschattens über das Durchleben der Kernverletzung, das Loslassen der Opferhaltung und das Akzeptieren des eigenen Täterseins erwies sich als Grundmuster, dem niemand ausweichen konnte. Je neu waren wir daher in unserer tiefsten Freiheit eingefordert, die *Mühsal der Transformation* auf uns zu nehmen, um neues Leben entstehen zu lassen. Wir machten die Erfahrung, daß dies nur aus der spirituellen Mitte heraus möglich ist. So wichtig alle psychologischen Hilfen sind, die Bereitschaft und Kraft, die Opferhaltung loszulassen, die Emanzipation zum Tätersein zu vollziehen, und die Bereitschaft, NEUES im Umgang mit uns selber und den Mitmenschen einzuüben, das den Zyklus vom Bösen, das Böses gebiert, aufhebt, ist nur in der Kraft Christi möglich.

Das folgende Konfliktlösungsmodell hat uns geholfen und hilft uns noch immer, mit den Krisen, die zur integrierenden Vereinigung gehören, umzugehen.

Konfliklösungsmodell

Ich werde mir bewußt, daß Gewaltlosigkeit und Feindesliebe die Zielgestalt christlicher Versöhnung ist. Daher bin ich bereit, je neu die Worte Jesu „Liebet eure Feinde, tut denen Gutes, die euch hassen, segnet die, die euch verfluchen, betet für die, die euch mißhandeln“ (Luk 6,27–28) in meinem Leben wirksam werden zu lassen.

Übung

– Ich bin eins mit dem Universum und mit jedem Menschen! Aus dieser Haltung heraus verbiete ich mir, jemals einen Menschen in der Tiefe meines Herzens zu verurteilen oder „abzuschneiden".

– Ich lasse Gefühle der Frustration (Trauer, Schmerz, Enttäuschung, Zorn, Ärger) in mir zu.

Ich verdränge meine negativen Affekte nicht, sondern lasse sie zu und nehme sie wahr.

Ich lerne, daß ich mehr bin als meine Gefühle. Ich *habe* Angst, Zorn, Aggression, aber ich *bin* nicht meine Angst, mein Zorn, meine Aggression.

Ich lerne, mich von meinen sozial destruktiven Gefühlen zu disidentifizieren.

– Ich lerne, Gefühlen der Frustration in sozial-konstruktiver Form Ausdruck zu geben, in all meinen Beziehungen (Familie, Bekannten- und Freundeskreis, Arbeitsplatz etc.).

Ich übe mich in der positiven Gedankenkontrolle. Das Hängenbleiben in Gefühlen der Frustration verbiete ich mir, indem ich den jeweiligen, positiven Gegenpol in mir aktiviere, z. B.: Licht, Liebe, Heil und Frieden in Christus, mit mir und mit N. N.

Ich erbitte Segen und Frieden für mich und meine KonfliktpartnerInnen.

– Ich verpflichte mich, Konflikte nicht einfach stehenzulassen. Ich spreche schwierige Situationen an, decke negative Spannungen auf.

Ich vermeide falsche Harmonisierungen.

Ich suche die stimmige Nähe und Distanz in Beziehungen zu finden.

Ich bin bereit, nicht nur die barmherzige, sondern auch die „fordernde Liebe" und den „lebensspendenden Druck" zu leben, wenn dies nötig ist.

Ich lerne, mein eigenes, sozial-negatives Verhalten zu bewerten, und bitte um Verzeihung, wenn ich gegen die Liebe gefehlt habe.

Die Frage, die mich vor fast 30 Jahren so bewegte, daß sie mein ganzes Leben zu beeinflussen begann, ob es wirklich stimmt, daß echte Vereinigung, d.h. tiefere psychische Nähe, nicht zur *Auflösung des Personseins*, sondern zu größerem *Bei-sich-sein* führt, ist für mich heute keine Frage mehr. Wer die Mühsal der Vereinigung auf sich nimmt, wird tief beschenkt. Nicht nur werden unsere brachliegenden Personalisationsreserven geweckt. In der Vereinigung, die in der Kraft Christi geschieht, ist es möglich, unsere tiefsten Verletzungen zu heilen. Wir sind nicht dazu verdammt, die alten Verletzungen von Generation zu Generation weiterzugeben. Der Zyklus des Bösen kann durchbrochen werden. Wo dies geschieht, wird der „Sprung in unserer Platte" zu einem einmalig schönen Ton im Universum. Jeder Mensch ist ein einmaliger Ausdruck des Universums. Jeder und jede von uns bringt mit seinem „Sprung in der Platte" einen Mißton in die Symphonie des Kosmos, was für niemanden ohne schmerzliche Folgen bleibt, oder aber: Der transformierte „Sprung" wird zu einem besonderen Ton im Universum, der zu klingen beginnt, wo immer ein Mensch sich versöhnt hat und bereit ist, auf die Fortpflanzung von Gewalt zu verzichten.

Kurse zum Umgang mit Kernverletzung und Kernschatten
Bildungshaus FERNBLICK
Haus der Begegnung
Bündtstraße/Fadenrain
CH–9053 Teufen
Telefon: CH – 071–33 11 48

Die Autorin
Pia Gyger, Jahrgang 1940, diplomierte Heilpädagogin, Psychotherapeutin. Ausbildung in Japan und Hawai zur Zen-Lehrerin. Zentralleiterin des St. Katharina-Werks in Basel/CH. Gründerin eines Zentrums zur Begegnung der Weltreligionen und eines Projektes zur spirituell-politischen Bewußtseins-Entwicklung.

Bibliodrama – Weg in die Stille

Klaus-Werner Stangier

„Gott lassen um Gottes willen."
Meister Eckhart[1]

Skizze einer Spielform

Menschen haben sich versammelt, sind zu sich gekommen und bereit zu hören. Ein Gruppenmitglied liest den biblischen Text. Begegnung ereignet sich:

- Eine Menschheitsgeschichte trifft auf viele persönliche Lebensgeschichten,
- das Gewebe eines Textes dringt in das Zellgewebe von Menschen,
- Vergangenheit und Zukunft zielen in die Gegenwart,
- göttliches Leben, eingeschmolzen in den Text, sucht göttliche Antwort im Menschen.

Als Beispiel wähle ich die Verkündigung des Engels Gabriel an Maria, Lk 1,26–38:

> *Im sechsten Monat wurde der Engel Gabriel von Gott in eine Stadt in Galiläa namens Nazaret zu einer Jungfrau gesandt. Sie war mit einem Mann namens Josef verlobt, der aus dem Hause Davids stammte. Der Name der Jungfrau war Maria. Der Engel trat bei ihr ein und sagte: Sei gegrüßt du Begnadete, der Herr ist mit dir.*
>
> *Sie erschrak über die Anrede und überlegte, was dieser Gruß zu bedeuten habe. Da sagte der Engel zu ihr: Fürchte dich nicht, Maria, denn du hast bei Gott Gnade gefunden. Du wirst ein Kind empfangen, einen Sohn wirst du gebären, dem sollst du den Namen Jesus geben. Er wird groß sein und Sohn des Höchsten genannt werden. Gott, der Herr, wird ihm den Thron seines Vaters David geben. Er wird über das Haus Jakob in Ewigkeit herrschen, und seine Herrschaft wird kein Ende haben.*

Maria sagte zu dem Engel: Wie soll das geschehen, da ich keinen Mann erkenne? Der Engel antwortete ihr: Der Heilige Geist wird über dich kommen, und die Kraft des Höchsten wird dich überschatten. Deshalb wird auch das Kind heilig und Sohn Gottes genannt werden. Auch Elisabeth, deine Verwandte, hat noch in ihrem Alter einen Sohn empfangen, obwohl sie als unfruchtbar galt, ist sie schon im sechsten Monat. Denn für Gott ist nichts unmöglich.
Da sagte Maria: Ich bin die Magd des Herrn, mir geschehe, wie du gesagt hast. Danach verließ sie der Engel.

„Was hat der Text in dir ausgelöst, wo berührt er dich?“ Von dieser Frage gehen die Bibliodrama-Gruppenmitglieder aus. Gefragt ist die persönliche Tür zum Text und damit zu dem Leben, das er gleichermaßen offenbart wie auch verhüllt.

„Ich ärgere mich…“ – „mich interessiert…“ – „mir fiel dazu ein…“ – „ich habe gar nicht zugehört…“. Wie auch immer die Wahrnehmung lautet: Sie ist kostbar, ist sie doch die persönliche Antwort auf den Text, wahrhaftig.

Die Gruppenmitglieder tauschen ihre Erfahrungen aus, die persönliche Beziehung zum Text wird ein Gruppenbezug, Beziehung zum Text hin und zueinander.

Aus der Frage „Wo ist *mein* Platz im Geschehen?“ wächst die Wahl der Rollen für das nachfolgende Rollenspiel.

Ich skizziere jetzt *eine* Spielform, das Gruppenspiel, neben dem es noch andere gibt, die ich hier nur erwähne. Sie sind verwandt mit den Spielformen des Psychodramas. Sie orientieren sich auch am Gebärdenspiel der Liturgie und an der Theaterarbeit: So beginnt das Spiel schon auf der inneren Bühne im Moment der Rollenwahl. Die differenzierte Ausarbeitung der Rolle ist ebenfalls eine eigene Spielform. Wichtig ist für uns weiterhin die Arbeit mit dem Standbild oder der Vignette, die die Aufmerksamkeit auf die Feinheit der Haltung von Körper und Stimme richtet, auf die Personen im Bezug zueinander. Oder: Bibliodrama kann aus dem Stegreif gespielt werden und schließlich auch protagonistenzentriert, wobei ein Gruppenmitglied den Verlauf der Handlung bestimmt.

Konkrete Vorbereitung und Durchführung

(1) Für alle ist Platz im Text und Platz auf der Bühne: als Gabriel, als Maria, als Josef, als Haus, in dem Maria sich aufhält, als Tür, durch die der Engel tritt; jemand kann auch das Geheimnis Gottes verkörpern, von dem der Engel ausgeht. Vielleicht möchte jemand als Pflanze im Raum dabeisein, wenn der Engel eintritt, oder als Feuerstelle: Jeder findet einen Platz, selbst als Zuschauer; auch das ist eine für die eine oder den anderen im Moment stimmige Weise dabeizusein.

Haben alle eine Rolle gewählt und sich in die Rolle eingelebt, vielleicht mit Hilfe von Stoffen und anderen Requisiten, dann richten die Akteure die Bühne ein, sammeln sich nochmals, stellen sich vor, wer sie sind und wie es ihnen geht – und das Spiel kann beginnen.

Richtungweisend für den Handlungsverlauf ist die Geschichte. Sie ist der rote Faden der Handlung, die sich im übrigen auch frei entfalten und vom Text lösen kann.

(2) Möglicherweise gelingt es z.B. der Teilnehmerin, die die Rolle Marias gewählt hat, nicht, zur Botschaft des Engels Ja zu sagen. Sie war mit der Bereitschaft ins Spiel gegangen, Ja zu sagen. Aber die Bereitschaft vor dem Spiel und die Erfahrung im Spiel sind zweierlei. Sie mußte sich entscheiden: Folge ich dem Text und lerne ich daraus, was geschieht, wenn ich der Vorgabe folge, oder sage ich Ja zu mir und lerne daraus, was geschieht, wenn ich „Ich" und damit im Augenblick des Spiels „Nein" zum Text und zur Gruppe sage?

In der Regel also folgt die Spielhandlung dem roten Faden der Geschichte, der aber verwoben wird mit dem blauen Faden der persönlichen Geschichte.

(3) Ist das Spiel beendet, dann legen die Akteure ihre Rollen ab, leibhaftig. Sie legen die Requisiten ab, ebenso Haltung und Stimmfall, sie verlassen die Bühne und kehren zurück in die Gesprächsrunde. Hier teilen sie nach einer Zeit der Stille mit, was sie erlebt haben. Was sie erlebt haben, ohne Wertung und Deutung – zunächst.

Zunächst also – vor der Mitteilung – geht es darum, nochmals nachklingen zu lassen, was sich ereignete. Die Bilder und Bewegungen des Spiels können so in die Tiefenschicht der Seele einsickern. Die TeilnehmerInnen horchen in den Seelengrund hinein und brauchen nicht sogleich die Erlebnisse durch das Nadelöhr des Begriffs zu fädeln. Aber auch die Phase des Begreifens wird anschließend wichtig, geht es doch darum, sich nicht nur anschauen zu lassen, sondern auch aktiv zu begreifen, was sich ereignet hat. Dann kann eine andere Sicht eingenommen und eine andere Denk- und Handlunsgweise zugelassen werden.

Soweit die Skizze des Spielverlaufs, die konkreten Schritte und Phasen: Der Einstimmung folgt die Begegnung mit dem Text, die Rollenwahl, das Spiel samt seinem inneren Nachspiel und schließlich die Phase der Reflexion, in der auch ein Vergleich der exegetischen Einsichten mit den Einsichten, die das Spiel vermittelte, Platz hat. Ein Schritt fehlt noch: die Anbetung. Davon später.

Gott prozessiert – Bibliodrama als Prozeß

Der Gang des Spiels orientiert sich an der Verkündigungsszene. Gottes Wort ist schöpferisches Wort, Hefe, die den Teig durchdringt, Leben weckt und fördert. Beide verwandeln sich dabei, Wort und Mensch, und beide schaffen ein drittes, bislang nicht Gekanntes: das „Kind".

Der Engel Gabriel tritt auf Maria zu, sie erschrickt und sinnt nach, was die Worte des Engels bedeuten, sie stellt Fragen, setzt sich auseinander, begegnet dem Engel, wird Gegenüber. Maria läßt die Worte ankommen, sie können sich einnisten und wirken. Maria sagt Ja, sie handelt und wird fruchtbar, sie gebiert das Christuskind.

Wenn wir vom Prozeß sprechen, dann meinen wir diesen Weg: Ein Mensch begegnet dem Fremden, ganz Anderen, ringt mit ihm, sagt dann zu dem Unannehmbaren Ja. Er geht durch die enge Pforte dieser Zumutung und erfährt, wie sich ihm dadurch Neuland öffnet, d.h. er tritt, wenn auch nur für eine kurze

Zeit, ein in die Leere des Augenblicks. Er nimmt wahr, daß er *ist*, und begegnet so dem, der sich Mose zu erkennen gab als der „Ich bin da".

Im bibliodramatischen Spiel ereignen sich diese Prozesse bei der Übernahme einer Rolle, wenn das Ich die Geborgenheit des vertrauten Bewußtseins eintauscht gegen eine offene, unbekannte Bewußtseinsform, – noch deutlicher: wenn eine Rolle, die man sich selbst nie gewählt hätte, von den Gruppenmitgliedern zugewiesen wird. Schritte ins Ungewisse sind dann auch das Verlassen der sicheren Runde und der Schritt auf die Bühne sowie schließlich die Begegnungen des Spiels. Alle diese Phasen sind Formen dieses Prozesses, des einen grundlegenden Lebensprozesses, den die Bibel nicht müde wird, in unzähligen Varianten zu spiegeln: beginnend z. B. mit dem Schritt hinaus aus dem Paradies, im Exodus Israels aus Ägypten, in der Menschwerdung Gottes in Jesus und schließlich in der Heimholung des Menschen in das himmlische Jerusalem.

Meister Eckhart vertieft im Rahmen der Trinitätstheologie die Rede vom Prozeß: „Als der Vater alle Kreaturen gebar, da gebar er auch mich, und ich floß aus mit allen Kreaturen und blieb doch drinnen in dem Vater. In derselben Weise, wie das Wort, das ich jetzt spreche: es entspringt in mir; zum anderen verweile ich bei der Vergegenwärtigung <des Wortes>; zum dritten spreche ich es aus, und ihr alle nehmt es auf: dennoch bleibt es als Eigentum bei mir."[2]

Eckhart spricht in diesem Beispiel die Lebensbewegung des trinitarischen „Hervorgangs" an, die *processio amoris*[3]. Für den Menschen heißt der Mitvollzug dieses Vorgangs: Wenn ich mich äußere, setze ich mich von innen nach außen, bringe ich mich in Szene, erschaffe ich eine Wirklichkeit draußen. Andere können in diese Wirklichkeit eintreten, mitspielen, mitschaffen und gestalten.

Die Bewegung hat ihren Ursprung im Grund der Seele, da, wo das biblische Wort sein Echo fand beim Zuhören, in dem selben Grund der Seele, aus dem das Wort aufstieg, als die biblischen Verfasser es aufschrieben.

Lasse ich mich darauf ein zuzuhören, lasse ich mich vom Wort treffen, dann begegne ich dem von außen kommenden Wort zunächst wie einem Fremden, der mir jedoch im Innersten zutiefst vertraut ist. Kann ich diese Nähe zulassen, dann kann ich auf die Bühne gehen und in Erscheinung treten, in die Begegnung mit anderen Erscheinungen, die sich dann sogleich wieder verwandeln und eine neue Gestalt formen – im Sinne der *processio*, der ständigen Verwandlung.

Der Gang nach außen ist gleichzeitig ein Schritt nach innen. Was ich nach außen setze, bilde ich gleichzeitig innen. Der Schritt auf die äußere Bühne, heraus aus der vertrauten Geborgenheit des Kreises, ist gleichzeitig ein Schritt ins unbekannte Innenland. Was ich außen gestalte, präge ich innen.

Diese gleichzeitig sich vollziehende Bewegungen zu unterscheiden ist für das Verständnis des Prozesses hilfreich, sie dient auch dem bewußteren Vollzug. Rauch und Schall bleiben die Unterscheidungen jedoch, wenn nicht der Atem der Liebe, der diese Lebensbewegungen durchweht, wahrgenommen werden kann. Eckhart spricht von der *processio amoris*, dem Prozeß der Liebe.

Im Blick auf die Verkündigungsszene, auf die Herausforderung Marias durch den Engel, heißt das: langsam und mit Mühe und durch kräftigen Widerstand hindurch zu einem Ja zu finden, es sagen, leben, auf der Bühne spielen zu können: „Die Lebensbewegungen und Beziehungen, so wie ich sie im Spiel und auch in meinem Leben erleide und genieße, nehme ich an. Ich sage Ja zu den Rollen, die ich übernehme oder die mir gegeben werden, ich sage Ja zum Gang auf die Bühne, zu den Störungen oder Stärkungen meiner Erscheinung dort, Ja zu dem Leben, das ich rückwirkend in mir gestalte.“

Gott lassen um Gottes willen –
Bibliodrama, Form christlicher Meditation

Meditation läßt zunächst denken an Schritte in die Einsamkeit und Stille. Menschen ziehen sich aus dem alltäglichen Beziehungsfeld heraus, verlassen den Lärm der Städte und suchen die Abgeschiedenheit der Natur oder eines Übungsortes. Bibliodrama führt auf die Bühne, in die Verstrickung der Begegnungen und Handlungen des Spiels, hinein in sinnenhafte Erlebnisse und Bilder.

Anders formuliert Meister Eckhart, wenn er sagt: „Kein Bild erschließt uns die Gottheit oder Gottes Wesen. Denn bliebe irgendein Bild in dir oder ein Gleichnis, du würdest niemals eins mit Gott. Darum, daß du mit Gott eins seist, so darf nichts in dir sein, weder Eingebildetes noch Ausgebildetes, das heißt, daß nichts in dir versteckt sei, das nicht aufgedeckt und hinausgeworfen werde."[4]

„Loslassen!" heißt die Zumutung jeder Meditationsform, und wir haben in der Entwicklung des bisherigen Textes gesehen, wie sich das Loslassen im Bibliodrama gestaltet: auf paradoxe Weise. Wir lassen los, indem wir festhalten, indem wir Eingebildetes ausbilden, Ausgebildetes anschauen, erleben und besprechen, indem wir aus der Passivität in die Aktivität gehen.

Mit Eckharts Worten: „… das heißt, daß nichts in dir versteckt sei, das nicht aufgedeckt … werde."

(1) Der erste Schritt ist also das Aufdecken dessen, was in der Seele ist. Wir können auch sagen: Selbsterfahrung, Erfahrung all dessen, was der biblische Text, was die Gruppe und das Spiel in Bewegung bringen. Jedes Gruppenmitglied tut dies nach eigenem Maß und Vermögen, möglichst über einen langen Zeitraum hinweg, damit sichtbar, damit offenbar werde, „was in dir versteckt sei".

(2) In einem zweiten Schritt geht es um das „Hinauswerfen", wie Eckhart es formuliert, um das Loslassen: „Daß nichts in dir versteckt sei, daß nicht aufgedeckt und hinausgeworfen werde."

Diese Aufreihung der Schritte verdeckt die Tatsache, daß eingebunden in den ersten Schritt der zweite immer schon mitvollzogen wird. Erinnern wir uns: Wenn jemand eine Rolle übernimmt, dann verläßt er die innere Welt der Eindrücke und gibt sich Kontur; wenn jemand auf die Bühne tritt, verläßt er den sicheren Kreis der Gruppe und tritt in die Vereinzelung; wenn jemand ins Spiel, in die Handlung und Begegnung geht, dann gibt er seine Vorstellungen in die Verwandlung; und wenn jemand sich nach dem Spiel in die Stille setzt, dann öffnet er seine

Wahrnehmung für das Unerwartete, das sich aus der Tiefe offenbart: ein ständiger Prozeß von Greifen und Loslassen. Und: Auch das Geschenk, das in diesem Spiel gefaßt werden durfte, wird im nächsten Spiel losgelassen. Ich trete in eine Form ein, fülle sie aus und trete hinaus, lasse die alte Form und nehme die neue an und, und, und …

Leer werden, mich neu und Neues entdecken, Vereinigung mit Gott – dies können wir jetzt umschreiben als das Gewahrwerden einer Urform des Lebensvollzugs, eines sich fort und fort bewegenden Wandlungsprozesses, eines Prozesses, der sich in jedem Augenblick ereignet: Eins werden mit dem Leben, das ich bin!

(3) Lernt der Mensch im Lauf seines Lebens, zu dieser Lebensbewegung Ja zu sagen – „Siehe, ich *bin* die Magd des Herrn“ – dann wird er den Strom der Liebe entdecken, die wir Gott nennen, einbezogen in die „processio amoris“.

Diese Erfahrung ist dann nach dem ersten Schritt des Aufdeckens und dem zweiten des Loslassens der dritte Schritt, den wir Anbetung oder Kontemplation nennen: ein wissendes Leben, ein Lebensvollzug, dem das Leben so schmeckt, wie es ist.

Noch einmal mit den Worten Eckharts: „Der Herr spricht: ‚Alles ist bereit.‘ – Gott gibt sich der Seele immerfort neu in fortwährendem Werden. Er sagt nicht: ‚Es ist geworden‘ oder ‚Es wird werden.‘ Vielmehr ist alles neu und frisch in einem Werden ohne Unterlaß. Gott ist konkrete Gegenwart.“[5]

Textquellen

[1] Meister Eckhart, Deutsche Predigten und Traktate. Hrsg. v. J. Quint, München 1977 (P 23, 214,34 f); zit nach: Der Weg der Meister. Missionshaus St. Franziskus, Dietfurt 1988.

[2] Ebd. (P 23, Z 23–27), zit nach: Kurt Ruh, Meister Eckhart. C.H. Beck Verlag, München 1985, 137.

[3] Meister Eckhart, Die deutschen Werke. Hrsg. v. J. Quint. Deutsche Forschungsgemeinschaft, Stuttgart; zit nach Ruh, aaO., 153.

[4] Aus: Deutsche Predigten und Traktate (P 35, 320,16–21).

[5] Ebd. (P 21, 249,5–12 und RdU 12, 72,14).

Der Autor

Klaus-Werner Stangier, Jahrgang 1938, Ausbildung zum Werklehrer, Studium der Philosophie, Theologie und Germanistik. Bis 1979 als Priester in der Jugend- und Erwachsenenbildung tätig. Anschließend Ausbildung in Initiatischer Therapie und Za-Zen bei Karlfried Graf Dürckheim, Maria Hippius-Dürckheim und Yamada-Bunryo Roshi in Todtmoos-Rütte. Am Moreno-Institut Überlingen Ausbildung zum Psychodramaleiter, inzwischen Lehrbeauftragter des Instituts. Seit 1985 Leitung des Meister Eckhart-Hauses in Köln, zusammen mit Cornelia Kleijn-Stangier.

Tiefenpsychologische Schriftauslegung und Schriftmeditation

Anselm Grün

Die Bibel tiefenpsychologisch auszulegen erfordert einen Denkprozeß. Ich versuche, die Bilder der Bibel tiefenpsychologisch zu verstehen und neu zu formulieren. Ich vergleiche sie mit Bildern der Mythen und Märchen und ordne sie in den Prozeß der Selbstwerdung ein, wie ihn C. G. Jung beschrieben hat.

Meditation ist kein Denkprozeß, sondern ein Prozeß der Verwandlung. Ich lasse das Wort der Schrift in mich eindringen, lasse es vom Kopf in das Herz fallen. Ich versuche es zu kosten und zu schmecken.

Auf den ersten Blick haben also tiefenpsychologische Schriftauslegung und Bibel-Meditation nichts miteinander zu tun. Doch da die tiefenpsychologische Schriftauslegung die Bibel bildhaft auslegt, kann sie eine gute Vorbereitung für die Meditation sein, die sich in ein Bild vertieft und durch das Schauen auf das Bild den Prozeß innerer Verwandlung in Gang bringt. Ein Blick in die Geschichte christlicher Meditation und Bibelauslegung und einige Anregungen für die Praxis mögen diesen inneren Zusammenhang aufzeigen.

Blick in die Geschichte

Im Mönchtum gab es zwei Formen der Schriftmeditation: einmal die *ruminatio*, das Wiederkäuen eines Schriftwortes, und dann die *lectio divina*, in der man systematisch die Bibel gelesen und meditiert hat.

In der *ruminatio* begnüge ich mich mit wenigen Worten aus der Schrift, die ich mit dem Atem verbinde und ständig wiederhole, in der Hoffnung, daß im Schriftwort Gott selbst in mir wirkt, meine Gefühle verwandelt und mein Unbewußtes heilend durchdringt. Es geht nicht darum, über das Wort nachzudenken, sondern im Wort Gott selbst wirken zu lassen.

Der hl. Benedikt spart täglich drei Stunden für die *lectio divina* aus, für das Lesen und Meditieren der Heiligen Schrift. Die klassische Form der lectio divina vollzieht sich in vier Schritten: *lectio, meditatio, oratio und contemplatio*. Dies soll im folgenden ein wenig erläutert werden.

(1) In der *Lesung* nehme ich ganz langsam und bewußt das Wort der Schrift in mich auf. Lectio meint kein Studieren der Schrift, sondern eine Begegnung mit Gott selbst in seinem Wort und somit auch eine neue Weise der Selbstbegegnung. Denn im Wort der Schrift begegne ich mir selbst auf neue Weise. So hat es Augustinus verstanden, wenn er sagt: „Das Wort Gottes ist der Gegner deines Willens, bis es der Urheber deines Heiles wird. Solange du dein eigener Feind bist, ist auch das Wort Gottes dein Feind. Sei dein eigener Freund, dann ist auch das Wort Gottes mit dir im Einklang." Das Wort Gottes verstehen bedeutet, sich selbst auf bessere Weise verstehen, sich so verstehen, daß man mit sich selbst in Einklang kommt. Lesung ist daher nicht Anreichern meines Wissens, sondern ein neues Verstehen meiner selbst, ein Verstehen von Wirklichkeit überhaupt, ein Durchblicken auf Gott hin.

(2) Der zweite Schritt ist die *meditatio*. In der meditatio denke ich nicht über das Wort der Schrift nach, sondern lasse es ins Herz fallen, ich koste und schmecke es, so daß es einen neuen Geschmack in meinem Innern erzeugt. Dieses Kosten – so erfahren es die Mönche – weckt in mir die Sehnsucht nach Gott, den ich in der meditatio erahne.

(3) Dieser Sehnsucht gebe ich in der *oratio*, in einem kurzen affektiven Gebet, Ausdruck. Ich bitte Gott, daß er meine Sehnsucht erfülle.

(4) Die *contemplatio* ist das Beten ohne Worte und Bilder, ohne Vorstellungen und Überlegungen. Contemplatio ist dann das wirkliche Erfahren Gottes in der Stille des Herzens, jenseits von Verstand und Gefühl. Die contemplatio ist immer ein Geschenk. Die ersten drei Schritte der lectio divina kann ich üben. In der contemplatio muß sich mir Gott selbst zeigen.

Guigo der Karthäuser (1087–1137) beschreibt die vier Schritte in einem Bild: Die *lectio* bricht das Alabastergefäß des göttlichen Wortes auf, die *meditatio* riecht daran, die *oratio* bittet darum, es genießen zu dürfen, und die *contemplatio* genießt den Wohlgeruch des göttlichen Wortes.

Die Voraussetzung dieser lectio divina war die spirituelle Schriftauslegung, wie sie Origines (um 185 – um 254) entwickelt hatte. Origines unterscheidet (1) eine historische Auslegung, der es um die Fakten und den genauen Urtext geht, (2) eine psychologische oder moralische Auslegung, die alle Erzählungen der Bibel als Ansporn zu einem neuen Verhalten versteht, und (3) die spirituelle oder mystische Schriftauslegung, die die biblischen Geschichten als Darstellung des inneren Weges der Seele zu Gott deutet.

In der spirituellen Schriftauslegung versteht Origines z. B. den Auszug aus Ägypten als genaue Beschreibung der verschiedenen Stationen, die die Seele auf ihrem Weg zu Gott zu durchlaufen hat. Hier legt Origines die Orte und Namen auf der Subjektstufe aus. Die Orte beschreiben innere Orte, innere Zustände. Mit der spirituellen Schriftauslegung hat Origines vorweggenommen, was die tiefenpsychologische Schriftauslegung in unseren Tagen wieder neuentdeckt hat: die bildhafte Auslegung der Bibel, und das Entdecken unseres inneren Weges, des Selbstwerdungsprozesses, in den Geschichten der Bibel.

Von der Geschichte her gibt es also eine enge Verbindung zwischen Schriftmeditation und spiritueller Schriftauslegung. Wenn wir tiefenpsychologische Schriftauslegung so verstehen, daß wir die Bilder der Bibel anschauen und uns selbst darin wiederfinden, dann wird deutlich, daß die Meditation von der tiefenpsychologischen Schriftauslegung lernen kann. In der *Auslegung* versuchen wir, die Bilder der Bibel als archetypische Bilder zu verstehen und mit den Bildern anderer Mythen und Märchen zu vergleichen. Das ist ein diskursiver Vorgang, der mit Meditation nichts zu tun hat. Da geht es mehr um unsere intellektuelle Neugier, die zwar existentieller ist als das rein theologische Studieren der Texte, aber immer noch eher im Kopf geschieht. Schrift*meditation* bedeutet, daß wir uns in die Bilder vertiefen, daß wir sie auf uns wirken lassen und durch sie hindurch auf Gott schauen, der durch jedes Bild hindurch als die eigentliche Wahrheit, als das Geheimnis hinter allen Dingen aufscheint.

Praxis der Schriftmeditation

Es gibt die verschiedensten Weisen, die Schrift zu meditieren. Ich kann hier nur von der Weise sprechen, wie ich sie von der Tradition des Mönchtums her für mich selbst und in Kursen übe. Ich biete den KursteilnehmernInnen die Übung der *lectio divina* an, aber auch die Meditation von biblischen Bildern als inneren Bildern und die leibhafte Meditation von biblischen Texten. Die tiefenpsychologische Schriftauslegung ist dabei die Voraussetzung dieser Weisen der Meditation, sie wird bei der Meditation aber nicht ständig thematisiert.

(1) Lectio divina
Zur lectio divina eignen sich weniger biblische Geschichten, sondern eher Worte und Reden. Ich lade die TeilnehmerInnen ein, eine halbe Stunde lang z.B. Joh 14 oder Jes 43 nach der Methode der lectio divina zu meditieren.

– Wir setzen uns aufrecht und gesammelt entweder auf den Stuhl oder auf den Meditationshocker, alle in Richtung zum Kreuz. Wir halten kurz inne, hören in uns hinein, machen uns bewußt, daß Gott selbst in diesen Worten zu uns sprechen will.

– Dann nimmt jeder die Bibel zur Hand, liest ganz langsam den Text, bis er sich im Herzen angesprochen fühlt.

– Dann legt er die Bibel zur Seite und horcht diesem Wort nach, fühlt es an, läßt es ins Herz fallen. Das Wort ist der Schlüssel zur eigentlichen Wirklichkeit. So soll sich der Meditierende fragen: Wenn das stimmt, wie fühle ich mich dann, wie erfahre ich dann mich und die andern, die ganze Welt? Dabei soll er seinem Gefühl trauen und so lange bei einem Wort bleiben, bis die Aufmerksamkeit weggeht und ein Impuls entsteht, weiterzulesen.

Es kann sein, daß manche nach 20 Minuten aufhören zu lesen und einfach nachhorchen. Mir geht es oft so, daß mich die vielen Worte in eine Ruhe führen jenseits der Worte. Ich denke dann nicht mehr über die Worte nach. Manchmal ist es die absolute Stille, die Ahnung der contemplatio, des Betens ohne Worte und Bilder, des reinen Einsseins mit Gott auf dem Grund der Seele. Ich denke nicht etwas, sondern das Wort führt mich in eine tiefe Stille. Das Wort Gottes, so sagt Isaak von Ninive (syrischer Mönch des 7. Jhs.), schließt das Tor auf zur wortlosen Stille. Jetzt bin ich einfach da, alles ist klar, ich bin einverstanden, es ist gut.

Der Wechsel von lectio, meditatio und oratio hat mich in diese wortlose Stille geführt. Dort meditiere ich nicht mehr über das Wort, sondern berühre den, der mich im Wort anspricht, Gott selbst, der in seinem Wort Jesus Christus Fleisch geworden ist und nun auch in mir Fleisch werden will.

(2) Meditation biblischer Bilder

Normalerweise biete ich den TeilnehmernInnen meiner Kurse die christliche Kontemplation als unsere Form der Meditation an. Unter Kontemplation verstehe ich das stille Dasitzen, das Achten auf den Atem und das Verbinden des Atems mit einem Wort. Für mich ist das Herzensgebet oder das Jesusgebet zu meiner Form der Kontemplation geworden. Das Wiederholen des Jesusgebets im Rhythmus des Atems kann mich in den Raum der Stille jenseits der Worte führen. Eine andere Weise zu meditieren ist das Meditieren mit biblischen Bildern.

– Ich nehme etwa die Geschichte vom brennenden Dornbusch (Ex 3) und lege sie kurz aus als Bild für das Leere, Verdorrte, Unbrauchbare, Übersehene, Gescheiterte in uns, in dem gerade Gottes Herrlichkeit erscheinen will.

– Dann lade ich die Gäste ein, dieses Bild zu meditieren, sich dieses Bild zu verinnerlichen. Dabei geht es nicht um ein Betrachten dieses Bildes, sondern um das Erspüren des Bildes in meinem Leib, in mir selbst. Ich schaue durch das Bild des brennenden Dornbusches auf mich, auf meinen Leib, suche, wo da in mir etwas verdorrt, unbrauchbar, übersehen, leer, gescheitert ist, fühle mich dahinein.

– Und dann stelle ich mir vor, daß alles in mir leuchtet, daß Gottes Herrlichkeit durch meinen Dornbusch hindurch scheint. Ich nehme das Bild ernst als mein eigenes Bild. Es beschreibt meine Wirklichkeit. Und ich versuche, diese Wirklichkeit nicht nur zu verstehen, sondern zu fühlen, zu erfahren. Es ist wie ein Körperbild, mit dem die alternative Medizin arbeitet und von dem sie sich eine heilende Wirkung erwartet. Durch das biblische Körperbild hindurch erlebe ich mich auf neue Weise; da geht eine heilende Wirkung auf mich aus. Ich spüre, wer ich vor Gott und durch Gott und in Gott wirklich bin.

Ein anderes Bild wäre das des *strömenden Wassers*, das nach Joh 7,38 aus unserem Innern fließt.
– Im Ausatmen kann ich durch die verhärteten Schichten meines Denkens und Fühlens, die mich von meinem wahren Kern trennen, zu der inneren Quelle des Geistes in mir vordringen, kann erahnen, daß da in mir göttliches Leben strömt.
– Im Einatmen kann ich das frische Quellwasser durch meinen Leib strömen lassen.

Ein anderes Bild ist das des *Tempels Gottes*. Wenn ich mich in diesem Bild sehe, wird es weit in mir. Ich erlebe mich auf neue Weise, ich erlebe mich so, wie es meiner Wirklichkeit von Christus her entspricht.

Ich kann auch die biblischen *Heilungsgeschichten* in dieser Weise meditieren, wenn ich mir die Begegnung des Kranken mit Jesus, das Angeschautwerden, das Angesprochen-, das Berührtwerden vorstelle und verinnerliche.
– Mit jedem Atemzug kann ich mir vorstellen, daß Christus alles in mir berührt und verwandelt.
– Oder ich kann einfach dasitzen mit dem Bild, daß Er mich anschaut. Ich lasse seinen liebenden Blick in alle Poren meines Leibes dringen und in die Abgründe meiner Seele. Ich denke nicht darüber nach, sondern verinnerliche den Blick, das Wort, die Berührung, als jetzt gegenwärtig und wirksam.

(3) Leibhafte Meditation biblischer Texte

Die leibhafte Meditation biblischer Texte kann z. B. in einer eutonischen Übung geschehen, etwa bei der Geschichte vom Wasser aus dem Felsen (Ex 17), das ich als Bild nehme. Ich gehe dann den Körper durch, spüre mich in jeden Bereich nacheinander hinein und stelle mir vor, wie der Atem hinströmt und das Harte und Felsige in mir gleichsam aufbricht, daß es zu strömen beginnt.

Andere biblische Texte versuche ich leibhaft zu meditieren, indem ich Haltungen nachspüre, wie sie im Text beschrieben werden:
– Ich lege z. B. die Heilung der Frau mit dem gekrümmten Rücken (Lk 13,10 ff) kurz aus und beschreibe, was sich in unserem Rücken alles festsetzen kann: daß sich da oft all die ungeweinten Tränen verdichtet haben, daß wir die nicht zugelassenen Gefühle wie in einem Rucksack eingeschnürt mit uns herumschleppen, daß manche sich – erdrückt oder unterdrückt von der Last des Lebens – hängen lassen.
– Dann meditieren wir den Text, indem wir die Haltung des Aufrechtstehens wahrnehmen, in der der Atem durch uns hindurchströmen, Himmel und Erde miteinander verbinden kann.
– Dann lade ich die Gäste ein, sich zu krümmen und wahrzunehmen, wie sich dabei die Stimmung ändert, die Selbsterfahrung anders wird.
– Dann sollen sie in dieser gekrümmten Haltung herumgehen und im Gehen spüren, wie ihnen dabei zumute ist.
– Dann halten wir inne. Ich streiche dem ersten über den Rükken und richte ihn langsam und behutsam auf. Der richtet dann den nächsten auf usw.

In dieser Form der Meditation wird nicht nachgedacht, sondern gespürt, erfahren, verinnerlicht.

Schluß

Das waren nur einige Anregungen, wie eine tiefenpsychologische Auslegung der Bibel für die Meditation fruchtbar gemacht werden kann. Meditation lebt nie von Begriffen, sondern immer von Bildern. Die wichtigste Aufgabe der tiefenpsychologischen Schriftauslegung ist, in uns wieder ein neues Gespür für die Bildersprache der Bibel zu wecken. Ich darf daher nicht bei der worthaften Interpretation der Bilder stehenbleiben; zur Erfahrung wird erst, was erlebt wurde. Die Meditation lädt uns ein, im Bild den bildlosen Gott selbst zu erahnen und mit Ihm eins zu werden. In der Berührung und im Einswerden mit Gott liegt unser Heil, nicht im Nachdenken über sein Tun.

Der Autor
Anselm Grün, geboren 1945, Dr. theol., seit 1964 Mitglied der Benediktinerabtei Münsterschwarzach (bei Würzburg). 1971 Priesterweihe, seit 1976 Cellerar (Verwalter) der Abtei. Seine Arbeitsfelder: Jugendarbeit, Meditationskurse, Vorträge, Zeitschriften- und Buchveröffentlichungen. Theologisch fühlt er sich besonders dem Werk Karl Rahners verbunden.

Fasten und Beten – Meditationsexerzitien mit Heilfasten

Bernhard Scherer

Trends unserer Zeit

Wir leben nach außen. Wir wollen haben, – möglichst alles. Wir wollen gut essen, Fülle „genießen“ Tag für Tag. Kein Wunder: Manch einer „setzt an“. Dann wird wieder notwendig ein „Absetzen“, ein „Abspecken“, wie es vielerorts als Fastenangebot ausgeschrieben ist. Eigentlich ist das dem Menschen nicht gemäß, vielmehr menschenunwürdig: das „Anspecken“, das „Abspecken“, ist dies doch ein – ohne Seele, ohne Geist – rein körperlicher Vorgang, weil man eben körperlich zu viel zugelegt hat.

So gibt es heute ein wenig menschengemäßes, einseitiges Fasten, ein „Fasten“, um Pfunde zu verlieren, der Linie, der guten Figur, der leiblichen Gesundheit wegen.

Die Eßwelle mit Über-fülle, Über-angebot, Über-ernährung, Über-gewicht … scheint ihren Höhepunkt erreicht zu haben. Um einen neuen Reiz zu haben, scheint eine Fastenwelle angebrochen zu sein. Fasten ist „in“, Fasten ist „Mode“ geworden, Fasten ist ein neuer „Gag“, der Abwechslung halber. „Fasten“ ist eine Weltanschauung geworden.

Entsprechend wichtig sind die verschiedenen Rituale, die zu solch einem Fasten gehören: Einleitungsphase, vorbereitende Tage, Abführtage und Ausleitungsphase, Übergang zu einem neuen Ernährungsstil: alternativ, reformerisch, exquisit – „wir haben umgestellt“ – „Biowelle“ … Eingeladen wird, zu Beginn einer Fastenkur im Reformhaus einen reizvollen Einkaufsbummel zu machen, um auszuwählen, was zum Ableiten und Ausleiten besser schmeckt und mundet. „Welche Fastendiät bevorzugen Sie?“ – „Sie werden sicher danach auch umstellen!“ – „Das kann ich Ihnen empfehlen!“ – Angebote verschiedenster Art!

Rückfragen, Anfragen seien erlaubt: Ist solch ein „Fasten“ mehr als ein modischer Gag der Wohlstandsgesellschaft, mehr als eine interessante Abwechslung in der Eintönigkeit der Fülle einer übersättigten Gesellschaft? Ist solch ein „Fasten“ mehr als eine mit neuen Reizen verbundene, extravagante Angelegenheit, eine neue Art neuer Leibkultivierung?

Es scheint auf den Eßkult ein Fastenkult zu folgen, aus Liebe zur Gesundheit, zum Leib, zur guten Figur, zur schlanken Linie, zum angepriesenen Schönheitsideal. Alles dreht sich hier um das eigene Ego. Ich möchte haben, für mich haben: Gesundheit, langes Leben, körperliche Fitneß, Schönheit, eine gute Figur …

Vom Haben zum einfachen Mensch-sein

Was nützt es dem Menschen, wenn er alles hat, aber dabei *als Mensch* draufgeht? Was nützt es ihm, wenn er am Haben festhält, dabei aber sein Menschsein verliert. Ja, der Mensch kann sich an die Vielfalt verlieren, und die Frage ist, wie findet er sich wieder?

In unserer Zeit, in der viele sich ganz dem Habenwollen verschrieben haben, regt sich eine kraftvolle Gegentendenz: das Mensch-sein-Wollen. Menschen fragen sich: Wer bin ich? Wofür lebe ich? Was hat Bestand im ständigen Wandel? Wie gelingt es mir, Mensch zu sein und zu bleiben?

Es ist für viele ein existentielles Bedürfnis: einfach zu *sein*, in belebender Beziehung dazusein und so einfach zu *leben* und dabei alles zu lassen, was hinderlich ist.

Wer einfach leben will, macht bald die Erfahrung, daß das nur gelingt, wenn er *einfach* und nicht vielfältig zu leben lernt. Weiterhin läßt sich erfahren, daß das Einfache immer Qualität hat, das einfach Gute ist, das einfach Schöne.

Unsere Sprache weist auf tiefere Erfahrungen hin, die oft nicht im Bewußtsein sind. Wir sprechen ja nicht vom vielfältig Guten, vom komplizierten Guten, sondern es ist „einfach gut“, denn ein „Das ist vielfältig, kompliziert gut“ gibt es nicht in unserer Erfahrung.

Viele Menschen unserer Tage suchen „die Größe des Einfachen". Dabei machen sie die Erfahrung: „Verzicht nimmt nicht, Verzicht gibt" (Martin Heidegger). Sie suchen das Sein, nicht das Haben.

Mehr und mehr Menschen machen sich so heute auf die Suche nach „Seinserfahrungen", „Gotteserfahrungen". Ein Weg dahin ist der Weg der Meditation, der Kontemplation, des vertieften, existentiellen Gebetes. Das Ziel ist zunächst: einfach vor Gott da zu sein, sein Inneres, sein Herz zu Gott zu erheben, die „göttliche Ruhe" zu suchen, um selber zur Ruhe zu kommen in dem ruhelosen Umtrieb des Alltags, sich vor Gott auszuhalten mit allem, was mir eigen ist, weil allein von Gott Heil zu erwarten ist.

Eine Kursteilnehmerin und spätere Mitarbeiterin im Sonnenhaus Beuron-Dritte Welt beschreibt ihren Weg zur „Größe des Einfachen" so: „Sehr bald merkte ich, daß Gott nur den ersten Platz in meinem Leben einnehmen kann, wenn ich bereit bin, auf Zweitrangiges zu verzichten, auf das Vielerlei an materiellen Dingen, an Zerstreuungsmöglichkeiten und Aktivitäten – auch zu verzichten auf manche oberflächliche Beziehung. Mein Beten ist anders, einfacher geworden im Verlauf dieser Jahre – offener, direkter, wahrer. Auch hier der Verzicht auf alles Drumherumreden, Auf-Gott-Einreden, Mich-Herausreden, auf ein Davonträumen in schönen Gefühlen und Vorstellungen. Ich spüre, daß dieses Einfach-vor-Gott-Dasein notwendig auch ein einfaches Leben erfordert in verschiedener Hinsicht."

Beten, fasten, der Not des Nächsten abhelfen

Ja, diese Erfahrung bringt den Wunsch mit sich auch nach einem einfachen Lebensstil, nach einfachen Mahlzeiten, auch nach der Erfahrung eines Fastens, wie wir es als „Sonnenhaus-Heilfasten" praktizieren.

„Körperliche Übersättigung macht mich vor Gott oft wie zugestopft", schreibt eine Kursteilnehmerin. Darin drückt sich etwas aus von der Bedeutung der Einheit von „beten und fasten", wie es in allen Kulturen und Religionen zu finden ist, nicht zuletzt in der Botschaft Jesu.

Fasten entlastet nicht nur den Leib, sondern auch die Seele –, ja es muß so sein: Der Mensch *ist* ja die Einheit von Leib und Seele. Der Heilfastende fühlt sich leichter, und so kann auch sein Inneres, sein Herz sich leichter zu Gott erheben.

Der meditativ Fastende wird offener auch für den Nächsten. Die Kursteilnehmerin schreibt: „Oft merke ich, wie mich körperliche Übersättigung unsensibel werden läßt für die Not des Nächsten, wenn ich den Teller und den Bauch ständig voll habe. Ich merke, wie groß die Gefahr ist, nur auf mich selber und auf meine Wünsche zu schauen, mein Leben genießen zu wollen, ohne zu fragen, was mit denen ist, die neben mir sind. Und so habe ich immer wieder mal das Bedürfnis zu fasten, wenn ich merke, wie stumpf und unlebendig ich bin, wie ich eben nur für mich lebe, ohne einen Blick für andere zu haben, die neben mir und mit mir da sind.

Seit fünf Jahren lebe ich im Sonnenhaus. Jeden Freitag gibt es für die Hausgruppe das Sonnenhaus-Heilfasten, dem sich viele Kursteilnehmer oft mit ihren Familien und auch ganze Studentengruppen anschließen, die dann zur Sonnenhaus-Gemeinschaft dazu gehören.

Das Sonnenhaus-Heilfasten nennen wir humorvoll die Spezialität des Hauses: Es gibt Sonnenhaus-Brot und -Milch, bewußt langsam gekaut und gekostet, angeglichen an die Fastendiät bei einer Fasten-Regenerationskur nach Dr. F. X. Mayr. Die einfache Fastenmahlzeit gestalten wir als meditative Mahlzeit, wie sie auch zu den Meditations-Exerzitien im Sonnenhaus gehört. Sie ist und soll immer auch ein Zeichen der Verbundenheit sein mit den Hungernden in der Welt. Immer neu erfahre ich mich dabei als Empfangende und Beschenkte.

Auch unsere Sonnenhaus-Mahlzeiten sind einfach; ‚einfach gut', sagen die Exerzitienteilnehmer. Wir betonen bewußt das Einfache, das heißt: Es gibt *einen* Gang, nicht zwei oder drei. Als Vorspeise oder Hors d'Oeuvre gibt es Hunger und einen guten Appetit – sagt humorvoll Pater Bernhard, unser geistlicher Leiter im Hause –, und als Nachtisch gibt es eine gute Verdauung. Was kann es Wertvolleres und Gesünderes geben?

Ich bin im Sonnenhaus wieder darauf gekommen, wie gut ein Butterbrot schmeckt oder zum Beispiel eine gekochte Kartoffel oder ein Apfel und auch, wie gut die Dinge riechen. Ich habe gelernt, meine Sinne wieder zu gebrauchen und auf die Reaktionen meines Körpers zu achten, insgesamt wieder wacher und sensibler dazusein."

Wenn wir unter Fasten die Reduzierung dessen verstehen, was wir üblicherweise essen – vom üppigen Festessen zum einfachen Essen, zur noch notwendigen Menge bis zum sogenannten Vollfasten (d. h. nur Trinken) – oder medizinisch: Nulldiät genannt –, dann können wir unsere einfachen Sonnenhaus-Mahlzeiten als ein Teilfasten bezeichnen, wenn einer dabei weniger ißt, als für ihn normal wäre. Solch gestufte Reduzierung hilft uns zu erfahren, was wir wirklich brauchen, was uns guttut, bei welcher Menge wir uns voll gesättigt und zufrieden erfahren und was belastender Überfluß ist.

Das Finden dessen, was mir in wahrer Liebe zu mir selbst guttut, hilft auch, leichter zu spüren, was der nächste braucht. Eine erworbene größere Sensibilität sich selbst gegenüber hilft, sensibler die Bedürfnisse anderer zu erspüren. Wo ich für mich belastenden Überfluß feststelle und auch erfahren habe, was Hunger ist, weiß ich, wohin ich das Zuviel fließen lassen muß. So ist auch hier die Selbstliebe die Ermöglichung wahrer Nächstenliebe.

Grundsätzlich: Wenn ich merke, daß ich mich wohler fühle in meiner Haut und mehr vom Leben habe, wenn ich einfacher und bescheidener lebe, wenn ich so meine wahre Entwicklung als Mensch im Auge habe, dann ergibt sich daraus auch leichter die innere Verpflichtung, mehr noch: das Bedürfnis zur Solidarität mit den Nächsten, d. h. sich für die Zukurzgekommenen, für die viel zu vielen zwei Drittel der großen Menschheitsgemeinschaft, die jeden Tag hungern, zu engagieren.

Aktualisierung einer alttestamentlichen Weisung zum Leben

So verstehen wir die alttestamentliche Weisung, daß nicht nur Beten und Fasten innerlich zusammengehören, sondern auch

Beten, Fasten und Almosengeben innerlich eine Einheit bilden: Beten, Meditieren – als Realisierung der *Liebe zu Gott*; Fasten, einfach leben – als Realisierung der *Liebe zu sich selber*; Almosengeben, der Not des Nächsten abhelfen – als Realisierung der *Liebe zum Nächsten.* Das heißt für uns Menschen heute und morgen:

(1) *Beten aus Liebe zu Gott* wird ein vertieftes, existentielles Beten werden müssen, ein kontemplatives, ein mystisches Beten, um – an Gott in Liebe gebunden – in der Zerrissenheit der heutigen Gesellschaft bestehen zu können und die Kraft zu erfahren, die Aufgaben in dieser Welt von heute und morgen anzupacken. Karl Rahner: „Der Christ von morgen wird ein Mystiker sein, oder er wird nicht mehr sein!"

(2) Ein Lebensstil aus *Liebe zu sich selber* wird für uns übersättigte, westliche Menschen ein Lebensstil in menschlicher Einfachheit und Bescheidenheit sein und werden müssen, verantwortbar in der heutigen Menschheitssituation uns selbst gegenüber und den Nächsten in Not. Das heißt auch: einfachere Mahlzeiten; das heißt auch: immer wieder fastend zu erfahren, was wir wirklich zum Leben brauchen, was uns nützt und was uns schadet und was behindernder Überfluß ist. So nur werden wir lernen, zu teilen mit den zwei Dritteln hungernden Mitmenschen in dieser heutigen Welt. Jeder ist dazu eingeladen, es auf seine Weise zu tun.

(3) Der Not des Nächsten abhelfen aus wahrer *Liebe zum Nächsten* wird zu einer neuen Verantwortlichkeit führen: und zwar jedes Menschen als eines Mitglieds der Menschheitsfamilie. Denn jeder hat alles, was ihm geschenkt ist, zum Weiterschenken bekommen, zum Teilen miteinander: materielle Werte, das tägliche Brot, – geistige Werte, Brot für den geistig-menschlichen Hunger.

Der Mensch von heute und morgen wird so ein *dreifach Liebender* werden müssen und wird sein Lieben dreifach realisieren müssen in der heutigen Menschheits- und Weltsituation.

Er sucht eine neue Beziehung zu sich selbst, zu Gott und zum Mitmenschen. In der dreifachen Liebe findet er zu Gott, zu sich und zum Nächsten. Und so *wächst* die Verbundenheit mit Gott, mit sich selber, mit allen Menschen. So bahnt sich Einheit an mit Gott, mit sich selbst, mit allen Menschen dieser Erde. So beginnt Reich Gottes auf Erden zu wachsen. Deshalb: „Suchet vor allem zuerst das Reich Gottes, und alles andere wird euch gegeben – gratis, dazu!"

So keimt in uns, unter uns Menschen die Hoffnung auf ein Miteinander aller Menschen: auf daß alle an dem einen Tisch der Erde miteinander leben können, indem jeder beginnt, Empfangenes weiterzuschenken und so – jeder als Beschenkter – eine neue Erde zu schaffen, auf der sich leben läßt und mit der sich der Himmel vereinigen kann.

Der Autor

Bernhard Scherer, seit 1951 Jesuit, Schüler von Prof. Johannes B. Lotz SJ, Karlfried Graf Dürckheim, Hugo E. Lassalle SJ, Prof. Nagaia (Japan) und anderen östlichen und westlichen Meistern. Er hat 1980 die „Christliche Meditationsstätte Sonnenhaus Beuron-Dritte Welt" (88631 Beuron, Tel.: 97466–209) initiiert und ist seitdem deren geistlicher Leiter. Seine Fastenerfahrung wurde grundgelegt in zehnjähriger Zusammenarbeit bei Fasten-Exerzitien mit dem Mayr-Arzt Dr. Franz Drumbl, einem direkten Schüler von Dr. Franz X. Mayr. Seit 20 Jahren begleitet er Fastende bei Meditations-Exerzitien und Fastenwochen.

Die Meditation des Tanzes – Der Schlüssel zum Paradies

Maria-Gabriele Wosien

„Wenn die Leute euch fragen, woher seid ihr gekommen? so antwortet ihnen: Wir sind aus dem Licht gekommen, da wo das Licht aus sich selbst entstanden ist. Und wenn man euch fragt: Wer seid ihr? So antwortet: Wir sind seine Kinder und sind die Erwählten des lebendigen Gottes. Wenn euch die Leute fragen: Was ist das Zeichen eures Vaters an euch? So antwortet ihnen: Bewegung ist es und Ruhe."
(Thomasevangelium, Logion 50)

Durch unsere Leiblichkeit, durch die Erlebniskräfte der Seele, durch das Wirken des Geistes in uns sind wir Kinder Gottes: Die mythischen Bilder, einst außen geschaut, leben fort in unseren Träumen, unseren Sehnsüchten und Erinnerungen als allgemein menschliche, zeitlose Wahrnehmungsbilder.

Aus dem Paradies sind wir hineingefallen in die Zeit. „Das Paradies aber ist verriegelt, der Cherub hinter uns. Nun müssen wir die Reise um die Welt machen und sehen, ob es vielleicht hinten irgendwo wieder offen ist", sagt Kleist in seinem *Marionettentheater*. Für den Tänzer liegt der Schlüssel zum Paradies darin, die Zeit wieder als Raum zu erfahren dadurch, daß er sich – im Angesicht Gottes – bewegen läßt, geführt von Musik und Gesang, von den Bildern seiner Seele und der Wirklichkeit seines Leibes.

Wenn für Momente dann die Seele den Körper trägt und seine Materie durchscheinend wird für die Bewegung des Geistes, dann wird Tanz zum Gebet und ist Übung des christlichen Weges, im Ausgespanntsein des ganzen menschlichen Wesens hin auf Gott, im Sinne des Jesaja-Wortes: „Mache dich auf, werde Licht, denn dein Licht kommt, und die Herrlichkeit Gottes geht auf über dir" (60,1).

Alles, was sich bewegt, tut dies durch die Kraft des Lichts, und so ist das eigentliche Thema einer Tanz-Meditation der tänzerische Nachvollzug des Lichtweges im Raum. Der Lichtweg ist das schöpferische Prinzip schlechthin.

Leben in Bildern, Gestalten und Gebärden

Um dem unvorstellbaren Gott nahezukommen, bedarf der Mensch für die göttliche Partnerschaft auch äußerer Bilder und Gestalten, die wiederum vom doppelten Ursprung des Lebens zeugen. Einmal vom Überweltlichen, das sich in die Zeit-Raum-Wirklichkeit hineinmanifestiert, und zum anderen vom Auftrag des Menschen, auf dem Weg der Innerlichkeit eins zu werden mit dem Sein, das ihn hervorbrachte.

Entsprechend dem menschlichen Bewußtsein hat sich das Gottesbild immer wieder gewandelt, und doch ist Gott sich immer gleich geblieben, in jeder Gestalt, hinter allen Masken.

Die von der sakralen Kunst geschaffenen Bewegungsbilder, in Stein gehauen, aus Ton geformt, gemalt, oder aus winzigen Mosaiksteinchen zur großen Fläche gestaltet, sind Momentaufnahmen einer spezifischen, zeitgebundenen Gotteswahrnehmung und bringen uns die zeichenhafte, symbolische Dimension des Geistes nahe.

Der dem Göttlichen in seiner Vielfalt geweihte Tanz ist der Versuch einer ‚*imitatio dei*', einer Nachahmung der Gottheit durch den Gläubigen. Thema und Aufgabe des religiösen Tanzes ist es, die kosmischen Urbilder, ihre Proportionen und Bewegungsformen hineinzuholen in die menschlichen Bewegungsmöglichkeiten, um so die Erfahrung zu vermitteln, daß alle Gestalten, Formen und Gesten sich wandeln, daß sie nur Übergänge sind im zeitlosen Fluß des Lebens.

Das Göttliche will in allen Dingen leibhaftig werden, auch im Christentum. Trotz seiner bis in die Anfänge seiner Entstehung zurückreichenden extremen Leibfeindlichkeit geht es um das leibhaftige Heil. Gott ist Mensch geworden, Christus teilt sein Fleisch und Blut unter die Jünger aus. Er ist leibhaftig auferstanden, wie dies auch im „Credo" der Christen bezeugt wird.

Christus hat sich selbst als Weg bezeichnet. In den Kirchenräumen sind Wege, Stationen, Reisen der Läuterung vorgegeben, bis hin zur Vereinigung mit Gott. Das Kirchengebäude vereinigt zu Stein verdichtete Bewegungsbilder und Klangvisionen in der Nachbildung des kosmischen Raumes mit Wachstumsmotiven aus der Natur. Dabei sind die Grundmotive des menschlichen Gestaltungsinstinktes der Kreis, das Kreuz, die Spirale, der Halbkreis und das Mäander: eine große Vielfalt von Variationen – die Hauptformen der Tanzwege, wie sie in den traditionellen Reigentänzen überliefert wurden. Die Gebärdensprache der Plastiken und Gemälde, angefangen von der Romantik, legt ein beredtes Zeugnis ab für die Möglichkeiten des Gebetes in Bewegung.

Glaubenspraxis in Bewegung

Der Tanz als gestaltete Gelöstheit beginnt mit dem Zustand der Ruhe des aufrechten Menschen, dort wo im Schweigen sich der grenzenlose Raum öffnet. Alle Energiebahnen des Körpers enden in den Füßen, daher gehen und tanzen die Naturvölker barfuß, um die Rhythmen und Strömungen der Erde zu spüren, wohl auch aus dem Wissen heraus, daß „wer die Erde nicht berührt, den Himmel nicht erreichen kann".

Als *aufrecht Stehender*, mit seitlich erhobenen Armen und gestreckten Beinen berührt der Mensch einen Kreis, dessen Mittelpunkt unter dem Nabel, beim Schwerpunkt des Körpers liegt, dort wo die Wirbelsäule sich auf dem Kreuzbein aufbaut. Das Geheimnis tänzerischer Grazie ist das Ausbalancieren des Körpers im Kreuz, in seiner immanenten Verbundenheit mit dem Kosmos.

Das Tanzen in einer Glaubensgemeinschaft meint das *Gebet des ganzen Menschen*, der so in die dramatische Handlung christlicher Themenkreise eingebunden ist. So können einzelne Gebete oder Gesänge mit einfachen Gebärden tanzend gestaltet und in den Gottesdienst eingebunden werden, wie auch ein Predigttext in Bewegung umgesetzt und eine Meßfeier tanzend gefeiert werden kann. Der große Reichtum und die Vielfalt christlicher Kultur in der weit verstreuten Ökumene bieten reichhaltige Möglichkeiten für eine Glaubenspraxis in Bewegung.

Die Tanzwege sind zeichenhafte Wege zur Freiheit. In der getanzten Meditation können solche vorgegebenen Weg-Bilder und Gebetsgebärden verinnerlicht und über die Körpersprache nachgestaltet werden. Dadurch ist die Möglichkeit gegeben, daß sich der natürliche Ursprung des Menschen mit dem Göttlichen vereint.

Das zyklische Leben am Himmel und auf der Erde bezieht den Menschen als Tänzer ein in den immer wiederkehrenden *Prozeß des Reifens* zwischen Geburt, Tod und neuem Werden. Bewegungsmotive wie das Hin- und Herpendeln, Vor- und Rückwärtswege, Aufstehen und Niederbeugen und das Drehen sind Teil der Erkenntnis, daß wir als Menschen im Brennpunkt der Auseinandersetzung der Gegensätze stehen.

Außer der Geraden als Wegform für Prozessionen ist der Kreis das Modell der Tanzreigen. Dabei ist die unsichtbare Mitte Bezugspunkt für alle Bewegungen. Vorbild für diesen Tanzweg ist der Lauf der Sonne, der Wandel der Planeten und die Zyklen des Mondes in Verbindung mit den Wachstumsrhythmen des Lebens auf der Erde. Der Kreis nimmt die Tänzer auf als integralen Bestandteil seiner Struktur. Die so entstandene Kette der Tänzer ist Symbol für den gemeinsamen Schicksalsweg.

Generell ist die Tanzrichtung gegen den Lauf der Zeit. Das ganzheitliche Gegenwärtig-Sein im Augenblick ist die eigentliche Übung – Ziel ist der symbolische Geburtsort des Lichts. Aus dem Dunkeln kommend, getragen von Erinnerung, ist der Tänzer im Kreisreigen auf dem Weg der Sehnsucht in der leibhaften Bewegung des Geistes. In der Nachfolge des vorgezeichneten Weges wird der Tänzer zum Mitschöpfer: Indem er über die Erde geht, wächst auf seinen Spuren Leben.

Erfahrung und Widerschein religiöser Urbilder

Es sind die unsagbaren Dinge, Einsichten, Ahnungen, die im Tanz, im Ritus und Gestus hineinverborgen sind. Durch deren Nachvollzug werden diese Einsichten und Ahnungen freigesetzt: „Siehe, ich mache alle Dinge neu …" So verstanden, ist Tanz die Kunst, das Geistige zu verleiblichen, das Erlebnis des Ursprungs nahezubringen und mittels der tradierten Form zu wiederholen.

In seinem Aufsatz über den „Spielenden Menschen" führt Hugo Rahner diesen Gedanken noch weiter, wenn er sagt: „Schön und ‚richtig' tanzen kann nur ein Kenner des Menschlichen, ein Weiser. Er muß wissen um das, was sein soll." Um diese Menschlichkeit sollten wir uns im Umgang mit dem Tanz bemühen. Auch Aristoteles in seinem Werk über Politik (8, 5–7) gibt uns einen entscheidenden Hinweis zum Umgang mit den gottgeweihten Künsten, wenn er sagt: „Kein Bürger sollte die Künste der Musen soweit erlernen, daß er dabei professionelles Niveau erreicht", für die Meditation des Tanzes gesprochen: um zu vermeiden, daß der Tanz als Gottesdienst zur Darbietung von Fertigkeiten, zu technischer Leistung und Exhibitionismus wird.

Im Tanz als *religio* tanzt im Idealfalle „es". Dann ist da kein Tänzer mehr, dann ist nur der Tanz, so wie Gott im Tanz seiner Schöpfung letztlich verborgen bleibt.

Je tiefer und öfter der Gläubige sich in die Bewegungsbilder hineingibt, wie dies durch alle religiösen Tanzkulturen nahegelegt wird, desto wacher wird die Erinnerung an das religiöse Urbild in einer Erfahrung von Stille, von Ruhe in Bewegung. Dies setzt Einstimmung und Bereitschaft zur Hinwendung voraus, die wir auch die Haltung des Gebetes nennen können. Diese Haltung konzentrierten Daseins ist es, welche die profane Zeit, das Gebundensein an den Alltag mit seinen Belangen porös werden läßt, wodurch die Inhalte religiöser Bewegungsformen erfahrbar werden.

Die Autorin

Maria-Gabriele Wosien, Tochter des Ballettmeisters und Choreographen Bernhard Wosien, lehrt sakralen Tanz; Studium der Slawistik, Promotion in London. Studium der Tanztradition der Mevlevi-Derwische in London und in der Türkei. Reisen nach Indien und Studium der indischen Philosophie und Mythologie. Buchveröffentlichungen zum Thema, zuletzt: „Tanz – Symbole in Bewegung" (mit CD), Linz 1994.

Von der Freude, dem Provisorischen zu trauen – Meditation mit jungen Menschen

Peter Wild

Welcher Weg zu meditieren ist wann der richtige?

Gut 15 Jahre lang war ich als Gymnasiallehrer und Schülerberater tätig. Als ich mich dem Yogatraining und der Zenmeditation widmete, war diese neue berufliche Ausbildung bereits klar. Schon während der Ausbildungsseminare – und natürlich auch während der strengen Übungszeiten in den Zen-Zentren – malte ich mir aus, wie ich meine Kenntnisse in Sachen Yoga und Meditation an die jungen Menschen weitergeben und ihnen helfen würde. Und so konnte es nicht ausbleiben, daß ich zu meinen Enttäuschungen kam. Nicht daß die jungen Leute den Angeboten kein Interesse entgegengebracht hätten, aber es war für sie spürbar, was auch mir allmählich bewußt wurde: Diese Formen von Meditation entsprachen ihnen nicht.

Heute kann ich mir diese Reaktion besser erklären als damals. Die nicht-gegenständliche Meditation oder auch die verschiedenen Stufen des Bewußtseinstrainings, wie die Yoga-Tradition sie kennt, sind Meditationsformen der „zweiten Lebenshälfte“, – wobei ich mit Lebenshälfte nicht so sehr eine nach Jahren genau beschreibbare Lebensphase, sondern eher eine Grundhaltung des Erlebens meine. Diese Meditationsformen haben vor allem mit dem Bedürfnis zu tun, in die verschiedenen Bereiche des Lebens, die gelebt, erfüllt und – mindestens teilweise – auch in ihrer Vordergründigkeit erfahren worden sind, nun eine neue Ausrichtung hineinzubringen. Vielleicht läßt sich diese Ausrichtung als eine „hoffnungsvolle Resignation“ bezeichnen: Die Lebens- und Erfahrungsbereiche werden hinterfragt, verabschiedet und durch die Prozesse, die sich in der Meditation abspielen, auf einer neuen Ebene, von einer neuen Mitte gehalten, verwandelt wiedergewonnen. Zen und Yoga ermöglichen eine stilvolle Reduktion des Lebens, sie gestatten die Gestaltung der Vereinfachung des Lebens.

Dem jungen Menschen aber ist etwas anderes aufgetragen. Er hat mit und gegen die Verunsicherungen, die ihn vielleicht seit seiner Kindheit begleiten und durch die Anforderungen der Umwelt verstärkt werden, zu seinem eigenen Wert zu finden, hat gegen die bedrohlichen Risiken der Ungewißheit seine Zukunft zu bauen. Da kommen Reduktion, Vereinfachung und Resignation zur Unzeit.

Je deutlicher mir dieser Auftrag der jungen Menschen und ihre damit verbundene Not bewußt wurden, desto leichter fiel es mir, zu Meditationsformen zu greifen, die mir selber eigentlich nicht wesentlich schienen. Und ich habe den Eindruck, daß die Sichtweise, die ich in der Arbeit mit jungen Menschen gewann, modellhaft auch für andere Auseinandersetzungen zwischen verschiedenen Meditationsrichtungen gelten könnte: Ob die eine oder andere Form des Meditierens für einen Menschen die gültige Form darstellt, löst sich nicht von den theoretischen Begründungen der einzelnen Meditationsrichtungen her und darf nicht zu einer Bewertung der Meditationsform (oder des Meditierenden) führen, es entscheidet sich allein am Bedürfnis des einzelnen Menschen.

Das gilt meines Erachtens auch für die religiöse Meditation im eigentlichen Sinn: Steht jemand in seiner „ersten Lebenshälfte“ und hat er seine Gotteserfahrung erst noch aufzubauen oder zu vertiefen, so ist es Zeit für thematische Meditationen. Da bieten sich die biblischen Geschichten, die Gleichnisse Jesu, die religiösen Symbole usw. an. Immer wieder, als kurze Momente, als längere Phasen und schließlich als endgültige Aufgabe kann die „zweite Lebenshälfte“ einbrechen, in der es gilt zu vergessen, loszulassen, zu verabschieden und neu auf Grund zu kommen, denn Gott ist ja in einmal aufgebauten und geschenkten Einsichten nicht festzumachen, und hier sind Zen und Yoga als ganzheitliche, wortlose, zentrierende Meditationswege dem Erwachsenen gemäß. – Daß die institutionalisierte Religion mehr an den Meditationsformen der „ersten Lebenshälfte“ interessiert ist, weil sie dort leichter mitreden und beeinflussen kann, und die Meditationsformen der „zweiten Lebenshälfte“ als Ausstieg verdächtigt, ist ihr eigenes Problem.

Liebe braucht einen Schutzraum

Dankbar sind junge Menschen für Meditationsimpulse, die ihnen helfen, in ihren Beziehungsversuchen Klarheit zu schaffen.

Es gibt die Möglichkeit, sich in der Meditation einen anderen Menschen zu vergegenwärtigen. Bei dieser Übung ist entscheidend, daß die Meditation weder ins Träumen von der anderen Person abgleitet noch zu einem Verfügen über sie verleitet. Gelingt die Vergegenwärtigung der im Innern angeschauten Person auf absichtslose, ehrliche Art, so wird die Zeit der Meditation zu einer sehr intensiven, fruchtbaren Zeit. Die Übung gibt Raum, die Bedeutung, den Wert der anderen Person wahrzunehmen und sie selbst tiefer zu erspüren. Bei einer noch unsicheren Beziehung gestaltet sie eine Art Schutzraum, in der die/der Meditierende sich vorstellt, die Freundschaft probeweise fortzuführen, Stationen des weiteren Miteinanders zu imaginieren und dabei dem Gewicht des Ja und/oder des Nein auf der Spur zu sein.

Meditationsformen, die einen inneren Dialog vorsehen und/oder spielerisch neue Verhaltensweisen ausprobieren, eignen sich, um Beziehungen, die festgefahren sind oder falsch laufen, aufzuarbeiten. Junge Menschen stehen oft unter einem starken Horizontaldruck, z. B. durch die Schulklasse, durch die Gruppe, zu der sie gehören, durch die Erfolgserwartungen, die an sie herangetragen werden; deshalb fällt es ihnen gerade im Beziehungsbereich schwer, Mißerfolg und Pannen einzugestehen. Die Meditation kann einen Raum zur Verfügung stellen, in dem das Eingeständnis des Mißlungenen, vielleicht sogar das Unvermögen einen heilsamen Platz finden kann. Denn Meditation gestattet in ihrer Stille zugleich eine Neuorientierung, so daß das Eingeständnis des Unvermögens nicht destruktiv wirkt, sondern zur Kraft für neue Entwürfe werden kann.

Innere Dialoge mit dem eigenen Empfinden beispielsweise oder auch mit dem Freund oder der Freundin über den notwendigen Abschied voneinander kann eine sinnvoll gestaltete Trennung und eine neue Lebenseinstellung, eine größere Lebensoffenheit und ein versöhntes Selbst- und Fremdwertgefühl vorbereiten. Die in der alltäglichen Realität dafür notwendigen Schritte können in inneren Spielszenen vorweggenommen werden, so daß es möglich wird, sie angstfrei anzugehen.

Die hier kurz angedeuteten, skizzierten Meditationsformen machen nun möglicherweise den Eindruck von bloßen spielerischen Phantasiereisen. Tatsächlich erfordern die Übungen aber eine starke Disziplin, ihre Wirkung entfalten sie erst in einer mehrfachen Wiederholung, wenn das Spielerische, das Reizvolle, das Nebensächliche abfallen und dann nach und nach die seelischen Kräfte geschult werden. Die Kraft und Wirksamkeit intensiver, immer klarerer Bilder und Gedanken ist – erfahrungsgemäß – beachtlich.

Selbstsicherheit und Selbstwert sind Übungssache

Meditationen, die „inhaltlich" beim Atembewußtsein ansetzen, eignen sich wirksam dafür, dem Meditierenden das Geschenk des Lebens, die Bedeutung des je eigenen Lebens und damit auch der eigenen Persönlichkeit als Erfahrung nahezubringen. Und die neu gemachte Erfahrung weckt den Mut, Ängste loszulassen und sich angstbesetzten Situationen des Alltags, z. B. des Schulalltags mit seinen offenen und versteckten Prüfungssituationen bewußt zuzuwenden. Solche und ähnliche provozierende Situationen imaginativ während des Meditierens innerlich zu bestehen, schafft eine Kraft und eine Entschiedenheit, beinah eine Garantie, sie auch in der Realität des Alltags anzugehen und zu bestehen.

Die durch das Meditieren gewonnene und vertiefte innere Sicherheit und Selbstwertigkeit führt zudem dazu, daß die vielfältigen Vorurteile, die etwa Eltern, Lehrern, Vorgesetzten gegenüber als nahezu eingefleischte Orientierungs- und Widerstandsmuster bestehen, allmählich abgebaut und losgelassen werden können. Es braucht dann die vordergründige Sicherheit und Antihaltung nicht mehr, die Vorurteile bieten bzw. bewirken.

In der Schülerberatung bewährten sich die beiden folgenden Übungen:

(1) Ich achte darauf, daß sich der Schüler oder die Schülerin möglichst bequem in der Meditations- oder Entspannungshaltung einrichtet.

– Die Aufmerksamkeit gehört dann der Wahrnehmung des Körpers und des Atems.

– Wenn die Aufmerksamkeit für den Körper und den Atem in das Empfinden führt, daß sich der Schüler bei sich selber zu Hause fühlt, gebe ich ihm die Anregung, dieses Empfinden als eine Grundgeborgenheit wahrzunehmen, als eine Sicherheit tief in seinem Innern, die ihm nie entzogen werden kann.

– Der nächste Schritt lädt dazu ein, sich eine konkret bevorstehende Prüfungssituation vorzustellen und sie – ohne Ängste und ohne Vorsätze – von dieser Grundsicherheit her zuzulassen.

– Eine Übung, die von Examensängsten befreien kann.

(2) Bei (nach meiner Vermutung unbegründeten) Ängsten vor Lehrern leite ich den Schüler oder die Schülerin dazu an, sich während der Übung den betreffenden Lehrer auf verschiedene Art zu vergegenwärtigen (ganz nah oder ganz fern, bedrohlich oder freundlich, aktiv oder schlafend, im Kopfstand etc.).

– Das Besondere an dieser Übung besteht darin, daß der Schüler entdeckt: Er selber kann über den Intensitätsgrad und die Wirkungskraft des Lehrers verfügen, d. h. er bestimmt, wie nahe ihm ein Lehrer kommen kann.

Geborgenheit in der Schöpfung

Im Kontakt mit jungen Menschen ist mir eine Spannung, in der sie leben, bewußt geworden, auf die ich ebenfalls mit einem Meditationsangebot zu antworten suchte. Auf der einen Seite leiden die jungen Menschen, oft schon die Kinder, darunter, daß sie eine kaputte Welt zu übernehmen haben, daß die Luft, die Gewässer, der Boden durch die Umweltbelastungen in einem Ausmaß zerstört sind, daß ihre eigene Zukunft gefährdet ist. Und sie möchten diese unheilvolle Situation ändern. Auf der anderen

Seite sind sie selber schon so stark in die Konsumgesellschaft und deren Egoismen integriert, daß es ihnen nicht mehr gelingt, sich den gesellschaftlichen Zwängen zu entziehen.

Die Meditation bietet einen innerpersonalen Entfaltungsraum, in dem aktuelle oder zurückliegende positive Erlebnisse – verbunden mit Erinnerungsbildern und Empfindungen – mit anderen Geschöpfen (Pflanzen, Tiere), mit den Elementen der Erde, mit dem Stimmungsgehalt ganzer Landschaften vertieft werden können. Aus solchen nun zu inneren Erfahrungen gereiften Erlebnissen werden wir fähig, in der Schöpfung Geborgenheit zu erleben und die Verantwortung für die Schöpfung aktiv mitzutragen.

Heil für andere

In der Kurstätigkeit mit Schülerinnen und Schülern des Gymnasiums bin ich immer wieder auf das Interesse gestoßen, ihnen mit Meditation neue Lebensimpulse zu vermitteln, weil sie an sich selbst erlebten, daß Meditieren heilende Kräfte freizusetzen vermag. Dieses Interesse war oft auch Auslöser dafür, daß die jungen Leute bereit waren, über längere Zeit an sich zu arbeiten.

Die Heilmeditationen sind grundsätzlich darauf ausgerichtet, der Person, die man „heilen" will, jene Kräfte zufließen zu lassen, die man selber in der Meditation gewinnt, seien es die Kräfte, die wir in uns durch das „Ordnungsgefüge" der Meditation selber entdecken und wach werden lassen, seien es die göttlichen Kräfte, mit denen wir im Glauben rechnen und denen wir uns in der Meditation vertrauensvoll aufschließen.

Die Beschäftigung mit Heilmeditation bildet zugleich den Rahmen, gemeinsam mit den Schülern zu erleben und zu klären, was ein Wirken aus eigenen Kräften von einem Wirken unterscheidet, das aus dem Innenraum des Meditierens erwächst, sowie was diese beiden Formen des Heilens von einem religiösen Heilen trennt. Zudem können die Schülerinnen und Schüler auch bei ihren eigenen Intentionen nachspüren, wie unterschiedlich ein suggestives (gesteuertes) Beschwören und ein vertrauensvolles (meditatives) Fließenlassen der eigenen Kräfte sind.

Dem Vertrauen Jesu vertrauen

Das Verhältnis, das junge Menschen Jesus gegenüber besitzen, läßt sich heute kaum mehr verallgemeinernd beschreiben, noch weniger läßt es sich voraussagen. Die religiösen Voraussetzungen, die die einzelnen aus ihrer familiären Tradition und aus der Schulzeit mitbringen, aber auch die Reaktion auf die dort gemachten oder fehlenden Erfahrungen sind sehr unterschiedlich.

Anklang finden Textmeditationen. Geeignet sind etwa kurze, prägnante Sätze Jesu, die sich dank ihrer Kürze mit dem Atemrhythmus verbinden lassen und die so den Charakter von Leitsätzen erhalten.

Geeignet sind ebenfalls die Gleichnisse Jesu, – wobei diese Geschichten oft eine längere exegetische Vorbereitung brauchen, damit sie in ihrem ursprünglichen Gehalt erfaßt werden können. Die Gleichnisse sind deshalb günstig, weil Jesus hier seine Erfahrungen mit Gott und seine Hoffnungen auf Gott in sehr einprägsamen Bildern oder Geschichten ausdrückt. Die Bilder laden zu innerem Schauen ein und wecken die eigenen tieferen Seelenkräfte und Seelenbilder. Die Gleichnisbilder können zu Grundmustern werden, die eine neue Schau des eigenen Lebens und der öffentlichen Geschichte um uns herum ermöglichen.

Die Gleichnisse Jesu sind aus einem weiteren Grund für die Meditation sehr geeignet. Da Jesus meistens auf eine Überraschung hin erzählt – die Gleichnisse sprechen ja von Menschen und von Gott, und Gott läßt sich mit Vorgängen in der Natur oder mit Geschehnissen unter uns Menschen nur inadäquat erfassen, also muß der erzählte Ablauf auf eine überraschende Wende hinauslaufen! –, verlangt die Beschäftigung mit den Gleichnissen von deren Inhalt her eine wache Offenheit. Offenheit und Ansprechbarkeit sind aber gerade die Grundhaltungen, auf denen jedes Meditieren basiert.

Was heute oft als Bibliodrama (siehe den Beitrag von Klaus-Werner Stangier in diesem Meditationsführer) bezeichnet und im Zusammenspiel einer Gruppe geübt wird, kann sich auch als Spiel im Innenraum des Einzelnen vollziehen. Wenn jemand in einem Gleichnis oder in einem anderen biblischen Text, der von

Begegnungen mit Jesus berichtet, eine Bezugsperson entdeckt, mit der er sich identifizieren kann und über die er in den Ablauf der Begegnung hineinfindet, kann das innere Spiel einsetzen.

Was in einem früheren Abschnitt schon betont wurde, gilt natürlich auch für diese religiösen Meditationen, die mit verhältnismäßig viel „Stoff" arbeiten: Erst durch eine regelmäßige Wiederholung lösen sich die zunächst vordergründigen Reize eines solchen „meditativen Heimkinos" auf, und dann kommt es zu einer wirklichen inneren Begegnung mit Jesus. Dieser inneren Begegnung dienen vor allem das Abba-Gebet, als Teilnahme am Gebet Jesu, an seiner vertrauensvollen Zuwendung zu Gott, und das Jesus-Gebet. Beide meditativen Gebetsformen besitzen Mantra-Charakter und leben von der Wiederholung, denn nur in der Wiederholung, die mehr und mehr zu einer Vertiefung führt, entfaltet sie ihre Kraft, die nicht nur das Bewußtsein, sondern auch das Unbewußte, die tieferen Seelenschichten erfaßt.

Beide Gebetsformen stoßen jedoch bei jungen Leuten, soweit ich es beobachten konnte, nicht auf großes Interesse. Vermutlich setzen sie ein gewisses Maß an Vertrautheit mit Glauben sowie Glauben selbst voraus, was unter den ganz anderen Einflüssen des heutigen Lebensgefühls und Lebensstils von jungen Menschen kaum mehr aufgebracht wird.

Der Autor
Peter Wild, Jahrgang 1946, Verlagslektor. Studium der Theologie, Germanistik und Religionswissenschaft. Nach intensiver Schulung in Meditation in Indien, Thailand und Japan ist er Leiter von Yoga- und Meditationskursen. Autor zahlreicher Veröffentlichungen über Wege und Sinn des Meditierens.

Der Autor hat die in diesem Beitrag skizzierten Vorstellungen von Meditation in der Form eines breit angelegten Meditationslehrgangs veröffentlicht, der sich sowohl für das persönliche Üben als auch für die Arbeit mit Gruppen sehr eignet (siehe dazu die Angaben unter Ausgewählte Literatur/Literatur für Praxis und Übung im Anhang dieses Buches).

Meditation und Psychotherapie – Das ganze Leben erfahren

Wolfgang Abt

Eine tiefe Sehnsucht

Die Zahl der Menschen, die meditieren, hat stark zugenommen, und das Interesse dafür hält an. Vertreten sind Menschen aus allen Schichten und Berufen. Was suchen diese Menschen? Sicher gibt es viele persönliche Beweggründe. Aber hinter allen Motiven steht letztlich der Wunsch, das Leben tiefer zu erfahren. Immer mehr Menschen ahnen, daß das, was sie leben, nicht ihr ganzes Leben ist. Eine tiefe Sehnsucht drängt sie, das Leben in seiner Ganzheit, die Fülle des Lebens zu suchen. Viele spüren, daß sie in ihrem Alltag mit seiner Extrovertiertheit Wesentliches verpassen, und daß diese Einseitigkeit sie mehr und mehr zu zerreißen droht. Sie leiden unter dem fehlenden Kontakt zur eigenen Mitte und der mangelnden Verankerung im eigenen Wesen. Der einst als tragend und sinnstiftend erlebte religiöse Hintergrund ist geschwunden oder kann nicht mehr glaubwürdig in das moderne Leben integriert werden. Ohne neue Sinnfindung und Vertiefung bleibt das Leben schal.

Ruhig werden, in sich hinein hören, das Leben in sich selbst erfahren, in die eigene Tiefe schauen, den Grund seiner Existenz erhellen, Gott im eigenen Leben entdecken – dies sind oft gehörte Beweggründe, die Menschen zur Meditation führen. Kann Meditation diese Erwartungen erfüllen?

Wer in einem Kursverzeichnis das Meditationsangebot durchblättert, findet ein breitgefächertes Angebot mit vielen Kursen, die man unter dieser Rubrik gar nicht erwartet. Ohne auf den vieldeutigen Gebrauch und Mißbrauch des Begriffs Meditation weiter einzugehen, soll hier zunächst verdeutlicht werden, was im folgenden mit Meditation gemeint ist.

Ein intensiver Übungsweg

Als Meditation bezeichne ich einen intensiven, spirituellen Übungsweg, der den Menschen zur Erfahrung des Seins, der letzten Wirklichkeit, zur Erfahrung Gottes führen will. Darum geht es in allen alten Versenkungswegen, die von den großen Weltreligionen gelehrt wurden und auch heute vermittelt werden.

Wichtige Charakteristika sind: Auf diesen Wegen geht es darum, alle Verhaftungen an irgend etwas zu lösen, nichts machen, nichts leisten, nichts festhalten zu wollen, sondern einfach zu sein, sich mehr und mehr ins Sein sinken zu lassen, eins zu werden mit dem Sein, dem göttlichen Grund. Es geht darum, mit ganzer Offenheit und mit nichts ausgrenzender Hingabe anzunehmen, zuzulassen und wieder loszulassen, was gerade aufkommt.

Die Gedanken, Erinnerungen, Bilder, Gefühle, die unentwegt auftauchen, sind nicht Material, mit dem man sich beschäftigt, sondern sie werden höchstens registriert, aber man läßt sich nicht weiter darauf ein. Sie hindern nur, im Augenblick zu sein, wo allein das Leben *erfahren* werden kann. Unser rationales Bewußtsein möchte statt dessen fixieren und festhalten, sich an etwas klammern, und es braucht intensive Übung und Disziplin, ihm nicht immer wieder in die Fallen zu laufen. Nur in der *absichtslosen* Präsenz kann das Sein erfahren werden.

Auf einem solchen Weg in die eigene Tiefe braucht man einen erfahrenen Begleiter, der behutsam die Klippen und Abgründe im Auge hat und Irrwege und Umwege erkennt. Zwei weitverbreitete Meditationswege dieser Art sind Kontemplation, der Versenkungsweg in der westlich christlichen Tradition, und Zen, wie er vor allem in der japanischen Ausprägung in Europa bekannt ist. Solche Meditationswege sind kein Selbstzweck, sondern führen zu einer meditativen Lebenshaltung im Alltag.

Sich dem Leben stellen

Wer meditiert, begegnet sich selbst. Für manche, die den Weg der Meditation beginnen, bringt das die erste Frustration, weil sie hofften, in der Meditation Ruhe zu finden, ihre bedrängenden Probleme stillegen zu können und endlich auch die ständigen Begleiter Angst, Leid, Aggression u. ä. loszuwerden.

Richtig, konsequent geübte Meditation *konfrontiert* mit dem Leben, insbesondere mit den nicht erledigten Erfahrungen. Das kann zur länger dauernden Herausforderung werden. Denn Lebenserfahrungen, die nicht aufgearbeitet und integriert wurden, können wie Hindernisse den Weg in die eigene Tiefe blockieren. Man muß sie als solche erkennen, ihnen begegnen, sie annehmen und aushalten, bis sie sich wandeln und integriert werden können.

Der Kontakt zum Begleiter, die einfache Übung, die klare Struktur des Übungsweges und die Gemeinschaft der Weggenossen bieten dabei hilfreiche Unterstützung. In dieser Phase der Reinigung und Klärung wird man besonders gefordert in seinem Vertrauen zum begonnenen Weg, zu seinem Begleiter und zum Wohlwollen des Lebens mit seiner natürlichen Tendenz zur Heilung und Ganzheit. Für manche Menschen ist es hilfreich oder gar notwendig, in solchen Phasen therapeutische Hilfe mit einzubeziehen. Zur Bereinigung von gravierenden Lebenserfahrungen kann professionelle Hilfe gefordert sein. Eingefleischte Verdrängungsmechanismen müssen erkannt und verändert werden, sonst läuft auch der spirituelle Weg Gefahr, sich im Kreise zu drehen.

Sitzen, sich sammeln und loslassen bieten zugleich die Möglichkeit, etwas zu verstecken, sich aus problembeladenen Bereichen des Lebens oder des Körpers, in dem sie sich manifestieren, zurückzuziehen. Jeder kennt Nischen, in die er sich bewußt oder unbewußt zurückzieht. Sie können für gewisse Zeit zwar notwendige Ruhe- und Schonräume sein. Aber Meditation und spirituelle Praxis stimmen nur, wenn sie nicht zu lebensfremdem Rückzug werden, sondern in den Alltag führen. Sie können leicht mißbraucht werden, um Verdrängungen zu betonieren, Gefühle vollends zu unterdrücken und problembeladenen Bereichen des eigenen Lebens auszuweichen.

Immer ist es schwer, dorthin zurückzukehren oder dort hinzuschauen, wo wir vor langer Zeit aus Schmerz, Angst, Frustration oder Wut weggelaufen sind, den Blick abgewandt haben. Es ist schmerzhaft, die persönlichen Leidensgeschichten oder die Beschränkungen des eigenen Lebens wirklich anzunehmen, zu durchleben und durchzustehen. Viele Menschen vermeiden daher oder scheuen sich, zu den Wurzeln ihrer Leiden zurückzukehren. Es ist einfacher, in einer oberflächlichen Meditationspraxis das Leben von außen zu betrachten, als das gesamte Leben, auch die schmerzvollsten Bereiche anzunehmen. Der Meditierende sollte sich jedoch immer wieder fragen und dies mit dem Begleiter klären: Wo bin ich wach und was vermeide ich?

In der Meditation darf man sich andererseits nicht in die persönlichen Leidensgeschichten verstricken, sondern man übt einen neuen Umgang mit ihnen. Die Übung der Meditation sollte gerade dann durchgehalten werden, wenn alte Geschichten und Gefühle hochkommen und bedrängen, und zwar so: Man nimmt sie ganz aufmerksam zur Kenntnis, fährt dann aber fort, seine Energie gesammelt zu halten und sie nicht in diese Geschichten abdriften zu lassen. Damit gewinnt man innere Distanz und Freiheit und erlebt sich nicht mehr so ausgeliefert wie bisher. So lernt man einen neuen Umgang mit der eigenen Vergangenheit, mit sich selbst und allen schmerzlichen Gefühlen und kann sich nach und nach von bisherigen wirklich befreien. Es ist beglückend, ein solches Erlebnis zu haben und zu erfahren, daß Heilung möglich ist und geschieht.

In diesem Zusammenhang ist es wichtig, nochmals auf die Bedeutung hinzuweisen, die dem erfahrenen Begleiter oder Meditationslehrer zukommt. Einen heilenden Prozeß durchzuhalten ist oft nur möglich in einer vertrauensvollen Beziehung zu einer anderen Person.

Ein Weg, der uns verwandelt

Wer konsequent und ausdauernd genug meditiert, wird eine runde, vollkommene Persönlichkeit, möchte ich gerne als Schlußfolgerung festhalten. Jede Begegnung mit einem echten spirituellen Meister hat mich nachhaltig beeindruckt, und es ist eine besondere Qualität um sie und in ihrem Tun. Aber wann ist ein Mensch eine vollendete Persönlichkeit? Der Mensch bleibt Mensch, und das heißt, er bleibt bei allen Qualitäten auch mit Schwächen behaftet. Nicht anders ist es mit den Meistern der Meditation oder der spirituellen Wege.

Es gibt Schwierigkeiten oder ganze Bereiche in einem Leben, die auch durch intensive und tiefe Meditation nicht berührt, nicht erreicht werden. Solche Bereiche sind individuell verschieden und haben mit der jeweiligen Persönlichkeitsstruktur zu tun. Auch nach einer erfolgreichen Therapie gibt es immer noch unerlöste Bereiche im therapierten Menschen. Weder die Meditation noch die Therapie bringen alles fertig. Es geht auch gar nicht darum, dies oder jenes Ziel auf jeden Fall zu erreichen. Wer sich auf einen spirituellen Weg begibt, muß wissen, daß es nichts zu erreichen gibt. Auf dem Weg zu sein und zu bleiben bis zum letzten Atemzug, – das ist das einzige „Ziel".

Wer mit dem Leben in der Welt nicht zurechtkommt und zur Liebe nicht fähig ist, und wem die Meditationspraxis darin wenig Veränderung bringt, der/die sollte einen erfahrenen Therapeuten aufsuchen, um Heilung vorzubereiten, zu ermöglichen und in der Entwicklung weiterzukommen. Bei manchen Entwicklungshemmungen oder gravierenden psychischen Problemen kann eine gute Therapie oft schneller und gezielter helfen als die Meditationsübung. Umgekehrt können aber auch hilfreiche Erfahrungen in einer Therapie, hineingenommen in die Übung der Meditation, in noch tieferen Schichten heilsam und fruchtbar werden.

Es kommt oft vor, daß Menschen sich der Meditation zuwenden, nachdem sie eine Therapie begonnen oder mit Erfolg abgeschlossen haben. Die Grenzen und Beschränkungen der Therapie oder das in ihr neu gewonnene Leben veranlassen sie, eine tieferführende spirituelle Praxis aufzunehmen. Viele Menschen erfahren erst in der therapeutischen Arbeit an sich selbst, welche Potentiale in ihnen schlummern oder zur Entfaltung drängen, und welche Tiefen es in ihrem Leben auszuloten gibt. So erfahren sich nicht wenige in einer Therapie aufgeschlossen für einen spirituellen Weg. Die Anlagen und oft auch die Sehnsucht waren schon immer da, wurden aber von den Begierden des Ego und den Zwängen des Alltags unterdrückt.

Vom umgekehrten Weg, daß Menschen über die Meditation in die Therapie gehen, war schon die Rede. Aufgrund ihrer Erfahrungen auf dem Meditationsweg ist ihnen die Frage nach einer entsprechenden Therapiemethode und nach einem geeigneten Therapeuten ein besonders wichtiges Anliegen. Sie möchten nicht nur in ihren Symptomen oder Erlebensbereichen, die in ihnen nach Heilung drängen, ernstgenommen und verstanden werden, sondern auch in ihrer Offenheit für das Transpersonale und Spirituelle. Das ist dort am ehesten gewährleistet, wo der Therapeut entweder eigene Erfahrung mit Meditation einbringen kann oder in seiner Arbeit mit trans-personalen Erfahrungen vertraut ist. Aus eigenem Erleben kann er wegspezifische, spirituelle Krisen erkennen, mit ihnen umgehen und sie unterscheiden von den persönlichen, psychischen Problemen des jeweiligen Menschen. Damit sind gute Voraussetzungen gegeben, daß nicht unnötige Konflikte entstehen aus der Verbindung von Meditationsweg und Therapie. In vielen Fällen hat die Praxis bewiesen, daß Meditation, spiritueller Weg und Psychotherapie sich nicht reiben müssen, sondern einander förderlich sein können. Viele Menschen auf dem Meditationsweg haben in einer Therapie echte Hilfe erfahren und konnten ihre Meditationsübung vertiefen. Andere machten die Erfahrung, daß wichtige Erkenntnisse und neue Erlebnisse in einer Therapie durch die Übung der Meditation in noch tieferen Schichten sich heilend und fruchtbringend auswirkten.

Kein Heilsweg für alle

Meditation ist eine uralte, weltweite Menschheitserfahrung. In der rationalisierten und leistungsbestimmten Gesellschaft der vergangenen Jahrzehnte war sie lange Zeit nicht gefragt. In unserer Zeit neu aufbrechender geistiger und spiritueller Bewegungen spricht sie wieder viele Menschen an.

Bei der immer größer werdenden Zahl von Meditierenden stellt sich allerdings die Frage der Indikation: Sind alle Menschen für einen tiefen spirituellen Weg geeignet oder nicht? Soll man andere dazu ermuntern, oder muß man manchmal auch abraten? Woran kann man das erkennen, oder welche Voraussetzungen sind gefordert? Grundsätzlich kann jeder Mensch sich auf den Weg der Meditation begeben, sofern er psychisch gesund ist, über eine gewisse stabile Ichstärke verfügt und genügend motiviert ist, einen solchen Weg zu gehen.

Meditation als intensiver Weg in die eigene Tiefe ist für deutlich depressive Menschen generell nicht geeignet. Sie können in eine gefahrenvolle, dunkle Tiefe fallen. Wo jedoch eine wirklich tragende Kraft hinter der Depression spürbar ist, und wo eine gute Übungs- und begleitende Beziehungsstruktur geschaffen werden können, kann auch ein tiefer, heilender Durchgang möglich sein.

Auf dem inneren Weg gehen – umgekehrt – manche Menschen durch eine spirituelle Depression, wenn das in der Außenwelt agierende Ich merkt, daß es seine bisherige absolute Dominanz nicht länger aufrecht erhalten kann. Da kündigt sich die Schwelle des Übergangs an in eine neue Ebene des Bewußtseins und damit ein wichtiger Schritt der spirituellen Entwicklung.

Menschen, die allzu leicht in eine starke Öffnung zum Unbewußten geraten und von dort her überschwemmt werden, sollten jedoch den Meditationsweg meiden. Ebenfalls abzuraten ist Meditation für jene Menschen, die sie zur Stillung narzißtischer oder symbiotischer Bedürfnisse mißbrauchen, als regressive Flucht vor einem notwendigen Entwicklungsschritt. Besonders bei Jugendlichen und jungen Erwachsenen, die intensiv meditieren, muß geprüft werden, ob nicht eine solche Tendenz vorherrscht. Vor allem junge Menschen brauchen zur Meditation einen guten Ausgleich in körperlicher Arbeit und Sport, wo ihre Energien umgesetzt werden. Wenn diese Bedingungen bzw. Kriterien bei jüngeren Menschen beachtet werden, wenn Meditation also im richtigen Sinn geübt und begleitet wird, besteht kein Anlaß, Jugendliche vom Meditieren abzuhalten (vgl. dazu den Beitrag von Peter Wild in diesem Buch).

Auch nach oben hin ist grundsätzlich keine Altersgrenze festzumachen. Es gibt viele, die in hohem Alter regelmäßig meditieren. Auch Menschen mit den verschiedensten körperlichen Leiden oder Behinderungen können den Weg gehen. Nicht wenige erleben dabei, daß die Meditation ihnen auch physisch guttut, und dies hat seine Berechtigung, wenn es auch nicht der tiefste Sinn des Meditierens ist.

Wer allerdings durch die Meditation nicht mehr sucht als äußere Gelassenheit und Ruhe, Entspannung und Wohlbefinden, oder wer sie zur Leistungssteigerung oder für andere rein pragmatische Ziele praktiziert, ist nicht richtig, noch nicht richtig auf dem Weg. Der Meditationsweg wird Menschen, die erlebnishungrig auf schnelle und nur schöne Erlebnisse hoffen, in kurzer Zeit ohnehin mit Sicherheit frustrieren, weil er sich – wie manch andere „sportliche" Übungen, die zeitweise „in" sind – erlebnismäßig abnutzt und stagniert.

Meditation erfordert, wie jeder intensive Übungsweg, eine starke Motivation, Ausdauer, Beharrlichkeit und Hingabe. Es braucht Mut und Vertrauen, sich auf einen Wandlungsprozeß einzulassen, der nach und nach das ganze Leben erfaßt, ihm Weite und Tiefe gibt.

Der Autor

Wolfgang Abt, Dipl.-Psych., M. A., Päd., Benediktiner (Abtei Muri-Gries), Klinischer Psychologe, Psychotherapeut in eigener Praxis, leitet seit Jahren Kurse in Kontemplation und Leibarbeit, Fasten und „Holotropem Atmen" nach Stan Grof.

Meditation mit Gefangenen – Erfahrungen mit Freiheit in Gefangenschaft und Gefangenschaft in Freiheit

Niklaus Brantschen

„Als ich von der Zen-Meditation hörte, kam ich aus Neugier. Das erstemal habe ich nichts Spezielles gespürt, aber es wurde von Mal zu Mal interessanter. Ich meditiere auch in der Zelle, aber der Effekt ist nicht der gleiche wie in der Gruppe." So schrieb uns ein Gefangener nach den ersten sechs Meditationsabenden im Frühjahr 1990. Seither teilen einige aus unserer Zen-Gruppe einmal wöchentlich ihr „Sitzen" mit Menschen aus der Strafanstalt Regensdorf bei Zürich.

Wie kam es zu diesem Versuch, was ist das Besondere daran, welche Bedeutung hat er für die Menschen von „drinnen" wie für die von „draußen"? Der folgende Beitrag versucht – aufgrund persönlicher Erfahrung, durch Wiedergabe von Zeugnissen sowie durch reflektierende Überlegungen eine Antwort auf diese Fragen zu geben.

Eine Idee nimmt Gestalt an

Den Auslöser bildete ein Wortspiel, das jemand aus unserer Gruppe beim Kaffee nach einem Meditationstag in der Runde machte.

Eine Frau sagte zur anderen: „Mein Sohn sitzt (sprich: meditiert) schon zwei Jahre." Fragt die andere: „Was hat er denn angestellt?"

Aus der landläufig doppelten Bedeutung des Wortes „Sitzen" (Zazen machen, „sitzen", oder eine Strafe „absitzen") entstand spontan die Idee, mit den Gefangenen zusammen zu meditieren. Ich wußte um ähnliche Versuche auf den Philippinen und in den USA[1], wußte aber nicht, wieviel Zeit und Geduld es braucht, wie viele verschiedene Gremien angegangen, wie viele Instanzen berücksichtigt und wie viele Hürden überwunden werden müssen, bis eine solche Idee Gestalt annimmt und der Versuch gestartet werden kann.

Ich hätte es aber wissen können, denn unser Angebot liegt in mancher Hinsicht quer zu anderen Angeboten der Strafanstalt. Unser Vorhaben ist kein „seelsorgliches“, aber wir sind auf die Unterstützung der Gefängnisseelsorger angewiesen. Es grenzt sich ab vom Einsatz anderer Freiwilliger, die vor allem Einzelbesuche und Betreuung wahrnehmen, aber wir sind angewiesen auf die Beratung durch die „Kantonale Fachstelle für Freiwillige“. Es ist nicht ein Kurs wie die 30 anderen Kurse in der Strafanstalt (Schreibmaschine, Computer, Sprachen, Yoga …), aber auch wir sind angewiesen auf die Werbung bei den Gefangenen. Das Besondere unseres Angebotes besteht schließlich darin, daß wir als *Gruppe* nach Besuchsschluß die Gefängnistore und die verschärften (nächtlichen) Sicherheitsvorkehrungen passieren müssen.

Es ist dem Entgegenkommen des Direktors der Strafanstalt, der Zen nicht nur vom Hörensagen kennt, zu verdanken, wenn wir den Versuch „Zen-Meditation mit Gefangenen“ starten konnten und wenn dieses Angebot zu einem festen Bestandteil im Bildungsprogramm geworden ist. Dabei, so wie bei den unmittelbaren Vorbereitungen, hat uns die Leiterin der „Fachstelle für Freiwillige“ mit ihrem Fingerspitzengefühl, ihrer Sachkenntnis und ihrem Insider-Wissen unschätzbare Dienste erwiesen. Selber Mitglied unserer Meditationsgruppe hat sie bei den am Projekt Interessierten den letzten Rest an „Helfen-Wollen“ abgebaut. Schließlich waren wir bereit, unser „Sitzen“ jeweils am Donnerstagabend zwischen 18 Uhr und 19.30 Uhr mit einer Gruppe von Gefangenen zu teilen. Da aus Gründen der Sicherheit jeweils nur sechs aus unserer Gruppe Einlaß in die Strafanstalt erhalten, fanden wir folgende Lösung: Um eine Konstanz zu gewährleisten, sind von unserer Seite fünf Personen regelmäßig dabei; der sechste Platz wird abwechselnd an weitere Interessierte vergeben.

Meditation mit Leib und Seele

Im Kursprogramm der Strafanstalt kündigen wir das Angebot jeweils wie folgt an:

Meditation ist etwas Menschliches wie Essen und Trinken und wie Atmen. Es geht bei dieser Übung darum, sich selbst zu entdecken und zu erfahren, anderen auf einer tieferen Ebene zu begegnen und offen zu werden für die Welt um uns. Im schweigenden Meditieren (Zazen) überwinden wir die Grenzen der verschiedenen Sprachen und Kulturen und finden eine Kommunikationsform, die alle verstehen. Entspannungsübungen bereiten uns auf das Meditieren vor. Bei der Meditation selbst sitzen wir in einer aufrechten, gespannten und zugleich gelösten Haltung auf einem Kissen oder Schemel und achten auf den Atem.

Die einzelnen Abende haben einen festen Rahmen. Zu Beginn teilen wir uns mit, ob wir seit dem letzten Treffen geübt haben, und wenn ja, wie es uns dabei ergangen ist. Es folgen einige Hinweise über die Praxis des Zen. Wenn Neue dazu kommen, teilen wir ihnen ein Informationsblatt aus, allenfalls in englischer und spanischer Übersetzung.

An den ersten Abenden haben wir aus Zeitgründen keine Entspannungsübungen in den Ablauf des Abends eingebaut. Wir merkten aber bald, daß Gefangene – und nicht nur sie – wenig Bezug zu ihrem Körper haben, ihn als fremd erleben. Deshalb bieten wir jetzt jeweils einfache Yoga-ähnliche Übungen im Stehen und Liegen an.

Es zeigt sich, daß der Leib untrüglich meine innere Verfassung ausdrückt. So können wir sagen: Zeige mir, wie du *stehst*, und ich sage dir, wie es um dich steht; zeige mir, wie du *gehst*, und ich sage dir, wie es dir geht; zeige mir, wie du *läufst*, und ich sage dir, wie es bei dir läuft.

Nach den kurzen Übungen zur Entspannung und Sensibilisierung machen wir zweimal 20 bis 25 Minuten Zazen. Dazu geben wir etwa folgende kurze Anweisung:

Wir sitzen aufrecht gestreckt, in einer guten Spannung und zugleich gelöst. Die linke offene Hand legen wir in die rechte, die Daumenspitzen berühren sich. Die Augen richten wir vor uns auf den Boden. Sie bleiben also offen. Der Mund ist geschlossen, aber nicht verbissen. Nun achten wir auf den Atem, spüren, wie er ein- und ausströmt, ganz natürlich und ruhig, wie von selbst. Fangen wir an zu träumen und zu phantasieren, können wir jederzeit zur Übung zurückkehren. Der Atem ist da, er verläßt uns nicht. Wir lassen uns Zeit ...[2]

Schließlich gibt es in einer Schlußrunde Gelegenheit, sich kurz über den Abend mitzuteilen. Die Gefangenen – es sind jeweils zwischen sechs und neun vorwiegend junge Männer – äußern sich etwa so:

– „Es war für mich eine Seelendusche."
– „Ich mußte immer an die Gerichtsverhandlung denken, die über meinen Fall entscheiden wird."
– „Jetzt habe ich wieder Kraft geschöpft für eine ganze Woche ..."

Die Teilnehmer und Teilnehmerinnen von draußen zeigen sich nach jedem Abend beeindruckt vom großen Ernst in der Gruppe, vom kraftvollen Schweigen, von der Offenheit der Gefangenen und nicht zuletzt von dem sehr geeigneten Raum (Kirche, getäfelt, mit offenem Dachstock).

Mit guten Wünschen für die kommende Woche verabschieden wir uns voneinander, wobei die Gefangenen es nicht unterlassen, uns von der hinteren Türe her, die in den „Innenhof" und von dort zu den Zellen führt, zuzuwinken.

Mönche wider Willen

In seinem Buch „Den Mönch in sich entdecken" sagt Raimon Panikkar, der neue Mönch sei ein Ideal, eine Sehnsucht im Kopf und in den Herzen der Menschen von heute. „Ich selber habe diesen neuen Mönch unter den Armen ebenso gefunden wie unter den Reichen, im Osten wie im Westen, unter sogenannten Gläubigen wie unter sogenannten Ungläubigen. Ich habe ebenso viele Frauen wie Männer getroffen, in weltlichen Institutionen nicht weniger als in religiösen ... Man trifft sie in den Gängen, Versammlungsräumen und Treffpunkten der modernen Gesellschaft nicht seltener als in den alten Klöstern und Gemeinschaften."

Wir dürfen hinzufügen: Wir finden sie auch und nicht zuletzt im Gefängnis. Ein Gefangener schrieb mir: „Im Grunde sind wir alle irgendwie Mönche – wenn auch unfreiwillig.“ Wiederholt kam das Gespräch auf das Thema Kloster. In der Tat, dort wie hier gibt es Mauern, Zellen, geregelte Tageszeiten ... Ich stelle fest, daß durch die Übung des Zen manche Gefangenen fähig werden, die langweilige Zelle zu einem Ort der Einkehr und Stille zu machen.

„Den Weg, den ihr mir zeigt, und die Stunden, die ich mit euch verbringen darf, gehören zu den schönsten und innigsten Augenblicken in den letzten Jahren. Jetzt übe ich den Weg von der Oberfläche zur Tiefe des Herzens in täglicher stiller Zurückgezogenheit.“ So lese ich in einem anderen Brief.

Nicht wenige Gefangene haben durch die Meditation Geschmack an heiligen Schriften gefunden. „Ich lese zur Zeit ein Super-Buch“, eröffnete uns eines Abends ein Gefangener. Er meinte die Bibel. Ein anderer, ein Israeli, sagte prompt, er lese die Thora. Es versteht sich, daß ein dritter schmunzelnd erklärte: „Ich lese den Koran.“ Kurze Nachfragen machten deutlich: Dem war tatsächlich so.

Gelegentlich, besonders im Einzelgespräch, kommt es zu regelrechten Mondos, zu einem „Frage-Antwort-Spiel“.

Gefangener: „Zen-Meditation, was bringt's?“

Meine Antwort: „Nichts!“

Gefangener: „Nichts? Das paßt ja zu mir. Ich habe nichts mehr. Alles habe ich aus der Hand gegeben, und doch fühle ich mich eigenartig reich.“

„Drinnen“ wie „Draußen“

Worte soll man nicht mißbrauchen: Gefängnis ist Gefängnis, und Freiheit ist Freiheit; drinnen ist drinnen, und draußen ist draußen. Und doch: Die Grenzen sind fließend. Einzelne Gefangene sagten mir, sie seien schon vor dem Gefängnis Gefangene gewesen, Gefangene von Drogen und anderen Suchtmitteln, Gefangene der Wertvorstellungen ihrer Sub-Kultur. So gesehen, ist „Freiheit“ relativ, und mir scheint, einzelne Gefangene, die ich auf dem Meditationsweg begleite, fangen an, mehr und mehr zu sich selbst zu finden und sich damit auch als frei zu erfahren – und als verantwortlich.

Wie dem auch sei: Die Fragen und Probleme der Menschen ähneln sich, ob sie nun hinter oder vor der Mauer leben. Wobei gesagt werden muß, daß bei den Menschen drinnen, zumal wenn sie zu meditieren beginnen, die Probleme unverdeckter, unverstellter zutage treten, weil Ablenkungsmanöver weitgehend wegfallen.

Die Ähnlichkeit von „drinnen“ und „draußen“ bezieht sich übrigens auch auf die Motivation zum Zazen. Es gibt deren mehrere. Bei Anfängern ist nicht selten Neugierde das Motiv, auch bei den Gefangenen. Vom Unbekannten fasziniert, versuchen sie das „Sitzen in Stille“ und lassen es dann wieder sein. Andere halten an der Übung fest, auch dann noch, wenn das Neuheitserlebnis vorbei und die Neugierde gestillt ist. Diese Menschen haben gemerkt, daß das ruhige Sitzen sowie das sorgfältige Achten auf den Atem mit der Zeit zu einer tiefen leib-geistigen Entspannung führt und Streß abbauen hilft. (Und „Streß“ gibt es im Gefängnis viel, ausgelöst durch Heimweh, durch eine laufende Gerichtsverhandlung, durch einen bevorstehenden Urlaub und vor allem durch den Strafvollzug selbst).

Nicht wenige Menschen machen mit großem Ernst Zazen, wobei sie ihre Motive vielfach nicht klar benennen können. Es ist die Suche nach dem Sinn des Lebens, die diese Menschen – innerhalb und außerhalb des Gefängnisses – zum geduldigen Weitermachen motiviert. Schließlich gibt es jene, die entschlossen sind, alles was in ihren Kräften liegt, zu tun, um die Erfahrung des ursprünglichen wahren Wesens und damit die Erfahrung des Einsseins mit allen und allem zu machen. Religiös gesprochen, darf man wohl sagen, diese Menschen seien motiviert durch die Frage nach Gott. Aus meiner Erfahrung darf ich sagen: Gefangene werden von dieser Frage oft existentieller berührt als die Menschen in Freiheit.

Ich schließe diesen kurzen Bericht mit einem Zeugnis aus unserer Meditationsgruppe: „Was uns mit diesen Menschen verbindet, ist größer als das, was uns trennt. Ich jedenfalls empfinde keinen Unterschied zwischen ihnen und mir, zwischen ‚drinnen' und ‚draußen'. Im Grunde sind wir alle, die von drinnen wie die von draußen, Beschenkte einer ungewohnten Begegnung."

Anmerkungen

[1] Vgl. dazu: Bob Lozoff, We're All Doing Time (deutsch etwa: Wir alle sind Gefangene), published 1985 by Hanuman Foundation, USA.

[2] Zur Praxis des Zazen siehe z.B. Robert Aitken, Zen als Lebenspraxis. München 1988; Niklaus Brantschen, Der Weg ist in dir. Zürich 1992, 45–85.

Der Autor

Niklaus Brantschen, Jesuit und Zen-Lehrer, veröffentlichte verschiedene Bücher über Meditation sowie Fasten. Er ist spiritueller Leiter des Lassalle-Hauses, Zentrum für Spiritualtität und soziales Bewußtsein, Bad Schönbrunn/Zug (CH).

Adressen-Verzeichnis

I

Anschriften der Meditationslehrer(innen), Meditationszentren, Bildungshäuser und Akademien, die Meditation anbieten, sowie Kontaktadressen für Meditationskreise in Deutschland, Österreich und der Schweiz, nach Postleitzahlen geordnet.

DEUTSCHLAND

Karin Johne
Mittelstraße 3
04416 Markkleeberg

Pfr. Thomas Ulrich
Hertastraße 11
12051 Berlin
Tel: 030/6251940

Exerzitienhaus Maria Frieden
Lüdickeweg 5
14089 Berlin
Tel: 030/3654171

Haus der Stille
Am kleinen Wannsee 9
14109 Berlin
Tel: 030/8053064
Möglichkeiten zur Besinnung und Vertiefung der Glaubenserfahrung durch Schweigen, Beten, Meditieren, Leben in christlicher Gemeinschaft, seelsorgliches Gespräch und Begleitung auf dem Meditationsweg, Tagzeitgebet, sonntäglicher Gottesdienst mit Abendmahl. – Prospekt bitte anfordern.

Karmel St. Teresa
Schützenstraße 12–15
16547 Birkenwerder
Exerzitien, Stilletage, Urlaub im Karmelitenkloster Birkenwerder bei Berlin.

Haus der Stille
17498 Weitenhagen
(Greifswald)
Tel: 03834/811422

Sr. Heidrun Kühn
Nußkamp 6
22339 Hamburg
Tel: 040/597024

Horst Grümbel
Kirchplatz 1–2
23701 Eutin
Tel: 04521/2153

Haus St. Ansgar
Kloster Nütschau
Schloßstraße 2
23843 Travenbrück
Tel: 04531/5004–0

Sabine Tramberend
Koppelsberg 12
24306 Plön
Tel: 04522/507–121

Dr. med. Norbert Freier
Fasanenweg 10
24395 Gelting-Stenderup
Tel: 04643/922

Pfr. Felix Graf v. Merveldt
Freiligrathstraße 300
26386 Wilhelmshaven

St. Marien Schilling
Jadestraße 34
26434 Wangerland-Schilling

Lutherstift in Falkenburg
Hauptstraße 30
27777 Ganderkesee
Tel: 04222/8209

Niels-Stensen-Haus
Kathol. Landvolkshochschule
Worphauser Landstraße 55
28865 Lilienthal
Tel: 04208/544

Koinonia
Missionsstraße 3
29320 Hermannsburg
Die Koinonia führt Einkehrzeiten durch, verbunden mit biblischen Betrachtungen, Sitzen in Stille (Zen) und Eutonischen Übungen. – Programm bitte anfordern.

OT Heber
Forsthaus Scharrl
Felix v. Merveldt
29640 Schneverdingen
Tel: 05199/221
Es geht in der einsam im Wald gelegenen Klosterförsterei darum, die Schlichtheit naturverbundener Lebensweise wieder zu erspüren und einzuüben. Angeboten werden: Schweigen und Meditation, Bibel und Gottesdienst, Märchen und Träumen, Malen und Töpfern, Erfahrung im Umgang mit den Kräften der Natur.

Irene Rotermund
Altbekener Damm 35
30173 Hannover
Tel: 0511/802440

Bildungsstätte St. Vinzenz
im Bernwardshof
Winkelstraße 3–4
31137 Hildesheim-Himmelsthür
Tel: 05121/4050

Sprengelheim Heersum
Mittelstraße 11
31188 Holle

Loccumer Arbeitskreis für
Meditation e.V. (LAM)
Pastor Kurt Dantzer
Evangelische Akademie
31547 Rehburg-Loccum

Die Meditation wird als Weg zu sich selbst, zum Mitmenschen und zu Gott erfahren. Der Arbeitskreis will Anschluß gewinnen an die Tradition des geistlichen Lebens in den christlichen Kirchen und offen sein für andere Meditationswege. Aus dem Angebot: Meditation durch Bewegung – Meditation mit Märchen – Kontemplation – Regression und Aggression – Fasten und Meditieren – Meditieren und Malen. – Programm bitte anfordern.

Verbunden mit dem LAM sind eine ganze Reihe regionaler Meditationsgruppen.

Kloster Wülfinghausen
Haus der Stille
31832 Springe
Tel: 05044/4150

Haus Cassian
Am Möncheberg
Auf der Heide 5, 18 u. 24
31840 Hessisch Oldendorf
Tel: 05152/1531

Im Geiste von Johannes Cassian, dem Mönchsvater des Abendlandes und Vorläufer der benediktinischen Tradition, werden hier vielfältige Meditationskurse christlicher Prägung angeboten: Fasten – Liturgischer Tanz – Meister Eckhart und seine Mystik – Malen auf dem Weg zu sich u. ä.

Hardwig Herrmann
Reiherweg 10
32427 Minden
Tel: 0571/23628

Mutterhaus der
Vinzentinerinnen
Sr. M. Ruthild Völkel
Am Busdorf 4
33098 Paderborn
Tel: 05251/290625

Kurse in Eutonie – Meditation – Kontemplation, in der christlichen Entsprechung des Zen – Übung des Jesusgebets/Herzensgebets. Die Kurse richten sich an Anfänger sowie an Fortgeschrittene.

Collegium Salesianum
Busdorfwall 28
33098 Paderborn
Tel: 05251/23729

Christine Weiskopf
Baltenweg 10
33098 Paderborn
Tel: 05251/78979

Institut Vita e.V.
Haus der Begegnung
Stennerlandstraße 22
33397 Rietberg
Tel: 05244/8720

Das Haus der Begegnung ist eine katholische Bildungs- und Erholungsstätte mit auch meditativen Angeboten: dem Rhythmus des Kirchenjahres angepaßte Besinnungs- und Einkehrzeiten – Exerzitien – wöchentliche nächtliche Anbetung und andere Gebetszeiten – Bibelarbeit und Meditation.

Benediktinerinnen-Abtei
Varensell
Haus St. Benedikt
33397 Rietberg 2
Tel: 05244/5297

Die Benediktinerinnen bieten einen Ort der Besinnung und Stille, der Begegnung und des Gesprächs: Stillwerden und Schweigen – Biblische Gotteserfahrung – Singen und Hören als Weg zu Gott – Meditation – Ora et labora: Angebot zum klösterlichen Mitleben in Arbeit und Gebet.

Haus der Stille
Am Zionswald 5
33617 Bielefeld 13
Tel: 0521/1445220

Heimvolkshochschule
St. Hedwigs-Haus e. V.
Hermannstraße 86
33813 Oerlinghausen
Tel: 05202/1092

Angeboten werden vielfältige Übungen zur Leiberfahrung, zur Selbsterfahrung, zum Sitzen im Schweigen, Kontemplation auf dem Hintergrund christlicher Mystik. Arbeit mit der heilenden Kraft des Atems und der Stimme, meditativ-liturgische Tänze, Märchenbetrachtung. – Prospekte bitte anfordern.

Kloster Bursfelde
Werner Anisch
34346 Hann Münden
Tel: 05544/1688

Margit Schnell
Aspenweg 18
35510 Butzbach
Tel: 06033/60715

P. Volker Grunwald OMI
Bonifatiuskloster
36088 Hünfeld
Te.: 06652/9433

Kontemplationskurse: Wo ein Mensch vom Ewigen getroffen wird, beginnt er zu rufen, und sein Laut formt sich später zum Namen Gottes, der da ist, der befreit, – oder Jesu, der menschliche Schrei und Laut Gottes selbst. Mit dem Geheimnis dieses Namens wird versucht, das eigene Rätsel schweigend und leibhaft in gegenstandsloser Meditationsweise zu vereinen.

Werner Vogel
Neißer Straße 9
36100 Petersberg
Tel: 0661/66254

Bildungsstätte St. Martin
Klosterstraße 28
37434 Germershausen
Tel: 05528/8088

Neues Priorat Walkenried
Steinweg 14
37445 Walkenried

Las Casas-Haus
Begegnungsstätte der
Dominikaner
Brucknerstraße 6
38106 Braunschweig
Tel: 0531/340922

Kloster Steterburg
Exerzitien- und Bildungshaus
Gerhart-Hauptmann-Straße 2–4
38239 Salzgitter
Tel: 05341/22040

Begegnungsstätte St. Ludgerus
Am Ludgerihof 1
38350 Helmstedt
Tel: 05351/7012

Gundula Meyer
Zenmeisterin
Am Dorfanger 2
38536 Meinersen-Ohof
Tel: 05372/7771

Evang. Gethsemanekloster
Riechenberg 1
38640 Goslar
Tel: 05321/21712

St.-Jakobus-Haus
Kathol. Heimvolkshochschule
Reußstraße 4
38640 Goslar
Tel: 05321/24047/48

Haus der Stille
Kastanienallee 6
39291 Möser
(b. Magdeburg)
Tel: 039222/263
Aus dem Angebot: Einkehrtage mit Eutonischen Übungen – Besinnungstage mit geistlichem Tanz, Leibarbeit, sakralem Tanz und Kontemplation – Geistliche Übungen nach Ignatius von Loyola. Auch Einzelbegleitung ist möglich. – Prospekte bitte anfordern.

Astrid Behets
Nympfenburgstraße 52
40625 Düsseldorf
Tel: 0211/299983

Servitinnenkloster
Sr. Brigitte Kraut
Gödinghover Weg 11
40627 Düsseldorf

Hans-Joachim Woothke
Pommernstraße 14
40880 Ratingen
Tel: 02102/445244

Evangelisches Gemeinde-zentrum
Pastor Gerhard Gruska
Bleibergweg 82
40885 Ratingen-Lintorf
Tel: 02102/34550

Bildungsstätte St. Michael Steyl
Postfach 2460
41334 Nettetal

Libermann Haus
Knechtsteden
41540 Dormagen

Diözesanexerzitienhaus
St.-Remigius-Haus
Gerberstraße 20
41748 Viersen
Tel: 02162/15304
Das Angebot des Hauses beinhaltet im wesentlichen Exerzitien sowohl für einzelne als auch für Gruppen.

Haus Elisabeth v. Berge
Im Honigtal 21
42117 Wuppertal

Annette Frickenschmidt
Oberdörnen 84
42283 Wuppertal
Tel: 0202/555543

Haus Quellengrund
Kirchenfelder Weg 28
42327 Wuppertal 17

Pfr. Wolfgang Gronau
Luther-Kirchengemeinde
Martin-Luther-Straße 114
45144 Essen

Pfr. Ulrich Holste-Helmer
Ev. Kirchengemeinde
Margarethenhöhe
Juistweg 22
45149 Essen
Tel: 0201/711150

Pfr. Manfred Rompf
Kupferdreher Str. 125
45257 Essen
Tel: 0201/480720
Gemeindepfarrer und Synodalbeauftragter für Meditation der Ev. Kirche Essen. Bietet Meditationskurse (gegenstandsfreie Meditation) an für Menschen, die sich nach einem vertieften und sinnerfüllten Leben sehnen. Entspannungsübungen, Eutonie und Körperbildung nach Dore Jakobs helfen zu einem ausgeglichenen Zustand. Für den Meditierenden wird Gott immer mehr die Mitte des Lebens. – Prospekt anfordern.

Pfr. Karin Degenkolbe
Auf dem Eichholz 17
45359 Essen
Tel: 0201/600182

P. Johannes Kopp SAC
Steigerweg 1
45473 Mülheim/Ruhr
Tel: 0208/762912
„Leben aus der Mitte – Zen-Kontemplation" – unter diesem Motto bietet Pater Johannes Kopp, Zenmeister, Kurse für Anfänger und Fortgeschrittene an. In kleinen Schritten und regelmäßigen Übungen im Alltag wird das Einswerden mit sich und mit Gott gesucht. – Programm bitte anfordern.

Pfr. Dietrich Redecker
Schillerstraße 3
45549 Sprockhövel
Tel: 02324/71097

Steyler Missionare
An Luggesmühle 13
46236 Bottrop

Geistliches Zentrum Haus Aspel
46459 Rees-Haldern
Tel: 02850/1855
Die Gemeinschaft der „Töchter vom heiligen Kreuz" möchte Menschen helfen, die Orientierung und Sinngebung für ihr Leben im Alltag suchen, und bietet an: Einkehrtage – Einzel- und Gruppenexerzitien – Fastenkurse – Meditatives Tanzen – Eutonische Übungen – Meditation.

Priesterhaus Kevelaer
Kapellenplatz 35
47623 Kevelaer
Tel: 02832/6031
Tagungshaus für kirchliche Gruppen, die im Haus mit einem Tagungsleiter Fragen des Glaubens bedenken und durchleben wollen. Es werden zudem Exerzitien und Tagungen angeboten, an denen man als einzelner teilnehmen kann. In der Wallfahrtszeit finden auch Pilgergruppen Aufnahme.

Provinzialat der
Clemensschwestern
Sonnenstraße 35
47623 Kevelaer

Pfr. Lindemann
An der Apostelkirche 1–3
48143 Münster

Benediktushof
Mauritz-Lindenweg 63
48145 Münster
Tel: 0251/34152
Der Benediktshof, eine christliche Meditations- und Begegnungsstätte, ist offen für Menschen aller Konfessionen. Von der benediktinischen Tradition her kommend und in Verbindung mit der Initiatischen Therapie Karlfried Graf Dürckheims und Maria Gräfin Hippius-Dürckheims möchte er dem Menschen das Wohnen in seiner Mitte ermöglichen. Meditation/Kontemplation und Eucharistie bestimmen wesentlich die konkrete Arbeit am Wandlungsprozeß des Menschen.

Sr. Sebastia
Hovest-Engberding
Mauritz-Lindenweg 56
48145 Münster

Professor
Dr. Peter Lengsfeld
Quellenweg 17
48301 Nottuln-Darup

Exerzitienhaus
Gertrudenstift
48431 Rheine-Bentlage

Exerzitienhaus Ludgerisrast
Benediktinerabtei
48727 Billerbeck
Tel: 02541/800131

Haus Ohrbeck
Am Boberg 10
49124 Georgsmarienhütte
Tel: 05401/2066
Hier werden verschiedene Meditationsseminare angeboten: Leibarbeit – stilles Sitzen – Zen – Eutonie – Yoga – Ikonenmalerei – Bibliodrama – Bibelmeditation – Märchen und Meditation – meditatives Tanzen – Musik und Rhythmus.

Priorat St. Benedikt
Benediktstraße 19
49401 Damme
Tel: 05491/3011
Das Priorat der Abtei Münsterschwarzach (s. u.) bietet auch hier meditative, spirituelle Kurse an: Sesshins in christlicher Kontemplation – Sakraler Tanz – Enneagramm – Vipassana – Fasten – Bibelarbeit und tiefenpsychologische Schriftauslegung – Leibarbeit mit dem Atem – Tai Ji – Exerzitien.

Haus der Begegnung
Höhenweg 51
50169 Kerpen-Horrem

Karla Lattrich
Pfarrhaus St. Ulrich
Kirchenkamp 5
50226 Frechen-Buschbell
Tel: 02234/13450
Einführungskurse in Kontemplation, Gebet des Schweigens; regelmäßige Übungszeiten (ZEN).

Pfr. Hermann Kotthaus
An der Ronne 7
50259 Pulheim-Braunweiler
Tel: 02173/24052

Kanisiushaus
Jesuitenkloster
Stolzestraße 1a
50674 Köln

Maria im Kapitol
Marienplatz 17/19
50676 Köln
Tel: 0221/214615
Das katholische Pfarramt der Basilika St. Maria im Kapitol bietet verschiedene Veranstaltungen an, die der Hinführung zur Praxis der Spiritualität und der „Begegnung mit dem lebendigen Gott" dienen: Exerzitien im Alltag – Vorträge – Stillezeiten – Meditation.

Haus der Begegnung
Jabachstraße 4–8
50676 Köln

Mutterhaus der Augustinerinnen
Severinstraße 71–75
50678 Köln

Meister Eckehart-Haus
Klaus-Werner Stangier
Cornelia Kleijn-Stangier
Odenthaler Straße 401
51069 Köln
Der Name des Hauses bezeichnet die Ausrichtung der Arbeit an dem Meister der Mystik (siehe den Beitrag von Klaus-Werner Stangier in diesem Buch). Die Leiter sind in Initiatischer Therapie bei Graf Dürckheim und Gräfin Hippius-Dürckheim ausgebildet und Lehrbeauftragte für Psychodrama. Arbeitsgebiete: Za-Zen – Geführtes Zeichnen – Psychodrama – Bibliodrama – Personale Leibarbeit. – Programm bitte anfordern.

Evang. Kirchengemeinde
Köln-Brück
Pfr. Burkhart Demberg
Am Schildchen 1
51109 Köln
Tel: 0221/843115

Evang. Kirchengemeinde
Pfr. Rolf Drosten
Wilhelm-Busch-Straße 4
51373 Leverkusen 1

Haus Blegge
Paffrather Str. 265
51469 Bergisch-Gladbach

Missionsdominikanerinnen
Jahnstraße 31
51515 Kürten – Biesfeld
Tel: 02207/888
In Noviziat der Missionsbenediktinerinnen werden angeboten: Einzelexerzitien mit Begleitung – Wüstentage – Geistliche Begleitung – Übungen am Leib auf eutonischer Basis. – Termine nach Absprache mit Sr. Maria Bonosa Lankes OP.

missio – Abt. Bildung
Norbert Nagler
Goethestraße 43
52064 Aachen
Tel.: 0241/7507–294
Neben den mehr auf praktische Spiritualität ausgerichteten Meditationskursen werden interessierten Laien

Studientagungen angeboten zur Theologie anderer Weltreligionen, speziell zum Dialog zwischen Hinduismus und Christentum.

ZEN-Freundeskreis
Christel v. den Boom
Saalestr. 4
53127 Bonn 1

Walberberger Bildungsstätte
Kloster St. Albert
Rheindorfer Burgweg 9
53332 Bornheim 3

Evang. Meditation
Wenzel Graf v. Stosch
Schützenstraße 13
53332 Bornheim

Anna-Haus
Herterplatz 10
53347 Alfter

Freundeskreis Kirche und
geistl. Leben e. V.
in der Evang. Kirche
im Rheinland
Am Ordensgut 2
53639 Königswinter

Steyler Missionare e. V.
Arnold-Janssen-Haus
Arnold-Janssen-Straße 24
53754 St. Augustin
Tel: 02241/237296–7
Das Arnold-Janssen-Haus bietet Jungen und Alten, Verheirateten und Ledigen, Priestern, Diakonen, Brüdern und Schwestern ein reiches spirituelles Angebot: Zen-Meditation – Yoga – Einzelexerzitien – Tanzmeditation – Fastenkurse – Enneagramm-Seminare – Bibelarbeit u. ä. – Programm bitte anfordern.

Pfr. Gerda und
Rüdiger Maschwitz
Hetzenholz 13
53804 Much

Seminarhaus Schmiede
A. und G. Remmert
Römerstraße 5
54298 Welschbillig
(bei Trier)
06506/577
Die Arbeitsweisen im Seminarhaus Schmiede verdanken sich der Initiatischen Therapie von Karlfried Graf Dürckheim, der Tiefenpsychologie von C. G. Jung, der humanistischen, systemischen und transpersonalen Psychologie. Dementsprechend wird neben Zen-Meditation Traumarbeit, Ikebana, Konflikttraining o. ä angeboten. – Programm bitte anfordern.

Abtei Himmerod
54534 Großlittgen 2
06575/8445

Bischöfliches Priesterhaus
St. Thomas
54655 St. Thomas
Tel: 06563/20311
Bildungsstätte für kirchliche Dienste auch mit Angeboten zu Besinnung, Einkehr, Gebet und Meditation.

Diakonissen-Mutterhaus
Oberin Gertrud Heublein
Ringstraße 58–60
55543 Bad-Kreuznach
0671/6053213

Priesterhaus
Berg Moriah
56337 Simmern

Herrn Pfarrer Paul Martin Clotz
Rosberg 3
56340 Dachsenhausen
Arbeitsstelle des Beauftragten für Angebote geistlichen Lebens in der Evangelischen Kirche in Hessen und Nassau. Hier werden die verschiedenen Meditationsangebote der Landeskirche organisiert. – Informationen bitte anfordern.

Altbäckersmühle
E. und K. Österle
56379 Singhofen
Tel: 02604/5847
Das Haus bietet Kurse an zur Förderung und Einübung des Yogaweges, des Zen (gegenstandsloses Meditieren), des Herzensgebetes, des meditativen Bogenschießens. Die Kurse sollen zu innerem Frieden führen, zu Lösung von Spannungen, zur Entwicklung geistiger Fähigkeiten, zu Harmonie im Alltag und einer allgemeinen Bewußtseinsentfaltung, ohne daß nach Konfession, Religion oder Weltanschauung gefragt wird.

Haus der Stille
Meditations- und Einkehrzentrum
der Ev. Kirche im Rheinland
Melsbacher Hohl 5
56579 Rengsdorf
Tel: 02634/7135
Vielfältige Angebote zu Einkehr, Besinnung und Meditation, Eutonie, Leibarbeit und Arbeit mit inneren Bildern, Einführung und Begleitung zum Herzensgebet u. a.

Casa ars vivendi
Frau Dr. A. Bewerunge
Tannenstraße 13
56581 Kurtscheid
Tel: 02634/8311
Ruhiges, abseits gelegenes Haus im Westerwald bietet Möglichkeit zum Rückzug, um sich selbst zu entdekken, zu Stille, Meditation, Gebet, Einkehr und auch Psychotherapie.

Bildungshaus der Franziskanerinnen
St. Marienhaus
Postfach 1140
56588 Waldbreitbach
Tel: 02638/81–0
Neben Kursangeboten speziell für Mitglieder der Gemeinschaft gibt es ein reiches Angebot für alle Interessierte: Yoga – Fasten – Schweigen – Meditation – Rhythmus, Atem, Bewegung (Scharing-Eutonie) – TZI mit Bibliodrama – Selbsterfahrung mit Malen und Musik.

Johannes-Haw-Heim
Postfach 40
56599 Leuterdorf
Tel: 02631/9760
Einkehrtage, Besinnungsangebote, Glaubenswochen, Bibelwochen und Exerzitien für Priester, Ordensleute und Laien.

Benediktinerabtei Maria Laach
56653 Maria Laach
Tel: 02652/590

Pallotti-Haus
Im Osterseifen 1
57462 Olpe
Tel:02761/6080

Das Pallotti-Haus ist Heimvolkshochschule und Exerzitienhaus mit einem umfangreichen integrativ-ökumenischen Angebot: Atem-Seminar – Meditationsexerzitien – Psychodrama – Psychologische Selbsterfahrung – Eutonie – Leben in Partnerschaft – Kontemplation – Märchen u. ä.

Pädagog. Institut
Pfr. Dr. Halverscheid
Auf dem Tummelplatz 5
58239 Schwerte-Villigst
Tel: 02304/70256

Pfr. Gunter Urban
Hansering 62
58339 Breckerfeld
02338/2135

Pfr. Dietrich Redecker
Wideystraße 26
58452 Witten
Tel: 02302/589–127

Pfr. Dr. Reinhard Kirste
Am Hardtkopf 17
58769 Nachroth-Wiblingwerde

Hausgemeinschaft
Monika J. Schmelter,
Dipl. Theol.
Klosterstraße 14
59348 Lüdinghausen
Das Meditationsangebot des Hauses: Meditation und meditative Körperübungen – Tanzen und Malen – Meditation und Bibliodrama – Traumarbeit und Heilfasten – Hausliturgie mit meditativen Elementen – Einkehrtage auch mit Einzelbegleitung.

Franziskus-Haus
Steinergraben 37
59457 Werl 1
Neben Einführung in die franziskanische Spiritualität bietet das Haus: Wüstentage – Einkehr und Exerzitien – Meditationswochenenden für Anfänger und Fortgeschrittene – Cursillio – Bibelwochenenden u. ä. – Programm bitte anfordern.

Oase
P. Guido Hügen
Benediktiner-Abtei
Königsmünster
59872 Meschede
Tel: 0291/2995–210
Haus der Besinnung und Begegnung auch mit meditativen Angeboten: Yoga und Meditation – Leibarbeit – Fasten und Schweigen – Traumarbeit – Psalmengesang und Liturgie – Märchenarbeit zur Persönlichkeitsentfaltung.

Ökumenischer Arbeitskreis
Meditation
Kurt-Helmuth Einmuth
Saalgasse 15
60311 Frankfurt/Main
Tel: 069/285502
Stille-Meditation, Leibübung, meditatives Gehen und Gebetsgebärden.

Institut der Orden für
missionarische Seelsorge
Waldschmidtstraße 42 a
60316 Frankfurt/Main
Tel: 069/446415
Das Institut ist getragen von der Vereinigung deutscher Ordensobern (VDO) und Oberinnen (VOD), in Verbindung mit den Superiorenkon-

ferenzen Österreichs (SKÖ) und der Schweiz (VOS) und der Vereinigung der deutschsprachigen Schweiz und Liechtensteins (VONOS). – Angeboten werden im Bereich der Fortbildung für Ordensleute auch meditativ-spirituelle Ausbildungs-Kurse und Supervision in geistlicher Führung, Bibelbetrachtung, Meditation, Bibliodrama u. a.

Benediktinerinnen-Abtei
Kloster Engelthal
63674 Altenstadt
Tel: 06047/6088

Das Gästehaus der Abtei ist geprägt vom Lebensstil einer benediktinischen Kommunität und dem regelmäßigen Gotteslob der Schwesterngemeinschaft. Elemente der Angebote sind: Vorträge, Gespräche, Meditationen, gemeinsame Arbeit, Stundengebet und Eucharistiefeier.

Bischof-Ketteler-Haus
Exerzitienhaus der
Diözese Mainz
Herrn Klaus Stemmler
Konviktsweg 23
64807 Dieburg
Tel: 06071/9632–0

Exerzitienhaus der Diözese Mainz mit vielfältigen Kursangeboten zur Einübung in eine ganzheitliche Spiritualität. Verschiedene Meditationsformen: Biblische Meditation – Ikebana und Meditation – Enneagrammseminare – Ignatianische Exerzitien u. a. – Kursprogramme sind unter Postfach 1148 in 64801 Dieburg gegen Rückporto erhältlich.

Roncalli-Haus
Friedrichstr. 26
65185 Wiesbaden

Gemeinschaft der Servitinnen
Bierstadter Straße 4
65189 Wiesbaden
Tel: 0611/305068

Die Gemeinschaft bietet sich an als Ort der Sammlung und der Einübung in ganzheitliche Spiritualität mit Meditation, Gebärden, Bewegung, Tanz, Bibliodrama, Methoden der humanistischen Psychologie und auch schöpferischen Ausdrucksmöglichkeiten.

Bildungs- und Exerzitienhaus
Kloster Tiefenthal
Schlangenbader Straße 165 b
65344 Eltville (Martinsthal)
Tel: 06123/796–111

Träger des Hauses ist die Kongregation der Armen Dienstmägde Jesu Christi. Angeboten werden: Exerzitien – Wüstentage – Meditationskurse – Mitarbeiterfortbildungen (auch offen für andere Interessenten) – Mitfeier der Kar- und Ostertage, Advent und Weihnachten für Alleinstehende. Auch Einzelgäste können das ganze Jahr über Ruhe und Erholung finden. – Jahresprogramm bitte anfordern.

Exerzitien- und Bildungshaus
der Pallottinerinnen
Weilburger Str. 5
65549 Limburg
Tel: 06431/2009–55

Bei aller Unterschiedlichkeit der Themen und Methoden, die hier angeboten werden, ist als durchgängiges Leitmotiv spürbar: Gott zu su-

chen und ihn zu finden in allem. Aus dem Kursangebot: Meditationskurse – Enneagramm-Seminare – Musikmeditation – Traum- und Tanzkurse – Rhythmus-Atem-Bewegung – Exerzitien. – Kursprogramm bitte anfordern.

Jesus-Bruderschaft
Hof Gnadenthal
65597 Hünfelden
Tel: 06438/81–111

Das „Haus der Stille" in Gnadenthal läd ein zu stillen Wochenenden (Schweigen), zu Themen biblischer Lehre und zu Seminaren über christliche Lebensgestaltung. Es bietet Teilnahme an den Gebetszeiten der Kommunität, Beichtgelegenheit, Mitarbeit in Garten und Landwirtschaft als Weg zur Erneuerung der Lebenskräfte.

Exerzitienhaus St. Josef
Kreuzweg 23
65719 Hofheim/Ts
Tel: 06192/7050

Die von einem franziskanischen Ansatz ausgehenden Meditationsangebote versuchen sowohl die Geschöpflichkeit und Leiblichkeit als auch Elemente einer sinnorientierten Humanpsychologie in den Prozeß der geislichen Übungen zu integrieren. Sie wollen hinführen zu einem Leben der Selbstverwirklichung in der Nachfolge Jesu.

Pfr. Wolfgang Struß
Pestalozzistraße 42
66280 Sulzbach
Tel: 06897/3105

P. Eberhard Neugebauer
Klosterweg 3
66359 Bous

Dr. Willi Massa
Ökumenisches Meditationszentrum Neumühle
66693 Mettlach
Tel: 06868/790

Eines der ersten christlichen Meditationszentren in Deutschland, spirituell, sozial und ökologisch ausgerichtet. Kontemplation im hiesigen Verständnis vertieft die persönliche Gottes- und Christusbeziehung. Yoga und Zen öffnen uns zum absoluten Seinsgrund. Leibarbeit und therapeutische Verfahren beseitigen Erlebnisblockaden. (Siehe auch den Beitrag von Michael von Brück in diesem Buch.)

Bildungszentrum
Heinrich-Pesch-Haus
Frankenthaler Straße 229
67059 Ludwigshafen
Tel: 0621/5999–0

Institut St. Dominikus
Sr. Mechthild Fricke OP
Vincentiusstraße 4
67346 Speyer
Tel: 06232/912217

Einführungen in Kontemplation und kontemplatives Beten: Kontemplationstage – Vertiefung mit Texten von Meister Eckhart – Eutonie – Schriftmeditation – kreatives Tun – Studium und körperliche Arbeit – Tage im Kloster. – Prospekt bitte anfordern.

Bildungshaus Maria Rosenberg
Maria Rosenberger Straße 24
67714 Waldfischbach-Burgalben
Tel: 06333/923–200

Maria Rosenberg, ein vielbesuchter Marienwallfahrtsort, versteht sich vorrangig als ein religiöses und geistliches Zentrum der Diözese Speyer. Angeboten werden: Exerzitien, auch Einzelexerziten – Besinnungstage – Meditationen – Selbsterfahrung – Autogenes Training – Yoga – Partnerschaftsseminare u. ä. – Programm bitte anfordern.

Dr. Michael Frickel
Blumenstraße 23
69115 Heidelberg
Tel: 06221/10656

Mitglied des Heidelberger Oratoriums, bietet an: Meditation der Achtsamkeit, themenzentriert (TZI) und daseinsorientiert.

Hospitalhof und
ev. Bildungswerk
Gymnasiumstraße 36
70174 Stuttgart
Tel: 0711/2068–150

Bildungswerk der Ev. Kirchengemeinden in Stuttgart, auch mit Meditationsangeboten: Traumarbeit – Yoga – Transpersonale Psychologie – Märchenbetrachtung – Oberton-Messen – Eutonie u.a.

Pfr. Albrecht Strebel
Barchetstraße 7
70569 Stuttgart
Tel: 0711/6871195

Offene Meditationsgruppe Stuttgart: jeden Abend in der Barchetstraße 7 einführende Übung (Leib-Erfahrung) und Sitzen in der Stille; jeden Dienstag 19.30 – 21.30 Uhr: Hospitalstraße 26 (Kath. Gemeindezentrum Karl-Adam-Haus).

Christkönigsheim
Exerzitien- und religiöses
Bildungshaus der Pallottiner
Paracelsusstraße 89
70599 Stuttgart-Hohenheim

Kursprogramm gegen Rückporto erhältlich.

Bert Kemming
Pfarrgarten 26
71088 Holzgerlingen
(b. Stuttgart)
Tel: 07031/603132

Bert Kemming war seit 1971 Schüler und seit 1976 Mitarbeiter bei Graf Dürckheim, „Rütte“; seit 1986 Arbeit in eigener Praxis. Angebote: Christliche Meditation im Stil des Zen – Stimmklang, Gregorianischer Choral. – Programmplan gegen Rückporto erhältlich.

Berneuchener Haus
Kloster Kirchberg
72172 Sulz/Neckar
Tel: 07454/8086

Das Haus ist gegründet in der geistlichen Tradition der Ev. Michaelsbruderschaft, ökumenische Ausrichtung. Angebot der Gastfreundschaft, des Stundengebets und vielfältiger Meditation: Beten und Fasten – Bibelmeditation – Ikonenmalen – Zen – Herzensgebet – Singen. – Veranstaltungsprogramm gegen Rückporto erhältlich.

Ev. Pfarramt
Pfr. Ulrich Wimmer
Im Städtle 6
73240 Wendlingen am Neckar
Tel: 07024/7220
Jeden Mittwochabend Meditation im Pfarrhaus. – Informationen anfordern.

Benediktinerabtei
P. Beda Müller OSB
Klosterhospiz
73450 Neresheim
Tel: 07326/8502
Die Kursangebote richten sich an Christen aller Konfessionen, auch an suchende Nichtchristen. Die Meditationskurse führen die christlich meditative Tradition weiter, nehmen jedoch auch Anregungen aus östlichen Kulturen auf (Zen). Angeboten werden Einführungs-, Aufbau- und Intensivkurse in Meditation, verbunden mit Eutonie und meditativem Tanz.- Neresheimer Programm beim Klosterhospiz (Adresse s. o.) bitte anfordern.

Meditationshaus St. Benedikt
Benediktiner-Abtei
Lindenplatz 5
74206 Bad Wimpfen
Tel: 07063/495
Kursprogramm gegen Rückporto erhältlich.

Zentrum für integrale
Atemtherapie
Grünwiesenstraße 29
74321 Bietigheim

Yogacara-Meditationsstätte
v. Hindenburgstraße 54
74924 Neckarbischofsheim

Ev. Arbeitsgemeinschaft für
ungegenständliche Meditation
Pfr. Giselher Löffler
Hagenstraße 5
76185 Karlsruhe
Tel: 0721/845280
Einzelheiten sind dem Programm zu entnehmen, das gegen Rückporto angefordert werden kann.

Haus der Begegnung
St. Fidelis
Klosterstraße 1
77736 Zell a. H.
Tel: 07835/8066
Angeboten werden: Lebens- und Glaubensorientierung – Beratung in Konfliktsituationen – Wüstentage – Exerzitien. Auch Gruppen mit eigenem Referenten sind willkommen.

Haus Maria Frieden
Auf der Hub 1
77784 Oberharmersbach
Tel: 07837/1410
Das Tagungshaus ist einem Hospiz für an AIDS Erkrankte angegliedert. Außer Fachtagungen bietet es meditative Tage an, z. B.: Meditation und Tanz – Tanz als Gebet u. ä. – Weitere Informationen können angefordert werden.

Geistliches Zentrum Sasbach
der Erzdiözese Freiburg
Am Kältenbächel 4
77880 Sasbach
Tel: 07841/3025

Angebote: Grundkurs „Geistliche Begleitung" für haupt- und ehrenamtliche Mitarbeiter im pastoralen Dienst – Grundkurs des Betens „Mach ein Gebet aus deinem Leben", Einübung in Sammlung und Stille, Beten mit allen Sinnen – Sasbacher Grundkurs „Mensch werden, Christ werden" – Außerdem vielfältige spirituelle, meditative Kursthemen. – Programm bitte anfordern.

Katholisches Fastenzentrum
Samariter-Werk
78269 Volkertshausen
Tel: 07774/7304

Haus Franziskus
Konradistraße 2
78476 Allensbach 4 – Hegne
Tel: 07533/807–241
Es besteht die Möglichkeit, jederzeit mit den Schwestern in franziskanischer Einfachheit zu leben, zu beten und zu arbeiten. Angeboten werden: Einübung in das innere Beten – Exerzitien – Konzentrative Bewegung – Malen und Tanzen.

Joan Rieck
Sonnenhof
Holzinshaus 1
79677 Schönau
Tel: 07673/372
Im Sonnenhof wird versucht, die Erfahrungswege der christlichen Mystiker nachzugehen. Der Kontemplation als gegenstandsfreier Form des Betens, als einer wort- und bildlosen Übung des Loslassens und Sich-Einlassens in den eigenen Wesensgrund, um dort Gott in einer tieferen Weise zu erfahren, kommt hier besondere Bedeutung zu. Der Sonnenhof arbeitet eng zusammen mit Haus St. Benedikt, Würzburg (P. Willigis Jäger). – Kursprogramm bitte anfordern.

Existentialpsychologische
Bildungs- und Begegnungsstätte
Graf-Dürckheim-Weg 12
79682 Todtmoos-Rütte
Tel: 07674/350
Bei der von Karlfried Graf Dürckheim begründeten Initiatischen Therapie sind Meditation (Zen) und Therapie unter transpersonalem Blickwinkel eng aufeinander bezogen. Manche gesundheitlichen oder psychischen Störungen werden als „göttliche Störung" verstanden, das heißt, es meldet sich im Symptom das Wesen des Menschen und drängt zum Durchbruch. Von nun an geht es um eine gänzlich neue Bewußtseinsdimension. Personales und Transpersonales, Welt-Ich und Selbst bilden nunmehr die polare Ordnung.
Die Initiatische Therapie, wie sie in Rütte gelehrt und praktiziert wird, geschieht durch die tiefenpsychologische Aufschlüsselung von Bildern und Signaturen, „durch aktive und passive Meditation, durch Übungen der unterschiedlichsten Ausrichtung, und orientiert sich an der Tiefenpsychologie C. G. Jungs und Erich Neumanns. Einsichten und Praktiken des Zen, der westlichen Mystik sowie der Ganzheits- und Gestaltpsychologie fließen in die Initiatische Therapie mit ein" (aus dem Programmheft).
Inzwischen gibt es zahlreiche Nebenstellen, Zweigstellen und Kontaktpersonen im In- und Ausland, deren Anschriften dem Programmheft (in Rütte erhältlich) zu entnehmen sind.
Viele der in diesem Buch genannten Meditationslehrer haben in Rütte entscheidende Impulse erhalten.

Rütte-Forum
Leitung Pieter Loomans
Graf-Dürckheim-Weg 16a
79682 Todtmoos-Rütte
Tel: 07674/8511
Das seit 1983 existierende Rütte-Forum ist ein selbständiges Zentrum, das gedacht ist als Plattform für Dialog und Begegnung. Es bietet an: Meditation – Exercitium – Selbsterfahrung in Einzel- und Gruppenarbeit – Weiterbildungsmöglichkeit in der Transpersonalen Psychologie und Initiatischen Therapie; Arbeitsschwerpunkte: Leibtherapie, Geführtes Zeichnen, Arbeit mit Träumen. – Programm bitte anfordern.

ephata Asamhaus
Elisabeth Häuser u. a.
Sendlinger Straße 61/III
80331 München
Eine Gruppe katholischer Christen bietet an: Leiberfahrung und Meditation – Leben mit den Evangelien, auch für junge Leute – Möglichkeiten zum Einzelgespräch und geistlicher Begleitung – Lebensberatung – Einkehrtage – Gebet in der Nacht – Tage der Stille und Sammlung mit persönlicher Begleitung im Kloster Altomünster (gesonderten Prospekt anfordern). – Anmeldung und Nachfrage bei Weniger (Tel: 089/887883).

Abtei St. Bonifaz
Karlstraße 34
80333 München
Tel: 089/551710

missio – Abt. Erwachsenenbildung
Dr. Michael Krischer
Pettenkoferstraße 26–28
80336 München
Tel: 089/5162–204
Neben den mehr auf praktische Spiritualität ausgerichteten Meditationskursen werden interessierten Laien Studientagungen angeboten zur Theologie anderer Weltreligionen, speziell zum Dialog zwischen Hinduismus und Christentum.

Eleonore v. Rotenhan
Hirschgartenallee 37
80639 München

Gertraud Möhner
Mitterfeldstraße 22
80689 München
Tel: 089/5803200
Blinde und Sehende schöpfen gemeinsam in Gespräch, Meditation und Gebet aus der Bibel Kraft für den Alltag. Jeden 2. Montag im Monat um 19.30 Uhr im Veranstaltungsraum des Bayerischen Blindenbundes, Arnulfstraße 22, 80335 München.

Dr. med. S. Gröninger
Dipl.-Psych.
Osterwaldstraße 73/8
80805 München
Tel: 089/367591
Es werden Kurse, vorwiegend für Ärzte und Psychologen, soziale Berufe, aber auch sonstige Interessierte angeboten in: Tiefenentspannung – Progressiver Relaxation – Meditation.

Exerzitienhaus München
Schloß Fürstenried
81475 München
Tel: 089/7555064
Schloß Fürstenried ist das größte Exerzitienhaus der Erzdiözese München-Freising. Neben Exerzitien und Besinnungstagen für Priester, Ordensleute, Paare und Familien werden Kontemplation und Schweigemeditation, Eutonische Übungen, Bibelarbeit u. a. angeboten.

Pfr. Klaus Stüwe
Martin-Luther-Straße 4
81535 München

Gemeinde St. Johannes
Preysingplatz 1
81667 München

Pfr. Cl. Wieland
Ev. Gemeinde St. Johannes
Treysingplatz 1
81669 München
Tel: 089/481522

Abtei Schäftlarn
P. Michael Delanoff
82067 Ebenhausen

Haus Notre Bori
c/o Frau Heinrich-Rohrbach
Hakenholzweg 2a
82205 Neugilching
Tel: 08105/8834
Ein Haus für Einzeleinkehr oder kleinere Gruppen. Es bietet Ruhe, Entspannung und Meditation.

Haus Dominikus
Missions-Dominikanerinnen
82444 Schlehdorf
Tel: 08851/181–200
Angeboten werden: Gespräch – Meditation – Stille und Gemeinschaft – Bibelarbeit – meditatives Tanzen – Teilnahme am Chorgebet.

Jan und Marianne Sedivy
Kastenauer Straße32
83022 Rosenheim
Tel: 08031/62804
Im Bildungshaus der Franziskanerinnen, Kloster Armstorf, Dorfner Straße 12, 84427 Armstorf (Tel: 08031/62804), werden mehrtägige Kontemplationskurse angeboten. Weitere Informationen und Anmeldung bei Jan und Marianne Sedivy.

Schwester Ludwigis
Fabian OSB
Haus der Stille
Schweibern 2
83229 Aschau-Sachrang
In diesem Haus wird die Kontemplation gepflegt und geübt: das ungegenständliche Gebet des Schweigens und der Hingabe, das über die Bewußtseinssammlung in eine tiefe Gottesbegegnung führen will. – Prospekt bitte anfordern.

Domicilium
Stätte der Begegnung und Stille
DDr. Bogdan Snela
Holzkirchner Straße 3
83629 Weyarn
Kursangebote: Zen-Meditation – Einführung in die Meditation – Ganzheitliches Fasten – Integration von Meditation und Alltag. – Informatio-

nen bei Dr. Bogdan und Helena Snela, Waisenhausstraße 20, 80637 München, Tel: 089/1689001. Brief an die Freunde des Domiciliums ebenfalls hier erhältlich.

Familienexerzitienhaus
Heiligenbrunn
84098 Hohenthann
Tel: 08784/278

Die Veranstaltungen umfassen: Brautleutetage – Ehepaar-Besinnungswochenenden – achttägige Exerzitienkurse für die Familie – zweiwöchige Familienerholungen mit geistlichem Programm – Familienwochendenden „Mütter und Töchter" und „Väter und Söhne" – ferner: „Faires Streiten in der Ehe" – „Sexualität: ein guter Gedanke Gottes".

Zentrum für Psychotherapie
und Meditation
Schloßanger 3
84168 Aham
Tel: 08744/8550

In diesem Zentrum wird mit psychotherapeutischen und meditativen Methoden gearbeitet. Die Partnerschaft zwischen Mann und Frau ist ein besonderes Anliegen. Arbeit in psychotherapeutischen Gruppen. Einführung in die Meditation in Gruppen. – Anmeldungen und ausführliche Programme bei Eva Lienke, Tel: 089/4304819.

Christliches Bildungshaus der
Franziskanerinnen
Kloster Armstorf
Dorfner Str. 12
84427 St. Wolfgang-Armstorf
Tel: 08081/3038

Hier werden, über das Jahr verteilt, Kontemplationskurse angeboten. – Nähere Informationen und Anmeldung bei: Jan und Marianne Sedivy, Königswieser Straße 10, 81475 München 71.

Franziskushaus
Neuöttinger Straße 53
84503 Altötting
Tel: 08671/6812

Angeboten werden von Kapuzinerpatres Exerzitien, Besinnung und Einkehr.

Sophienhof
Gut Häusern
85229 Markt Indersdorf

Kath. Landvolkshochschule
Haus Petersberg
85253 Erdweg
Tel: 08138/1288

Fastenwochen u. ä. – Zu den meditativen und spirituellen Kursangeboten kann ein Programm angefordert werden.

Benediktinerabtei Scheyern
P. Raphael Oberkobler OSB
85297 Scheyern
Tel: 08441/752–128

Angeboten werden: Kloster auf Zeit – Liturgische Wochenenden – Glaubensseminare – Kurse für Jugendliche (ab 16 Jahren) und junge Erwachsene. – Kursprogramme können angefordert werden (Rückporto).

Vinzenz Palotti Haus
Pallottinerstraße 2
85354 Freising
Tel: 08161/9689–0

Stätte geistlicher Einkehr und Bildung mit vielen meditativen Angeboten wie: Entspannung an Leib und Seele – Meditation mit Fasten – Meditationsexerzitien. Ein Schwerpunkt der Arbeit liegt im Grenzbereich Religion, Psychologie und Psychotherapie.

Kardinal-Döpfner-Haus
Maria Brunnhuber
Domberg 27
85354 Freising
Tel: 08161/181205

Bildungszentrum der Erzdiözese München und Freising, auch mit meditativen Angeboten: Meditation und Kontemplation – Symbolbetrachtung – vertiefte Bibelarbeit – Persönlichkeitsentfaltung – Stundengebet u. a. – Frau Maria Brunnhuber erstellt jährlich einen Prospekt „Christliche Meditation im Süddeutschen Raum" (in Freising erhältlich).

Franziskanisches Zentrum
P. Heinz Naab
Sebastianstraße 24
86153 Augsburg
Tel: 0821/416178

Neben dem Thema Leben in Gemeinschaft werden verschiedene Meditationsformen angeboten: Meditatives Tanzen – Symbolbetrachtung – Meditation mit dem Jesus-Gebet – Traumarbeit – Selbsterfahrung – Obertonsingen – Eutonische Übungen u. a.

Haus „Medi-Crea"
Rosemarie Lang
von Schnurbeinstraße 2a
86424 Dinkelscherben/Ettelried
Tel: 08292/3235

Maria-Ward-Haus
Eppishoferstraße 18
86450 Altenmünster
Tel: 08295/854

Eine Initiative von vier Frauen, die dazu einladen, ganzheitliche Wahrnehmung zu üben, um das Leben auf neue Weise sinn-haft und sinn-voll zu erleben: Geistliche Begleitung – körperbezogene Bibelarbeit – Bibliodrama – Konzentrative Bewegungstherapie – Selbsterfahrung und Supervision.

Besinnungshaus Oase
Steinerskirchen
86558 Hohenwart

Katholisches Evangelisationszentrum
Klosterhof 5
86747 Maihingen
Tel.: 09087/215

Ziel der Angebote ist: Vertiefung und Verlebendigung des christlichen Glaubens. Dazu gibt es neben Glaubensseminaren und Bibelkursen Exerzitien und auch psychologisch orientierte Seminare zur Persönlichkeitsentwicklung und Partnerschaftsfähigkeit.

Bildungshaus St. Albert
Schloßstraße 2
86756 Reimlingen
Tel: 09081/22020

Dr. Marie-Luise Franz
Sinkelstraße 10
86807 Buchloe-Honsolgen
Tel: 08241/7216

Für Ärzte und Psychologen, Angehörige sozialer Berufe, aber auch sonstige Interessenten wird neben Meditation auch Tiefenentspannung und Progressive Relaxation angeboten.

Exerzitienhaus St. Ottilien
Erzabtei
86941 St. Ottilien
Tel: 08193/71283 oder 71281

Benediktinerpatres bieten an: Meditationstage für Erwachsene – Meditationsexerzitien – Tage im Kloster für junge Männer ab 17 Jahren – Meditationstage mit Übungen am Leib.

Bildungsstätte Seeg
Albrecht und Silvia Ostertag
87637 Seeg/Ostallgäu
Tel: 08364/1482;
Fax: 08364/9172

In allen Kursen ist Sitzen in der Stille eine Form der nichtgegenständlichen Meditation, wie sie Graf Dürckheim eingeführt hat, die Grundübung. Dazu kommt die Leibtherapie, eine von Graf Dürckheim entwickelte Form der Atem-Behandlung mit dem Ziel, sich der Erfahrung als Einheit von Geist, Seele und Körper zu nähern. Dem gleichen Ziel gilt das „initiatische Gebärdenspiel", ein von Silvia Ostertag entwickelter Übungsweg. Auf der Basis von sechs Urgebärden wird an der Bewußtwerdung geübt.

Abtei Ottobeuren
Tagungs- und Begegnungsstätte
87724 Ottobeuren
Tel: 08332/7980

Angebote zu Musikmeditation und Tanzmeditation. Unter der angegebenen Adresse können Informationen erfragt werden.

Benediktinerinnen-Abtei
St. Erentraud – Gästehaus
Kellenried 3
88276 Berg
Tel: 07505/1261

Die Kommunität bietet Meditation und Kontemplation für Anfänger/Innen und Geübte an: Meditationsexerzitien – Lebensorientierung anhand der Benediktregel für junge Frauen – Mystik heute – Meditationsexerzitien u. a. – Kursprogramm bitte anfordern.

Kloster Reute
Maximilian-Kolbe-Haus
Postfach 1220
88330 Bad Waldsee

Meditationsexerzitien mit Atem- und Leibübungen. – Über das Angebot informiert ein Prospekt, der angefordert werden kann.

Franziskanerinnenkloster Sießen
88348 Saulgau
Tel: 07581/80106

Informationen über Kurse und Anmeldung bei Sr. Brigitte Wahl.

Christliches Zen-Zentrum
Eintüren
Detlef Witt
88410 Bad-Wurzach
Tel: 07527/6687

Detlef Gregor Witt (siehe sein Beitrag in diesem Buch) ist bekannt als der Gründer des christlichen Zen-Zentrums in Beuron. – Zen führt hier und jetzt in die eine geheimnisvolle, lebendige Mitte von allem, in die ein jeder Mensch eintreten kann, die sich aber nicht in Weltanschauungen, Begriffen und Lehren eingrenzen läßt. Zen ist Heimkehr zu und Aufbruch aus dem stets quellenden Ursprung aller Dinge. – In Einführungs-, Aufbau- und Intensivkursen, unterstützt von entsprechenden Vortragsreihen, wird der Teilnehmer von einem kompetenten und erfahrenen Lehrer angeleitet. – Programm bitte anfordern.

Bildungsstätte
Kloster Heiligkreuztal
88499 Heiligkreuztal

Christliche Meditationsstätte
Sonnenhaus Beuron –
Dritte Welt
88631 Beuron
Tel: 07466/209

Ziel und Konzeption der Christlichen Meditationsstätte Sonnenhaus Beuron – Dritte Welt: Aus christlicher Kontemplation, aus vertieftem Gebet, aus der Einübung in einen einfachen Lebensstil und aus Fastenerfahrung erwächst christliche Weltverantwortung, Verantwortung für die heutige Menschheitssituation. – Die Einübungsschritte: Meditations-Exerzitien und das Sonnenhaus-Heilfasten, die Fastenwochen „Fasten und beten lernen – einfach leben" sind von dieser Zielsetzung bestimmt (siehe dazu den Beitrag von P. Bernhard Scherer SJ in diesem Buch). – Die Informationsprospekte „Meditations-Exerzitien" und „Sonnenhaus-Heilfasten" können mit Portobeilage angefordert werden.

Erzabtei St. Martin – Gästehaus
Bruder Jakobus Kaffanke OSB
88631 Beuron
Tel: 07466/17158

Das Gästehaus ist der Benediktinererzabtei St. Martin angeschlossen. Mitvollzug der Mönchsliturgie ist möglich. Neben klassischen Exerzitien, meditativem Tanzen, Singen und Wandern werden Bibeltage, Seminare und Kontemplationskurse im Stil des Zen angeboten. – Exerzitienplan bitte anfordern. Anmeldung bei: Andreas Wuchner, Buchheimer Straße 6, 88631 Beuron; Tel: 07466/226.

Haus am Jakobsbrunnen
c/o Helga Hipp
Schlesienstraße 28
89407 Dillingen/Donau

Cursillo-Haus St. Jakobus
Kapellenberg 58–60
89610 Oberdischingen
Tel: 07305/6577

Geistliche Bildungs- und Begegnungsstätte der Cursillio-Gemeinschaft in der Diözese Rottenburg-Stuttgart. Neben den bekannten „Cursillios" werden auch Meditationskurse (Zen) angeboten, sowohl Grund- als auch Intensivkurse. Atemübungen, Körperhaltung, Eutonie und leichtes Heilfasten (Dr. F. X. Mayr) werden als Hilfen und zur Vorbereitung einbezogen. Ziel aller Bemühung ist ein Bereit- und Bereitet-werden für den „Großen Dialog" mit dem Absoluten, ein Freiwerden für Gott. – Programme bitte anfordern.

Priorin Edith Krug CCR
Breite Gasse 82
90402 Nürnberg
Tel: 0911/221821

Die Beauftragten für Meditation in der Evang.-Luth. Kirche in Bayern, Frau Irene Dilling und Priorin Edith Krug, organisieren in Nürnberg und bei der Communität Casteller Ring (87348 Rödelsee) ein breitgefächertes Meditationsangebot.- Jahresprogramme „Meditation in Nürnberg" und „Meditation auf dem Schwanberg" bitte anfordern.

Arbeitskreis Meditation i. d.
Evang.-Luth. Kirche i. Bayern
Pfr. Bernhard Wolf
Neuendettelsauer Straße 4
90449 Nürnberg
Tel: 0911/678578

Der Arbeitsskreis hat das Ziel, Meditation als religiöse Übung bewußt zu machen. Es werden angeboten: Schweigemeditation – Kontemplation – Geistliche Übung und andere christliche Meditationsformen – Klärung theoretischer und praktischer Fragen – Theologische und philosophische Auseinandersetzung.

„Gegenstandsfrei Meditieren e. V."
Allersberger Straße 114
Pfarramt Lichtenhof
90461 Nürnberg
Tel: 0911/446006

Gegenstandsfreies Meditieren jeden Freitag von 18.30 – 21.00 Uhr: Übung, Einzelgespräch, Vortrag – Einführungstage für Anfänger und Übungstage für Fortgeschrittene.

Ev.-Luth. Pfarramt
Nürnberg-St. Paul
Ebermayerstraße 15
90471 Nürnberg
Tel: 0911/82719

Unter der Leitung von Pfr. Jörg Wienecke (Tel: 0911/82272) und Pfr. Frieder Zölls (Tel: 0911/599783) werden Kurse in Kontemplation und Zen angeboten. Jeden Freitag von 18.30 – 21.00 Uhr Meditation in der Kirche St. Paul: Sitzen und Gehen im Schweigen, Vortrag, Einzelgespräch. – Mittwochs Einführungskurs in Kontemplation für Anfänger. – Informationen über nähere Einzelheiten sowie Kursangebote beim Pfarramt St. Paul.

Pfr. Jörg Wienecke
Bahnhofstraße 26
90537 Feucht
Tel: 09128/2973

Frau Irene Dilling
Greimersdorfer Straße 15
90556 Cadolzburg
Tel: 09103/8281

Macht eine Fülle eigener Meditationsangebote und ist bemüht, die Meditationsarbeit der evangelischen Kirche in Bayern zu koordinieren.

Haus Feldweg
Am Brunnfeld 5
91330 Eggolsheim-Bammersdorf
Tel: 09191/5650

Die Mitarbeiter des Hauses wollen einen Weg gegenstandsfreier Meditation zeigen und Menschen auf diesem Weg begleiten. Es ist dies ein Erfahrungsweg, auf dem der Übende Abstand nimmt von alten Verhaltensmustern, Denkgewohnheiten und

Wunschbildern. In regelmäßiger Übung kann die Entfremdung von Gott, von sich selbst und den Mitmenschen überwunden werden.

Bildungshaus
Kloster Schwarzenberg
91443 Scheinfeld
Tel: 09162/438
In den Fußspuren des hl. Franziskus wird dem Göttlichen, Unantastbaren nachgespürt, das in jedem Menschen lebt. Schritte dorthin: Gottesbegegnung im Wort und den Heilsquellen, sich aussöhnen mit der eigenen Lebensgeschichte, Einübung des Teilens und des ehrfürchtigen Umgangs mit der Natur: Bibelarbeit – Exerzitien – Fasten und Meditation – Seminare „Leben wie Franziskus".

Evang.-luth. Volkshochschule
Hesselberg
91726 Gerolfingen
Tel: 09854/1091

Benediktinerabtei Plankstetten
Haus St. Gregor
92334 Berching
Tel: 08462/1308 (nicht nach 20.00 Uhr)
Neben der Teilnahme am Chorgebet und der Liturgie werden angeboten: Christliche Kontemplation – Meditatives Malen – Ikonenmalen – Bibelbetrachtung – Exerzitien für Laien, Priester und Ordensleute. – Kursprogramm bitte anfordern.

Meditationshaus St. Franziskus
Klostergasse 8
92345 Dietfurt/Altmühltal
Tel: 08464/1333
Angeboten werden insbesondere Kontemplationskurse im Stile des Zen, sowohl für Anfänger als auch für Geübte. – Über Termine und sonstige Einzelheiten bitte Informationen anfordern.

Haus Werdenfels Eichhofen
93152 Nittendorf
Tel: 09404/9502–0
Im Haus Werdenfels werden bevorzugt Ignatianische Exerzitien angeboten, für Laien, aber auch für Priester und Ordensleute. Elemente bei allen Einzelexerzitien: durchgängiges Schweigen, tägliche Eucharistie, tägliches Einzelgespräch mit dem/der BegleiterIn, betender Umgang mit der Hl. Schrift, Übungen zu meditativer Leiberfahrung, persönliche Gebets- und Betrachtungszeiten.

Exerzitienhaus „Maria Hilf"
Ludwigstraße 16
93413 Cham
Tel: 09971/1517

Geistliches Zentrum
Marienplatz 10
94081 Fürstenzell
Tel: 08502/1578
Einzelheiten zu erfahren im Prospekt des Hauses.

Ökumenisches Institut
der Abtei Niederaltaich
94557 Niederaltaich
Tel: 09901/208208

Convent der Ursulinen
St.-Ursula-Weg 5
94557 Niederaltaich
Tel: 09901/7116

Meditative Angebote vorwiegend für Mädchen sowie Frauen aller Altersstufen.

Diözesanhaus Vierzehnheiligen
96231 Staffelstein
Tel: 09571/1681
Neben verschiedenen Bildungsangeboten auch Besinnungstage, Exerzitien, Religiöse Wochenenden, Fasten- und Meditationskurse.

Haus St. Benedikt
P. Willigis Jäger
St.-Benedikt-Straße 3
97072 Würzburg
Tel: 0931/3050410
Intention des Hauses St. Benedikt unter Leitung des Benediktinerpaters Willigis Jäger (siehe sein Beitrag in diesem Buch): den Erfahrungswegen der christlichen Mystiker nachgehen. Der Kontemplation als gegenstandsfreier Form des Betens, als einer wort- und bildlosen Übung des Loslassens und des Einlassens in den eigenen Wesensgrund, um dort Gott in einer tieferen Weise zu erfahren, kommt hier besondere Bedeutung zu. – Interessenten können das Kursprogramm mit regionalen Kontaktadressen (gegen Rückporto) anfordern.

Diözesan-Exerzitienheim
Himmelspforten
Mainaustraße 42
97082 Würzburg
Tel: 0931/450610

Sr. Edith Krug CCR
Schloß Schwanberg
97348 Rödelsee
Tel: 09232/32128
Diese Tagungs- und Bildungsstätte, getragen von der Communität Casteller Ring, koordiniert die Exerzitien- und Meditationsangebote der Evang.-Luth. Landeskirche in Bayern und macht eine Fülle eigener Meditationsangebote: Einführung in Meditation – Meditation als Lebenshilfe – Meditation für Geübte – Kontemplationskurs – Meditation und Fasten.

Benediktinerabtei
Münsterschwarzach
Gästehaus
97359 Münsterschwarzach
Tel: 09324/20223
Die Mönche der Benediktinerabtei Münsterschwarzach laden in ihr Gästehaus alle ein, die sich für ein paar Tage still zurückziehen möchten. Aus ihrem Angebot: Fasten und Beten – Wege zum Schweigen – Träume auf dem geistlichen Weg – Eucharistie und Kontemplation – Tiefenpsychologische Schriftauslegung – Einzelexerzitien. – Hausprospekt bitte anfordern.

Franziskushof
Wetzhausen-Cralheim
97488 Stadtlauringen
Tel: 09724/2071
Ort der Versöhnung für Christen aller Konfessionen, Orientierungs- und Lebenshilfe im Geiste von Bruder Franz von Assisi und Charles de Foucauld: Meditations- und Fastenkurse – Meditationskurs mit Texten von Meister Eckhart – Sakraler Tanz und Meditation – Heilkräuter kennenlernen und naturale Meditation – Tanz für den Frieden.

Fensterhaus
Ilse und Karl Lenfers
Am Gehäg 24
97840 Hafenlohr
Tel: 09391/7790

Wort und Leben des Jesus von Nazaret laden ein, dem Leben einen Sinn zu geben. Das Fensterhaus bietet auf theologischer, pastoralpsychologischer und psychologischer Basis an: Selbsterfahrungskurse – Meditationskurse – Fastenwochen – Bibelseminare – Ruhe- und Entspannungsübungen – Einzelgespräche – Paargespräche u. a.

Tagungs- und Begegnungsstätte
Burg Rothenfels
97851 Rothenfels am Main
Tel: 09393/1015

Einübung in: gegenstandslose Meditation (mit Körperübungen) – Zen-Meditation für Fortgeschrittene – Ki-Übungen (Basisübungen des Aikido) zwischen Spannung und Entspannung für Anfänger und Fortgeschrittene – Zen-Meditation und Wandern. – Die Einzelprogramme und das gesamte Jahresprogramm ist erhältlich bei der Verwaltung der Burg Rothenfels.

ÖSTERREICH

Pfr. Dr. Ingrid Vogel
Biedermanngasse 13/3/1
A-1120 Wien
Tel: 01/8041585

Pro ecclesia – für die Kirche e. V.
Bartschweg 6
A-1120 Wien
Tel: 01/8041585

Salvatorianerinnen
Brunn 36
A-2823 Pitten

In ihrem Haus bemühen sich die Salvatorianerinnen, ihren Gästen ein Daheim zu schaffen, in dem sie sich geborgen fühlen können. Neben pflegerischen Diensten für Alte und Kranke halten sie meditative Angebote bereit: persönliche Gebets- und Meditationszeiten – Impulse aus der Bibel – Leibübungen – Schweigen – Eucharistiefeier.

Benediktinerstift Lambach
Klosterplatz 1
A-4650 Lambach
Tel: 07245/32351

Auf der Grundlage der Regeln des hl. Benedikt wird im Rahmen von „Kloster auf Zeit“ Besinnung und Stille angeboten.

Besinnungszentrum
St. Georgenberg
Benediktinerabtei
A-6130 Fiecht/Tirol

Propstei St. Gerold
A-6700 St. Gerold, Voralberg
Tel: 05550/2121

Die Propstei St. Gerold mit betont künsterlisch kreativer Ausrichtung bietet vor allem in den stillen Wintermonaten viele unterschiedliche Meditationskurse ausgewiesener Meditationsleiter an, z. B.: Einführungs- und Aufbaukurse in die gegenstandslose Meditation nach Art des Zen, auch mit unterstützenden Yogaübungen – Hatha-Yoga-Kurse (Peter Wild, siehe sein Beitrag in diesem Buch) – Traum- und Märchenarbeit – Atem und Bewegung.

Bildungshaus Batschuns
A-6832 Batschuns/Voralberg
Tel: 05522/44290

Im Bildungshaus Batschuns gibt es unter anderem ein reichhaltiges Meditationsangebot: Bibelnachmittage – Traumseminare – Fastenkurse – Spiritualität nichtchristlicher Religionen – Exerzitien – Grund- und Aufbaukurse in Zen-Meditation – Marriage Encounter – Integrative Bewegungstherapie – Sensory Awareness – Leibarbeit – Atemarbeit u. a.

Haus der Stille
Kloster Rosental, St. Ulrich
A-8081 Heiligenkreuz

Das Haus der Stille wird getragen von einer kleinen Gemeinschaft von Männern und Frauen, die ständig hier leben, und jenen, die sich für einige Zeit zum Mitleben entschieden haben. Angeboten werden Einkehrtage, Exerzitien und Meditationskurse. Mitte des Hauses ist die Liturgie. – Programm bitte anfordern.

SCHWEIZ

Monastère du Carmel
CH-1661 Le Paquier-Montbarry
Tel: 029/27274

Abbaye de la Maigrauge
CH-1700 Fribourg
Tel: 037/223535

Abbaye d'Hauterive
CH-1725 Posieux
Tel: 037/42783

Haus St. Josef
CH-1753 Matran

In Trägerschaft der Kongregation der Redemptoristen wird spirituelle Vertiefung angeboten, Meditation, Exerzitien und Besinnung. Leitwort: „Damit Erlösung geschehe".

Pilotkarmel
Dr. Rosemarie Zell
Waldeckweg 47
CH-4102 Binningen

Hinführung zum Erleben der „Sieben Wohnungen" in unserem Innern, wie sie in der „Seelenburg" der Teresa von Avila beschrieben sind. Verstehenlernen als Reifeprozeß personaler Entfaltung zur psychosomatischen Ganzheit wertvollen Menschseins gemäß dem Teresa-Wort: „Dios solo basta" – „Gott allein genügt".

Ökumenische Begegnungsstätte
Kloster Beinwil
CH-4249 Unterbeinwil
Tel: 061/809570

Kapuziner-Kloster
Kapuzinerstraße 18
CH-4500 Solothurn
Tel: 065/227133

Kloster Namen Jesu
Herrenweg 2
CH-4500 Solothurn
Tel: 065/224806

Kloster St. Peter und Paul
CH-4708 Cazis
Tel: 081/911432

Haus Bruchmatt
Bruchmattstraße 9
CH-6003 Luzern
In Trägerschaft der Schwesterngemeinschaft der Helferinnen werden Ignatianische Exerzitien für einzelne oder Gruppen angeboten; Einkehrtage, Tage der Stille und Meditation.

Via Cordis
F. X. Jans-Scheidegger
Kuhbüel 7
CH-6043 Adligenswil
Tel: 041/313834
Einführungs- und Fortgeschrittenenkurse in Kontemplation und Zen. Vertiefungsangebote für alle Übenden. Dem Weg des Herzens (hesychastische Form) gilt die besondere Pflege des Psychotherapeuten F. X. Jans-Scheidegger (siehe sein Beitrag in diesem Buch), dessen Kurse auch in verschiedenen anderen Bildungshäusern angeboten werden.

Schönstatt-Patres
Berg Sion
CH-6048 Horw
Die Schönstatt-Patres nehmen Einzelpersonen und Kleingruppen (bis 12 Personen) auf. Begleitung kann vereinbart werden. Speziell auch Aufnahme von Priestern und Theologiestudenten.

Dominikanerinnenkloster
Bethanien
Haus der Begegnung
CH-6066 St. Niklausen
Tel: 041/665366
In Trägerschaft der Dominikanerinnen von Bethanien werden Bildungs- und Meditationskurse sowie Einkehrtage angeboten, sowohl für Gruppen als auch für einzelne. Es besteht die Möglichkeit, am Stundengebet der Schwesterngemeinschaft teilzunehmen.

Dorotheaschwestern
Friedensdorf
CH-6073 Flüeli-Ranft
Tel: 041/665045

Haus St. Josef
CH-6078 Lungern
Einkehrtage und Exerzitien für Familien, Senioren, Verwitwete, Alleinstehende.

Haus St. Gertrud der
Missions-Benediktinerinnen
Sr. Eva-Maria Zwyer
CH-6218 Ettiswil
Die Missions-Benediktinerinnen betrachten es als eine ihrer Aufgaben, suchende Menschen zu begleiten und mit ihnen die Schätze ihres benediktinischen Lebens und Betens zu teilen. Sie laden ein zu Einkehr, Besinnung und gemeinsamen Schritten zu ganzheitlich gelebtem Glauben und menschlich-christlicher Reife. – Jahresprogramm bitte anfordern.

Kloster Baldegg
Mutterhaus Sonnhalde
CH-6283 Baldegg
Tel: 041/883161

Bildungshaus Bad Schönbrunn
CH-6313 Edlibach/ZG

Unter der Leitung der Schweizer Jesuiten wird hier Glaubensbildung in der Auseinandersetzung mit Fragen der Zeit angeboten, sowie Meditationen und Einkehr (u. a. von Niklaus Brantschen; siehe sein Beitrag in diesem Buch).

Haus der Stille
Kapuzinerkonvent
Postfach 22
CH-6415 Arth
Tel: 041/821270
Exerzitien, Besinnung und Einkehrtage.

Antoniushaus Mattli
Bildungs- und Begegnungszentrum
CH-6443 Morschach
Die Franziskanische Gemeinschaft der deutschen Schweiz bietet Kurse an zu: Franziskanische Spiritualität – einfacher Lebensstil – offene Kirche – Ökologie.

Kapuziner des Allerheiligenklosters
CH-6460 Altdorf
Tel: 044/20222

Dominikanerinnenkloster
CH-7130 Ilanz
Tel: 086/22726

Bildungshaus
Propstei Wislikofen
CH-8439 Wislikofen
Die katholische Landeskirche des Kantons Aargau bietet verschiedene Kursprogramme an: Meditation und Leibarbeit – Besinnungstage – Hinführung zu sozialen Aufgaben.

Schweizer Jugend- und Bildungszentrum
CH-8840 Einsiedeln

Bildungs- und Erholungszentrum
Neu-Schönstatt
CH-8883 Quarten
In Trägerschaft der Schönstätter Marienschwestern werden u.a. angeboten: Religiöse Weiterbildung – Einkehrtage und Exerzitien für Ehepaare und Familien, Mütter und alleinstehende Frauen – Theologische und psychologische Kurse für praktische Lebenshilfe – Religiöse Besinnung und Meditation. – Programmheft „Chancen" bitte anfordern.

Haus der Stille und Besinnung
(Reform. Kirche)
CH-8926 Kappel
Tel: 01/7641211

Bildungshaus FERNBLICK
Haus der Begegnung
Bündtstraße/Fadenrain
CH-9053 Teufen/AR
Tel: 071/331148
Katholisches Bildungshaus des St. Katharina-Werkes. Kursangebote: Exerzitien – Meditation (auch für Jugendliche) und Persönlichkeitsbildung – Wüstentage – Tage des Gebets.

Haus Gutenberg
CH-9496 Balzers
Unter der Leitung der Salettinergemeinschaft werden hier Kurse angeboten mit Schwerpunkten Meditation und Lebenshilfe, Entwicklungspolitik und Dritte Welt. Auch Jugendkurse.

II

Institute, Diözesanstellen, Arbeitskreise, Organisationen, die Meditationskurse, Exerzitien, Urlaub in Klöstern u. ä. organisieren.

DEUTSCHLAND

Bistum Dresden-Meißen
Dekan Leander Walter
Rudolf-Sendig-Straße 19
O1814 Bad Schandau

Bistum Görlitz
Weihbischof Rudolf Müller
Carl-von-Ossietzky-Straße 41
O2826 Görlitz
Tel: 03581/6291

Exerzitiensekretariat
der Diözese Berlin
Neue Kantstraße 1
14057 Berlin
Tel: 030/32000112

Bistum Schwerin
Weihbischof Norbert Werbs
Lankower Straße 14
19057 Schwerin
Tel: 0385/44025

Bischöfliches Generalvikariat
Referat Geistliches Leben
Domhof 18–21
31134 Hildesheim
Tel: 05121/307–316/317
Das Referat Geistliches Leben, Hildesheim, gibt einen Exerzitienkalender für das Bistum Hildesheim heraus, der auch Besinnungstage und Meditation beinhaltet.

Hauptabteilung
Pastorale Dienste
Referat Exerzitien und
Spiritualität
Domplatz 3
33098 Paderborn
Tel: 05251/207–268

Exerzitiensekretariat
der Diözese Fulda
Paulustor 5
36037 Fulda
Tel: 0661/87352

Bistum Magdeburg
Dr. Gerhard Nachtwei
Max-Josef-Metzger-Straße 1
39104 Magdeburg
Tel: 0391/3800

Exerzitiensekretariat
der Diözese Aachen
Gerberstraße 20
41748 Viersen
Tel: 02162/691 od. 15304

Bischöfliches Generalvikariat
Pastorale Dienste
Burgplatz 3
45127 Essen
Tel: 0201/2204568
Das Exerzitiensekretariat des Bistums Essen erstellt regelmäßig einen Exerzitienkalender.

Exerzitiensekretariat
der Diözese Münster
Postfach 1366
48135 Münster
Tel: 0251/495543

Bischöfliches Generalvikariat
Referat Exerzitien
Domhof 12
49074 Osnabrück
Tel: 0541/318–207

Das Referat Exerzitien in Osnabrück gibt ein Programmheft heraus über Meditation, Besinnung und Exerzitien im Bistum Osnabrück.

Generalvikariat Köln
Abteilung Gemeindepastoral
Marzellenstraße 32
50668 Köln
Tel: 0221/1642–487

Die Abteilung „Spirituelle Dienste" erstellt ein Programmheft, das über Exerzitien, Meditation und Besinnungstage im Erzbistum Köln sowie im nord- und westdeutschen Raum informiert.

Bischöfliche Generalvikariat
Exerzitiensekretariat
Hinter dem Dom 6
54290 Trier
Tel: 0651/7105–256

Exerzitiensekretariat
der Diözese Mainz
Bischof-Ketteler-Haus
Konviktsweg 23
64807 Dieburg
Tel: 06071/9632–0

Exerzitiensekretariat
der Diözese Limburg
Bierstadter Straße 4
65189 Wiesbaden
Tel: 0611/305068

Exerzitiensekretariat
der Diözese Speyer
Haus Maria Rosenberg
67714 Waldfischbach-Burgalben
Tel: 06333/3055 od. 1041

Exerzitiensekretariat
der Diözese Rottenburg-Stuttgart
Weggentalstraße 12
72108 Rottenburg
Tel: 07472/169–422

Exerzitiensekretariat
der Erzdiözese Freiburg
Okenstraße 15
79108 Freiburg
Tel: 0761/5144–145

Exerzitiensekretariat der
Erzdiözese München-Freising
Rochusstraße 5
80333 München
Tel: 089/2137242

Exerzitiensekretariat
der Diözese Augsburg
Krippackerstraße 6
86391 Leitershofen
Tel: 0821/432064

Bistum Erfurt-Meiningen
Frau Maria Lubina
Rinne 17
91332 Heiligenstadt
Tel: 03606/3065

Exerzitiensekretariat
der Diözese Eichstätt
Schloß Hirschberg
92339 Beilngries
Tel: 08461/7277

Exerzitiensekretariat
der Diözese Regensburg
Niedermünstergasse 1
93047 Regensburg
Tel: 0941/5699–141

Exerzitiensekretariat
der Diözese Passau
Domplatz 3
94032 Passau
Tel: 0851/2195

Exerzitiensekretariat
der Diözese Bamberg
Domplatz 3
96049 Bamberg
Tel: 0951/502–352

Exerzitiensekretariat
der Diözese Würzburg
Kardinal-Döpfner-Platz 9
97070 Würzburg
Tel: 0931/386–224

Vereinigung der Ordensoberinnen
Deutschlands
Bonner Talweg 135
53129 Bonn

Die Vereinigung der Ordensoberinnen Deutschlands erstellt ein Verzeichnis aller Klöster und Orden, in denen „Kloster auf Zeit“, sonstige Teilnahme am Klosterleben oder Exerzitien und Meditationskurse angeboten werden. – Verzeichnis bitte anfordern.

SKR Studien-Kontakt-Reisen
Abt. Urlaub in Klöstern
Frau Luise Müller
Kurfürstenallee 5
53177 Bonn – Bad Godesberg
Tel: 0228/357013–17

In deutschen, italienischen, ägyptischen, griechischen und anderen Klöstern werden Urlaube organisiert, die auch spezielle Meditationsangebote beinhalten, die in der Regel von ausgewiesenen christlichen Meditationsleitern abgehalten werden: Musikmeditation – Yoga oder Zen im Kloster – Stimm- und Atemmeditation – Qi Gong und Eutonie – meditatives Tanzen u. a. – Jahresprospekt kann angefordert werden.

Die „Gemeinschaft christlichen Lebens“ (GCL) – Regionaladressen s. u. – bietet verschiedene spirituelle Kurse, Meditationen und Exerzitien an, deren Grundlage die Spiritualität der ignatianischen Exerzitien ist. – Aus dem Angebot: Meditationswochenenden und Meditationskurse, ausgerichtet auf Glaubenserfahrung in Gemeinschaft – Einübung ins Beten und verschiedene Formen von Meditation; Elemente: Eutonie, Bild-, Existenzmeditation, Stille-Übung, Schrift- und Bildmeditation, Einzel- und Gruppengespräch – Angebote für Ehepaare mit Kindern. – Programme bitte anfordern bei den GCL-Sekretariaten.

GCL-Gemeinschaft
Christlichen Lebens
Sentmaringer Weg 55
48151 Münster

GCL – Gemeinschaft
Christlichen Lebens
Weggentalstraße 12
72108 Rottenburg

GCL – Gemeinschaft
Christlichen Lebens
Okenstraße 15
79108 Freiburg
Tel: 0761/5144–145

GCL – Gemeinschaft
Christlichen Lebens
Seestraße 14
80802 München
Tel: 089/38185–270

In den Räumen der GCL-München finden viele Veranstaltungen statt, zu denen Einzelinformationen bei Frau Ingeborg von Grafenstein (obige Adresse) angefordert werden können. – Telefonzeiten: Mittwoch 14.30 – 17.30 Uhr.

GCL – Gemeinschaft
Christlichen Lebens
Sterngasse 3
86150 Augsburg
Tel: 0821/50101–30

Geschäftsleitung der ADDES
Frau Dr. Marianne Tigges
Kaiserstraße 163
53113 Bonn
Tel: 0228/103–257/294

Die Geschäftsleitung der ADDES („Arbeitsgemeinschaft Deutscher Diözesan-Exerzitien-Sekretariate") gibt in regelmäßigen Abständen ein jeweils auf den neuesten Stand gebrachtes „Verzeichnis der Exerzitienhäuser in der Bundesrepublik Deutschland" heraus. Ab 1994 ist eine Neuausgabe geplant, der auch die Angaben aus den neuen Bundesländern zugeordnet ist.

Arbeitsskreis für Meditation
und geistliches Leben
in der Ev. Kirche in Westfalen
Althausweg 63
48159 Münster

Verein für Kontemplation und
gegenstandsfreie Meditation e. V.
Uwe Kaiser
Taubenstraße 11
47800 Krefeld
Tel: 02151/591101

Volksmissionarisches Amt
der Ev. Kirche im Rheinland
Rochusstraße 44
40479 Düsseldorf

Interessenten können sich das Verzeichnis „Geistlich leben lernen" mit Angeboten von Stille und Meditation schicken lassen.

Schönstatt-Zentrale
Hillscheider Straße 9
56179 Vallendar

„Schönstatt" ist eine internationale geistliche Bewegung mit dem Ziel, dem Menschen Orientierung und Geborgenheit zu geben, sowie eine neue „Zivilisation der Liebe" (Johannes Paul II.) aufzubauen. Die Schönstattbewegung ist marianisch orientiert und lebt aus einem unzerstörbaren „Erlösungsoptimismus". Die Schönstattbewegung bietet vielfältige Meditationskurse an. – Programm bitte anfordern.

Taizé-Gruppen

Taizé ist seit Jahrzehnten ein wichtiger Brennpunkt religiöser Erneuerung geworden. Es haben sich vielerorts regionale Gruppen gebildet, die nach dem Motto von Frère Roger „Kampf und Kontemplation" Möglichkeiten suchen und erproben, meditatives, inneres Leben und Solidarität mit den Menschen im konkreten Alltag zu verbinden. Frère Roger schreibt jährlich einen Brief, der bei vielen Treffen Thema der Medtiation und des Gesprächs ist. – Interessenten wenden sich an folgende Adresse:

Communauté de Taizé
F-71250 Taizé
Tel: 0033–85–503015

III

Meditationsangebote in Klöstern verschiedener Ordensgemeinschaften in Deutschland

In vielen Klöstern bieten die verschiedenen Ordensgemeinschaften neben „Kloster auf Zeit" und Mitfeiern der Liturgie auch spezielle Besinnungstage und Exerzitien an. Genauere Informationen können bei den jeweiligen Adressen eingeholt werden (s. o.). Die Vereinigung der Ordensoberinnen Deutschlands (VOD) und die Vereinigung Deutscher Ordensobern (VDO) gibt jährlich eine Broschüre „Kloster auf Zeit" heraus. Klöster, die ausdrücklich Meditationstage und -kurse anbieten, sind nachfolgend – geordnet nach Ordensgemeinschaften – zusammengestellt.

(1) Männerorden

BENEDIKTINER

Haus St. Ansgar
Kloster Nütschau
Schloßstraße 6
23843 Travenbrück
Tel: 04531/5004

Einkehrtage und Exerzitien – Ikonenschreiben als geistliche Übung – Bibelarbeit – „Nütschauer Sonntagsgespräch" – Meditation – meditatives Tanzen – Eutonie – Heilfasten. – Programm bitte anfordern.

Abtei Gerleve
48727 Billerbeck

Abtei Kornelimünster
Oberforstbacher Str. 71
52076 Aachen

Abtei St. Matthias
Matthiasstraße 85
54290 Trier

Abtei Königsmünster
Oase
Klosterberg 10
59872 Meschede

Kloster Jakobsberg
Ockenheim
55435 Gau-Algesheim

Abtei Neuburg
Stiftweg 2
69118 Heidelberg

Kloster St. Bonifaz
Karlstraße 34
80333 München
Tel: 089/551710

Abtei Scheyern
Scheyernplatz 1
85298 Scheyern

Abtei Niederaltaich
94557 Niederaltaich

Abtei Schweiklberg
94474 Vilshofen

Abtei Plankstetten
Haus St. Gregor
Klosterplatz 1
92334 Berching-Plankstetten

Abtei Münsterschwarzach
Gästehaus
97359 Münsterschwarzach

Erzabtei St. Ottilien
86941 St. Ottilien

CANISIANER

Canisiushaus
Canisiusweg 23
48151 Münster

CLARETINER

Claretinerkolleg
Postfach 1163
89264 Weißenhorn

DOMINIKANER

Dominikanerkonvent
Oldenburger Straße 46
10551 Berlin

Dominikanerkonvent
Brucknerstraße 6
38106 Braunschweig

Dominikanerkonvent
Noviziat
Klosterstraße 10
34414 Warburg

Dominikanerkonvent
Studentat
Rheindorfer Burgweg 9
53332 Bornheim
(Walberberg)

Kloster Bronnbach
97877 Wertheim-Bronnbach

Konvent St. Maria Rotunda
Postgasse 4
A-1010 Wien

FRANZISKANER

Kloster Marienthal
65366 Geisenheim

Exerzitienhaus St. Josef
Postfach 1203
65719 Hofheim/Ts.

Kloster Salmünster
Kirchgasse 2
65812 Bad Soden-Salmünster

HERZ-JESU-MISSIONARE

OASE Steinerskirchen
86558 Hohenwart

HERZ-JESU-PRIESTER

Herz-Jesu-Kloster
Hestruperstraße 1
49838 Handrup

Martentaler Jugendhof
Postfach 60
56759 Kaisersesch

Herz-Jesu-Kloster
Waldstraße 145
67434 Neustadt/Weinstr.

Herz-Jesu-Kloster
Okenstraße 17
79108 Freiburg i. Br.

JESUITEN

Sankt Georgen
Offenbacher Landstr. 224
60599 Frankfurt/M.

Friedrich-Spee-Haus
Fortunaallee 29
12683 Berlin

Bernward-Jensch-Haus
Gustav-Adolf-Straße 10
01219 Dresden

Haus Hoheneichen
Dresdner Straße 73
01326 Dresden

KARMELITEN

Carmel Springiersbach
Kloster
54538 Bengel

Karmelitenkloster
Albrechtsgasse 20
94315 Straubing

Bildungshaus Marianum
Karmelitenplatz 1–3
96049 Bamberg
Tel: 0951/53492
Bitte Kursprogramm gegen Rückporto anfordern.

Karmelitenkloster
Karmelitenplatz 1–3
96049 Bamberg

Haus Maria vom Berg Karmel
Stefan-Fadinger-Platz 2
A-1100 Wien

Karmel St. Elija
Lindenaustraße 44
99885 Ohrdruf

KARMELITEN,
UNBESCHUHTE

Karmelitenkloster St. Josef
Alter Kornmarkt 7
93047 Regensburg

Karmelitenkloster
Sanderstraße 12
97070 Würzburg

Karmel St. Teresa
Schützenstraße 12
16547 Birkenwerder

LEGIONÄRE CHRISTI

Noviziat der Legionäre Christi
Hauptstraße 29
52159 Roetgen

Legionäre Christi
Bergbräustraße 3
85049 Ingolstadt

MARISTEN

Marienkloster
Ahmsen
49774 Lähden

Marienkloster
Heiliggeistgasse 2
94032 Passau

Marienkloster
Marienplatz 12
94081 Fürstenzell

MISSIONARE VON DER
HL. FAMILIE

Berthier-Haus
Bahnstraße 32
55128 Mainz

OBLATEN DES HL. FRANZ
VON SALES

Kloster Saarn
Klosterstraße 55
45481 Mülheim/Ruhr
Tel: 0208/485329

Salesianum
Rosental 1
85072 Eichstätt

Salesianum
Kreuzbergweg 3
92714 Pleystein

Konvikt St. Josef
Konviktstraße 8
A-4910 Ried i. J.

PALLOTTINER

Theologische Hochschule
der Pallotiner
Pallottistraße 3
56179 Vallendar

Vinzenz Pallotti Haus
Pallottinerstraße 2
85354 Freising

Exerzitienhaus Hofstetten
Hofstetten
93167 Falkenstein/Opf.

PRÄMONSTRATENSER

Stift Tepl-Obermedlingen
Hauptstraße 7
89441 Medlingen

REDEMPTORISTEN

Kloster Geistingen
Waldstraße 9
53773 Hennef/Sieg

Kloster Heiligenborn
Klosterstraße 3
66359 Bous

SALESIANER DON BOSCOS

Dominikus-Savio-Haus
54584 Jünkerath

Aktionszentrum
Don Bosco Straße 1
83671 Benediktbeuern

Haus der Begegnung
Hauptstraße 9
92266 Ensdorf

Haus Lebenszeichen
Hermersdorfer Straße 15
17039 Chemnitz

SALVATORIANER

Salvatorkolleg
Postfach 12 60
88410 Bad Wurzach

Salvatorkolleg
Postfach 17 25
88131 Lindau-Lochau

SCHÖNSTATTPATRES

Haus der Anbetung
Berg Sion
56179 Vallendar

SPIRITANER

Liebermannhaus
Kloster Knechtsteden
41540 Dormagen

STEYLER MISSIONARE

Missionshaus St. Xaver
Dringenberger Straße 32
33014 Bad Driburg

Arnold-Janssen-Haus
Arnold-Janssen-Str. 30
53757 Sankt Augustin

Provinzialat
der Steyler Missionare der
Südd. Provinz
Missionshausstraße 50
66606 St. Wendel

ZISTERZIENSER

Abtei Himmerod
54534 Großlittgen

(2) Frauenorden

ARME DIENSTMÄGDE
JESU CHRISTI

Bildungshaus Kloster Tiefenthal
Schlangenbader Straße 165 a
65344 Eltville (Martinsthal)

ARME SCHULSCHWESTERN

Provinz-Mutterhaus
Emilienstraße 17
12277 Berlin

AUGUSTINER CHORFRAUEN

Michaelskloster
Michaelstraße 17
33098 Paderborn

BARMHERZIGE SCHWESTERN
V. HEILIGEN KREUZ

Haus Franziskus
Konradistraße 2
78476 Allensbach

Kloster der Barmherzigen
Schwestern
Kreuzstraße 3
97737 Gemünden

BENEDIKTINERINNEN

Abtei St. Gertrud
Dorfstraße 1
17291 Alexanderdorf

Kloster Marienrode
31139 Hildesheim-Marienrode

Haus „St. Benedikt"
Hauptstraße 53
33397 Rietberg (Varensell)

Abtei zur Hl. Maria
Nonnengasse 16
36037 Fulda

Abtei vom Hl. Kreuz – Herstelle
Carolus Magnus-Str. 9
37688 Beverungen

Kloster Kreitz
Am Kreitz 1
41472 Neuss

Abtei Mariendonk
47906 Kempen

St. Scholastika
Burg Dinklage
49413 Dinklage

Maria Heimsuchung
Hermann-Josef-Str. 6
53925 Kall-Steinfeld

Abtei Kloster Engelthal
Klosterstraße 2
63674 Altenstadt

Kloster St. Lioba
Riedbergstraße 1
79100 Freiburg

Kommunität Venio OSB
Döllingerstraße 32
80639 München

St. Erentraud
Kellenried 3
88276 Berg

Abtei St. Gertrud
Hauptstraße 1
94167 Tettenweis

Kloster Neustift
Klosterberg 25
94496 Ortenburg
Tel: 08542/671;
Fax 08542/2765

BORROMÄERINNEN

Mutterhaus
Krahnenstraße 8–12
54290 Trier

Generalmutterhaus
Annostraße 1
57392 Schmallenberg-Grafschaft

CELLITINNEN – AUGUSTINERINNEN

Kloster zur hl. Elisabeth
Gleuelerstraße 301
50935 Köln

CLEMENSSCHWESTERN

Mutterhaus
Klosterstraße 85
48143 Münster

DOMINIKANERINNEN

Kloster St. Katharina
Rahmer Straße 50
40489 Düsseldorf

Institut St. Dominikus
Vincentiusstraße 4
67346 Speyer

Kloster St. Magdalena
Hasenpfuhlstraße 32
67346 Speyer

Kloster Zoffingen
Brückengasse 15
78462 Konstanz

Heilig-Geist-Kloster
Heiliggrabstraße 24
96052 Bamberg

Missionshaus St. Josef
Klosterhof 3
97845 Neustadt/Main

DOMINIKANERINNEN VON BETHANIEN

Kloster der Dominikanerinnen
Ungerather Straße 1–15
41366 Schwalmtal-Waldniel

Kloster der Dominikanerinnen
Neufeldweg 26
51427 Bergisch Gladbach

Kloster der Dominikanerinnen
Dietrich-Mülfahrt-Straße 4
52457 Aldenhoven

Kloster der Dominikanerinnen
Im Sachsenlager 9
60322 Frankfurt/Main

Kloster der Dominikanerinnen
Marienhöhe
65346 Eltville-Erbach

ERLÖSERSCHWESTERN

Haus Emmaus
Ebracher Gasse 4
97070 Würzburg

FRANZISKANERINNEN

Mutterhaus
Paderborner Straße 7
33154 Salzkotten

Mutterhaus
St.-Mauritz-Freiheit 44
48145 Münster

Haus Damiano
I. Rote-Haag-Weg 32
52076 Aachen

Kloster St. Klemens
Insel Nonnenwerth
53424 Remagen

Kloster Helgoland
Bürresheimer Straße 44
56727 Mayen

Canisiushaus
Heugenstraße 5
73525 Schwäbisch Gmünd

Kloster Au am Inn
Haus Nr. 2
83546 Au am Inn

Kloster der
Armen Franziskanerinnen
Klosterberg 1
84066 Mallersdorf

Kloster Maria Stern
Sterngasse 5
86150 Augsburg

Crescentiakloster
Obstmarkt 5
87600 Kaufbeuren

Forsthaus
Kloster Sießen
88348 Saulgau

Kloster Bonladen
Faustin-Mennel-Straße 1
88450 Berkheim

Antoniuskloster
Klosterstraße 22
9348 Lüdinghausen

Mutterhaus
Schulgasse 9
94330 Aiterhofen

FRANZISKANERINNEN, DILLINGER

Regens-Wagner-Stiftungen
Kard.-von-Waldburg-Straße 2
89407 Dillingen

Kloster Maria Medingen
89426 Mödingen

Montanahaus
Am Friedrichsbrunnen 7 a
96049 Bamberg

FRANZISKANISCHE SCHWESTERN

Kloster der Franziskan. Schwestern
Notre Dame Weg 2
85072 Eichstätt

Kloster Marienburg
Marienburg 5
91183 Abenberg

FRANZISKUSSCHWESTERN

Franziskushaus
Laarmannstr. 26
45359 Essen

Mutterhaus der St. Franziskusschwestern
Vierzehnheiligen 8
96231 Staffelstein

JOHANNESSCHWESTERN

Mutterhaus Johannesberg
August-Bungert-Allee 7
56599 Leutesdorf am Rhein

JOSEPH-SCHWESTERN

Kath. Pfarrhaus Sankt Marien
Hebbelstraße 8
22946 Trittau

KARMELITINNEN

Karmel St. Gabriel
Hauptstraße 6–8
63512 Hainburg

Karmelitinnenkloster
Dietenbacherstraße 40
79199 Kirchzarten

KARMELITINNEN VOM GÖTTLICHEN JESU

St. Josefsheim
Parkstraße 30
71642 Ludwigsburg/Hoheneck

KATHARINENSCHWESTERN

Provinzhaus
der Katharinenschwestern
Bachstelzenweg 20–32
14195 Berlin

Provinzialat
der Katharinenschwestern
Ermlandweg 11
48159 Münster

MARIA-WARD-SCHWESTERN (ENGLISCHE FRÄULEIN)

Institut der
Englischen Fräulein
Maria-Ward-Straße 5–11
80638 München

Institut der
Englischen Fräulein
Karmelitengasse 9
86152 Augsburg

Institut der
Englischen Fräulein
Holzmarkt 2
96047 Bamberg

MISSIONSSCHWESTERN VOM HEILIGSTEN ERLÖSER

Kloster St. Theresia
Stadl 35
83567 Unterreit

MISSIONSSCHWESTERN V. D. UNBEFL. EMPFÄNGNIS

Haus St. Konrad
Wilkinghege 55
48159 Münster

MISSIONSSCHWESTERN VOM KOSTBAREN BLUT

Missionshaus Neuenbeken
Alte Amtsstraße 64
33100 Paderborn

PAULUS-SCHWESTERN

Kloster der Paulus-Schwestern
Fürstenwall 165
40215 Düsseldorf

RITASCHWESTERN

Mutterhaus
Friedrich-Spee-Straße 32
97072 Würzburg

SALESIANERINNEN

Kloster St. Josef
Hofmark 1
84539 Zangberg

SALVATORIANERINNEN

Mater Salvatoris
Höhenweg 51
50169 Kerpen-Horrem

SCHWESTERN DER HL. MARIA MAGDALENA POSTEL

Bergkloster
Zum Bergkloster
59909 Bestwig/Sauerland

SCHWESTERN VOM GÖTTLICHEN ERLÖSER

Kloster St. Maria
Klosterstraße 60
67472 Esthal

Kloster St. Josef
Jugendhaus Emmaus
Wildbad 1
92318 Neumarkt/Opf.

SCHWESTERN VOM GÖTTLICHEN HERZEN JESU

Kloster Füssenich
Brüsseler Str. 68
53909 Zülpich-Füssenich

SCHWESTERN VOM GUTEN HIRTEN

St. Josef
Blankenheimer Straße 7
53937 Schleiden

Kloster St. Josef
Klosterweg 1
83317 Teisendorf

Kloster Zinneberg
Zinneberg
85625 Glonn

SCHWESTERN VOM HL. KREUZ

Provinzhaus Hl. Kreuz
Kreszentiaheimstraße 43
84503 Altötting

Haus St. Josef
Kinderheimstr. 38
94124 Büchlberg

SCHWESTERN VON DER HEILIGEN FAMILIE

Mutterhaus
Pestalozzistraße 1
80469 München

SCHWESTERN VON DER HL. ELISABETH

Provinzhaus der Schwestern
von der hl. Elisabeth
Maria-Merkert-Straße 3
21465 Reinbek

SERVITINNEN

Oase Gerresheim
Gödinghover Weg 11
40627 Düsseldorf

Servitinnenkloster
Bierstadter Straße 4
65189 Wiesbaden

SOLANUSSCHWESTERN

Solanushaus
Schönbrunnerstr. 6
84036 Landshut

STEYLER MISSIONS-SCHWESTERN

Herz-Jesu-Kloster Steyl
Postfach 23 08
41334 Nettetal

Heilig-Geist-Kloster
Mendener Straße 26
58739 Wickede-Wimbern

Kloster Johannisberg
Im Grund 67
65366 Geisenheim-Johannisberg

St. Theresienheim
88097 Eriskirch – Moos

Dreifaltigkeitskloster
Albert-Magg-Straße 5
88471 Laupheim

Arnold-Janssen-Kloster
Capucynenweg 9
NL-6286 BA Wahlwiller

THERESIENSCHWESTERN

Mutterhaus
Leonhardstraße 76
86415 Mering

TÖCHTER VOM HL. KREUZ

Haus Aspel
46459 Rees

URSULINEN

Ursulinenkloster
Ursulastraße 12
46282 Dorsten

Konvent der Ursulinen
St.-Ursula-Weg 5
94557 Niederalteich

VINZENTINERINNEN

Mutterhaus der Barmherzigen
Schwestern
Neue Straße 16
31134 Hildesheim

Mutterhaus der Barmherzigen
Schwestern
Am Busdorf 4
33098 Paderborn

Provinzialhaus der
Barmherzigen Schwestern
Merheimer Straße 217
50733 Köln

Mutterhaus der Barmherzigen
Schwestern
Gögginger Straße 94
86199 Augsburg 22

Mutterhaus St. Vinzenz
Maragrita Linder Straße 6
89617 Untermarchtal

VORSEHUNGSSCHWESTERN

Eduard-Michelis-Haus
Thomas-Morus-Weg 20
48147 Münster

Provinzhaus Friedrichsburg
Hoppendamm 33
48151 Münster

Adressen der Autor(inn)en

Herrn
P. Wolfgang Abt OSB
Salmenweg 2
CH – 8437 Zurzach

Herrn
P. Niklaus Brantschen SJ
Bildungshaus Bad Schönbrunn
CH – 6311 Edlibach

Herrn Professor
Dr. Michael von Brück
Schellingstraße 3/IV
80799 München

Herrn
P. Dr. Anselm Grün OSB
Benediktinerabtei
97359 Münsterschwarzach

Frau
Pia Gyger
Holeestraße 123
CH – 4015 Basel

Herrn
P. DDR. Paul Imhof SJ
Zuccalistraße 16
80639 München

Herrn
P. Willigis Jäger OSB
Meditationszentrum
Haus Benedikt
St.-Benedikt-Str. 3
97072 Würzburg

Herrn
Franz Xaver Jans-Scheidegger
Am Kuhbühl 7
CH – 6043 Adligenswil

Herrn
P. Bernhard Scherer SJ
Christl. Meditationsstätte
Sonnenhaus Beuron
88631 Beuron

Herrn
Klaus-Werner Stangier
Odenthaler Straße 401
51069 Köln

Herrn Professor
P. Dr. Josef Sudbrack SJ
Zuccalistraße 16
80639 München

Herrn
Peter Wild
Küngoltstraße 34 a
CH – 4500 Solothurn

Herrn
Detlef Witt
ZEN-Hof Eintürnen
88410 Bad Wurzach

Frau
Maria-Gabriele Wosien
Prinzregentenstraße 81
81675 München

Nachwort der Redaktion

Trotz sorgfältigster und langwieriger Recherchen müssen wir damit rechnen, daß es uns nicht ganz gelungen ist, sämtliche in Frage kommenden Adressen erfaßt zu haben. Dabei ist zu berücksichtigen, daß es nicht unser Anspruch war, alle irgendwie erreichbaren Meditationsmöglichkeiten zusammenzustellen. Vielmehr möchten wir denjenigen Interessenten einen Führer an die Hand geben, die sich in irgendeiner Weise der christlichen Kontemplationstradition verbunden wissen und die Verbindung zu dieser ihrer Herkunft – auch beim Meditieren – nicht völlig lösen möchten.

Bei vielen Häusern und Lehrer(inne)n war es uns nur möglich, die Adresse anzugeben, ohne genauere Beschreibung der Angebote. Ferner zeigt die Erfahrung, daß sich Namen, Anschriften oder sonstige Einzelheiten immer wieder ändern.

Bei einer eventuellen aktualisierten Neuauflage besteht grundsätzlich die Möglichkeit, derzeitige Lücken zu füllen. Für Hinweise zu Adressen oder für sonstige Anregungen sind wir dankbar.

Wenden Sie sich zu diesem Zweck, oder wenn Sie eine Frage haben, bitte an:
Peter Raab
Silberbachstraße 27
79100 Freiburg.

Ausgewählte Literatur

Quellentexte des spirituellen Lebens

Angelus Silesius: Aus dem Cherubinischen Wandersmann. Stuttgart (Reclam) 1971.
Aufrichtige Erzählungen eines russischen Pilgers. Hrsg. und eingeleitet von Emmanuel Jungclaussen. Freiburg (Herder) [18]1990; Taschenbuchausgabe, Freiburg (Herder) [3]1993.
Cassian, Johannes: Gott suchen – sich selbst erkennen. Einweisung in das christliche Leben. Ausgewählt, übertragen und eingeleitet von Gertrude und Thomas Sartory. Neuausgabe, Freiburg (Herder) 1993.
Die Wolke des Nichtwissens. Hrsg. v. Willi Massa. Mainz (Grünewald) 1974.
Dionysios Areopagita: Ich schaute Gott im Schweigen. Mystische Texte der Gotteserfahrung. Hrsg. von Volkmar Keil. Freiburg (Herder) 1985.
Gandhi, Mahatma: Aus der Stille steigt die Kraft zum Kampf. Von der Macht des Gebetes. Freiburg (Herder) [2]1989.
Jenseits des Nennbaren. Sinnsprüche von Lao-tse. Ausgewählt und eingeleitet von Linde von Keyserlingk. Freiburg (Herder) 1990.
Johannes vom Kreuz: Ins Dunkel geschrieben. – Briefe geistlicher Führung. Hrsg. und eingeleitet von Erika Lorenz, Freiburg (Herder) 1987.
Mechthild von Magdeburg: Ich tanze, wenn du mich führst. Ein Höhepunkt deutscher Mystik. Ausgewählt und eingeleitet von Margot Schmidt. Freiburg (Herder) 1988.
Meister Eckhart: Die Gottesgeburt im Seelengrund. Vom Adel der menschlichen Seele. Hrsg. und eingeleitet von Gerhard Wehr. Freiburg (Herder) 1990.
Meister Eckart: Deutsche Predigten und Traktate. Hrsg. von Josef Quint. München 1977.
Meister Eckart: Zieh aus, um zurückzukehren. Ausgewählte Texte. Freiburg (Herder) 1990.
Osuna, Francisco de: Versenkung. Weg und Weisung des kontemplativen Gebets. Hrsg. und eingeleitet von Erika Lorenz. Freiburg (Herder) 2. Aufl. 1984.

Teresa von Avila: Ein Pfad im Weglosen. Erfahrungsberichte und innere Biographie. Hrsg. und eingeleitet von Erika Lorenz. Freiburg (Herder) [2]1990.

Literatur für Praxis und Übung

Brantschen, Niklaus: Erfüllter Augenblick. Meditationen für den Alltag. Einsiedeln (Benziger) 1990.
Brantschen, Niklaus: Der Weg ist in dir. Anregungen zur Meditation. Einsiedeln (Benziger) 1992.
Dürckheim, Karlfried Graf: Meditieren – wozu und wie. Die Wende zum Initiatischen. Freiburg (Herder), [11]1990; Taschenbuchausgabe, Freiburg (Herder) 1993.
Ferrucci, Piero: Werde, was du bist. Selbstverwirklichung durch Psychosynthese. Reinbek (rororo) 1986.
Goettmann, Alphonse/Rachel Goettmann: Meditieren im Atem Gottes. Ein Übungsweg für Christen. Freiburg (Herder) 1989.
Henrici, Peter/Peter Wild: Entdeckung der Stille – Übungen zur gegenständlichen Meditation. München (Kösel) 1991.
Dies., Entdeckung der Liebe – Übungen zur Meditation der Beziehungen. München (Kösel) 1992.
Dies., Entdeckung Gottes – Übungen aus dem religiösen Meditationsschatz der Menschheit. München (Kösel) 1992.
Dies., Entdeckung Jesu – Übungen zur christlichen Meditation. München (Kösel) 1993.
Ostertag, Silvia: Einswerden mit sich selbst. Ein Weg der Erfahrung durch meditative Einübung. München (Kösel) 1981.
Roden, Rüdiger von: Heilwerden durch sich selbst. Einübung auf dem Initiatischen Weg. Mit einem Geleitwort von Maria Hippius. Freiburg (Herder) 1982.
Roden, Rüdiger von: Sich selbst zur Heimat werden. Übungen aus der Initiatischen Therapie von Karlfried Graf Dürckheim. Freiburg (Herder) 1987.
Schäffer, Wilhelm: Christsein mit allen Sinnen. Einübung in die meditative Lebenskunst. Freiburg (Herder) 1990.
Schmid, Wieland: Yoga für Christen. Ein Übungsbuch. Freiburg (Herder) 1991.
Schwäbisch, Lutz/Martin Siems: Selbstentfaltung durch Meditation. Eine praktische Anleitung. Reinbek (rororo) 1976.
Stangier, Klaus-Werner: Schritte ins Freie. Erfahrungen auf dem initiatischen Weg. Freiburg (Herder) 1993.

Tilmann, Klemens: Weg in die Mitte. Glaubensmeditation. Erfahrungen, Vollzüge, Reifung. Freiburg (Herder) 1982.

Walach, Harald: … so wird Gott in dir geboren. Christliche Glaubenserfahrung und transpersonale Psychologie. Freiburg (Herder) 1990.

Wosien, Maria-Gabriele: Tanz als Gebet. Feiert Gottes Namen beim Reigen. Vorwort von Otto Betz. Mit ca. 30 Abb., 1 Toncass. Linz (Veritas) 1990.

Literatur zur Vertiefung

Assagioli, Roberto: Psychosynthese und transpersonale Entwicklung. Paderborn (Junfermann) 1992.

Brück, Michael von/Brück, Regina von: Ein Universum voller Gnade. Die Geisteswelt des tibetischen Buddhismus. Freiburg (Herder) 1987.

Brück, Michael von: Einheit der Wirklichkeit. Gott, Gotteserfahrung und Meditation im hinduistisch-christlichen Dialog. München (Chr. Kaiser) ^{2}1987.

Capra, Fritjof/David Steindl-Rast: Wendezeit im Christentum. Perspektiven für eine aufgeklärte Theologie. München (Scherz) 1991.

Dürckheim, Karlfried Graf: Vom doppelten Ursprung des Menschen. Neuausgabe, Freiburg (Herder) 1991.

Dürckheim, Karlfried Graf: Mein Weg zur Mitte. Gespräche mit Alphons Goettmann. Aus dem Französischen von Bettine Braun. Freiburg (Herder) ^{2}1992.

Enomiya-Lassalle, Hugo M.: Der Versenkungsweg. ZEN-Meditation und christliche Mystik. Freiburg (Herder) 1992.

Enomiya-Lassalle, Hugo M.: Zen – Weg zur Erleuchtung. Einführung und Anleitung. Freiburg (Herder) 1992.

Enomiya-Lassalle, Hugo M.: Erleuchtung ist erst der Anfang. Texte zum Nachdenken. Hrsg. und eingel. von Gerhard Wehr. Freiburg (Herder) 1991.

Frère Roger (Taizé): Kampf und Kontemplation, Freiburg (Herder) 1974.

Grof, Stanislav/Christina Grof (Hrsg.): Spirituelle Krisen. Chancen der Selbstfindung. München (Kösel) 1993.

Grün, Anselm: Tiefenpsychologische Schriftauslegung. Münsterschwarzach (Vier Türme) 1992.

Grün, Anselm: Träume auf dem geistlichen Weg. Münsterschwarzach (Vier Türme) ^{3}1991.

Gyger, Pia: Mensch verbindet Erde und Himmel. Christliche Elemente einer kosmischen Spiritualität. Luzern/Stuttgart (Rex) 1993.

Imhof, Paul: Grundkurs Ignatianischer Spiritualität. 3 Bände: Gott glauben – Christus erleben – Geist erfahren. St. Ottilien 1992.
Jäger, Willigis: Suche nach dem Sinn des Lebens. Bewußtseinswandel durch den Weg nach innen. (Via nova) 1991.
Jäger, Willigis: Kontemplatives Beten. Münsterschwarzach (Vier Türme) 1991.
Jäger, Willigis: Kontemplation – Gottesbegegnung heute. Salzburg (Otto Müller) 1982.
Le Saux, Henri: Indische Weisheit, christliche Mystik. Luzern, München (Rex) 1968.
LeSaux, Henri: Das Geheimnis des heiligen Berges. Als christlicher Mönch unter den Weisen Indiens. Freiburg (Herder) 1989.
Lorenz, Erika: Wort im Schweigen. Vom Wesen christlicher Kontemplation. Freiburg (Herder) 1993.
Lorenz, Erika: Vom Karma zum Karmel. Erfahrungen auf dem inneren Weg. Freiburg (Herder) 1989.
Muriel, James/Louis M. Savary: Befreites Leben. Transaktionsanalyse und religiöse Erfahrung. München (Chr. Kaiser) 1977.
Praktisches Lexikon der Spiritualität. Hrsg. von Christian Schütz. Sonderausgabe, Freiburg (Herder) 1992.
Psychologie der Befreiung. Hrsg. von Ken Wilber u. a. Bern/München/Wien (Scherz) 1988.
Psychologie hilft glauben. Durch seelisches Reifen zum spirituellen Erwachen. Hrsg. von Peter Raab, Freiburg (Herder) 1990.
Spirituelle Wege und Transpersonale Psychotherapie. Hrsg. von Edith Zundel und Bernd Fittkau. Paderborn (Junfermann) 1989.
Stachel, Günter: Meister Eckhart. München (Kösel) 1992.
Stachel, Günter: Gebet – Meditation – Schweigen. Schritte der Spiritualität. Überarb. und erw. Neuausgabe, Freiburg (Herder) 1993.
Sudbrack, Josef: Was heißt christlich meditieren? Wege zu sich selbst und zu Gottes Du. Freiburg (Herder) 1990.
Sudbrack, Josef: Mystik im Dialog. Würzburg (Echter) 1992.
Sudbrack, Josef: Mystik. Selbsterfahrung – kosmische Erfahrung – Gotteserfahrung. Mainz (Grünewald) ³1993.
Wilber, Ken: Der glaubende Mensch. München (Goldmann) 1989.
Wilber, Ken: Mut und Gnade. In einer Krankheit zum Tode bewährt sich eine große Liebe. Das Leben und Sterben der Treya Wilber. Zürich (Scherz) 1992.
Wilber, Ken: Das Atman-Projekt. Paderborn (Junfermann) 1990.
Witt, Detlef: Erneuerung durch Meditation. Wege zum ursprünglichen Menschen. München (Kösel) 1990.